国家自然科学基金(41161C

RESEARCH ON THE CONSTRUCTION OF THE
NEW URBANIZATION IN JIANGXI PROVINCE

江西推进新型
城镇化建设研究

钟业喜　李晓园 ◎ 著

经济管理出版社
ECONOMY & MANAGEMENT PUBLISHING HOUSE

图书在版编目（CIP）数据

江西推进新型城镇化建设研究/钟业喜，李晓园著.—北京：经济管理出版社，2016.12
ISBN 978－7－5096－4849－0

Ⅰ.①江…　Ⅱ.①钟…　②李…　Ⅲ.①城镇化—建设—研究—江西　Ⅳ.①F299.275.6

中国版本图书馆 CIP 数据核字（2016）第 320073 号

组稿编辑：杜　菲
责任编辑：杜　菲
责任印制：黄章平
责任校对：雨　千

出版发行：经济管理出版社
　　　　　（北京市海淀区北蜂窝 8 号中雅大厦 A 座 11 层　100038）
网　　址：www.E－mp.com.cn
电　　话：（010）51915602
印　　刷：北京九州迅驰传媒文化有限公司
经　　销：新华书店
开　　本：720mm×1000mm/16
印　　张：16.75
字　　数：225 千字
版　　次：2016 年 12 月第 1 版　2016 年 12 月第 1 次印刷
书　　号：ISBN 978－7－5096－4849－0
定　　价：70.00 元

前　言

　　2012 年 11 月以来，十八大、中央经济工作会议的陆续举行，引起国内外学者深切关注我国当前经济社会发展的热点问题。十八大报告指出，坚持走中国特色新型工业化、新型城镇化和农业现代化道路，实现"三化协调"发展。推动信息化和工业化深度融合、工业化和城镇化良性互动、城镇化和农业现代化相互协调，促进工业化、信息化、城镇化、农业现代化"四化同步"发展。形成以工促农、以城带乡、工农互惠、城乡一体的新型工农、城乡关系。十八大报告将推进新型城镇化作为推进经济结构战略性调整的重点之一，并将城镇化质量明显提高纳入经济持续健康发展的目标体系。中央经济工作会议同时将加快调整产业结构、提高产业整体素质和积极稳妥推进城镇化、着力提高城镇化质量确立为 2013 年主要任务。因此，新型城镇化建设研究既是落实中共十八大和中央经济工作会议对我国新型城镇化发展的顶层设计和总体部署，也是对社会发展趋势的顺应和对时代特征的契合，具有重要的现实和社会意义。

　　城镇化发展包括速度、规模和质量三方面。城镇化速度是城镇化数量扩张的过程和方面，主要是指城镇人口在国家或区域总人口中比例的提高，城镇人口规模的扩大，城镇数量的增加，城镇地域的扩展，还有城镇人均 GDP 及产业集聚程度的提高。最明显的表现为农村人口转变为城镇人口，农村地域转变为城镇地域。简单而言，是农民社会转化为市民社会过程的快慢。城镇化速度受经济、社会、政治、历史、地理、制度、政策等多种因素的影响和制约。从经济角度看，经济总体发展状况，总的经济发展速度，特别是一、二、三产业的发展、发育程度，对城镇化的速度有着直接的影响，尤以工业的发展速度和水平对城镇化速度影响最为直接和显著。城市化水平不是越高越好，进程也不是越快越好，要注意保持适当的进度和规模。

2012年，我国城镇化率达到52.6%，标志着我国开始由乡村中国向城市中国转变，我国经济社会和城镇化进入新的发展阶段。但在城镇化过程中，存在重速度、轻质量，重农村人口城镇化、轻进城人员福利分配和权益尊重，重进城和进程、轻消化管理和生活质量实质提升等问题在一定意义上普遍存在。如何在保证城镇化快速发展的同时，提高城镇化质量，以合理的速度保证城镇化质与量的协调发展，使城镇化的速度与资源环境承载力相适应，与城市发展和经济发展的客观规律相一致，具有重大意义，需要引起持续广泛关注。

城镇化是现代化的重要标志，中心城市则是加快经济发展、推进城镇化进程的“龙头”。综观近年全国各地的发展态势，人们发现，地区间的竞争在很大程度上已演变为城市实力尤其是中心城市实力的竞争。做强做大区域中心城市，快速提升城市化的水平和质量，既是解决区域发展问题的重要路径，也是加快区域发展的重大举措。2012年江西省《政府工作报告》提出了构筑“龙头昂起、两翼齐飞、苏区振兴、绿色崛起”的区域战略，新的区域战略与新型城镇化如何实现有效衔接，从而推动江西又好又快发展成为现实而紧迫的课题。

2013年，江西省发布了江西区域发展招标课题“江西推进新型城镇化建设研究”。课题组在国家自然科学基金“交通基础设施与城镇空间格局关系研究——以江西省为例”数据积累和研究基础的支持下，提出梳理江西城镇化发展历史脉络，认识和把握江西城镇化的发展规律，通过构建合理的指标体系对江西省城镇化建设水平进行分析和评估，通过全国层面城镇化发展速度的比较厘清制约江西城镇化发展的因素，并从推进城镇化进程、提升城镇化质量、创新城镇化制度三个维度全面建构江西新型城镇化实施路径的思路，得到专家组的认同，课题组成功中标。在江西省发改委喻学锋、赵晓伟等同志的支持和帮助下，课题顺利完成，并在国家自然科学基金理论和方法支撑下，结合招标项目研究成果形成本书。为了增加成果的运用和决策价值，在研究报告的基础上，提炼和总结了三篇专论，供相关部门决策参考。

本书的完成是课题组共同努力的结果，钟业喜教授、李晓园教授对书稿进行了统筹，课题组成员参与了部分撰写和完善工作。其中，李建新参与了第二、第四、第七、第八、第九章，黄哲明参与了第二、第六章，黄洁参与了第三章，郭泉恩参与了第五章，文玉钊、陈琳参与了第四、第六章的撰写；徐羽参与了第一、第八、第九章的完善。

需要说明的是，本书涉及的中国地图为示意图，并尽管对江西新型城镇化进行了一些研究，但由于学识和能力所限，缺陷和不足在所难免，敬请读者批评指正！

钟业喜

2016 年 11 月 16 日

目　录

第一章 绪论

一、研究目标

在充分吸收和借鉴国内外相关研究基础上，综合运用城市地理学、经济地理学、空间经济学、区域经济学、城市经济学、产业经济学、交通地理学等学科理论，结合数理分析、统计分析、空间分析等技术方法，借助 ArcGIS、EDAS 等 3S 技术和软件平台，本书将实现以下目标：

（一）理论层面

识别不同发展条件下产业布局、基础设施、生态环境、创新能力、空间结构等要素与新型城镇化的关系，遵循产城互动、生态为先、创新发展、空间优化等原则，将优化产业布局、强化基础设施建设、实现绿色崛起、优化空间结构、提升创新能力等内涵建设与新型城镇化有机结合，运用从一般到特殊再到一般的研究方法，突出空间要素作用。从载体建设、内涵建设和制度建设三个维度构建江西推进新型城镇化理论框架。

（二）方法层面

在定性与定量分析的基础上，通过构建理论模型、空间计量经济模型，加强定量研究，增强项目研究的一般性、针对性、科学性和可操作性，同时，充分借助3S技术，发挥地理信息系统空间分析的独特优势，强化研究过程的空间统计、空间关联、空间计算等现代分析技术和方法，提高研究成果的精度，实现研究成果良好的可视性。

（三）应用层面

本书从载体建设方面，提出打造核心增长极、培育区域中心城市、推进小城镇建设的对策措施；从内涵建设方面，围绕服务能力、基础设施、创新能力、空间结构、生态发展等方面提供具体实施路径；从制度设计层面，重点攻关"农业转移人口市民化"的政策建议。并围绕统筹城乡发展要求，构建城乡一体化实施框架，全方位、多角度地为江西推进新型城镇化提供决策参考。

二、研究内容

（一）推进城镇化速度

强化江西城镇化载体建设，打造核心增长极、培育区域中心城市、推进小城镇建设，构建结构合理的城镇体系。

1. 全球化与本土化的研究思路相结合，厘清江西发展环境

长江中游城市群作为全国重点开发区域之一，需要综合分析江西特别是鄱阳湖城市群在长江中游城市群/中部地区的战略地位。基于全球视野分析江西在长江中游城市群/中部地区战略地位的意义在于：国

家经济发展外需推动逐步转向内需拉动背景下，长江中游城市群能否具备成为中国经济发展第四极的条件？江西特别是鄱阳湖城市群在其中的地位、作用和核心竞争优势如何？

2. 从空间结构演化规律的深度分析来研究江西在全国的战略地位

从城市群角度论，长江中游城市群有武汉、长株潭、环鄱阳湖三大城市群，江西核心增长极的战略定位与这样的城市群功能有关。依据弗里德曼的核心边缘结构理论，长三角为中国门户区，长江中游城市群为中国腹地区。基于全国的研究视野，江西战略地位的确定和提升，其核心在于"龙头昂起"的"昌九"地位的提升，以南昌为核心的城市群打造以及该城市群在长江中游城市群中的战略地位提升。

3. 以城市竞争力的综合分析为切入点，但不限于简单的统计指标的比较分析

对于城市战略地位的确定，资源、要素等角度的分析当然是重要的，地脉、文脉的分析则更有必要，但更需要的是城市竞争力的深度分析。区域之间的关系，远不仅仅是简单的合作关系，其本质是一种竞争关系。完整地说，区际关系是一种竞争基础上的合作关系，简称竞合关系。因此，城市战略地位的分析以城市竞争力的综合分析为基础，需要通过对全国特别是中部地区所有城市的比较研究，进行城镇化建设水平评估，梳理江西城镇化建设速度与质量合理指标的有利条件与制约因素。

（二）提升城镇化质量

推进江西城镇化内涵建设，坚持产业转型升级、推进基础设施建设、提升公共服务能力、构建新型城乡关系。

1. 从城市发展阶段、演化路径的分析中，找出提升江西城镇化质量的内在逻辑

梳理近代江西城镇发展史，可以找到江西城镇化格局及其演变的

内在逻辑。新时期我国的发展模式、发展路径都面临着重大变化，迫切需要重新评价新时期江西城镇发展的有利条件与制约因素。

2. 从交通、产业、文化、生态等角度提升江西城镇的核心竞争力

江西城镇格局的发展与演变，在很大程度上源于交通区位优势的变迁。高铁的发展，在某种程度上进一步弱化了江西的交通优势。江西该如何提升城镇的交通区位优势？产业是构建城市核心竞争力的关键，也是提升江西战略地位的主要切入点。城市的持久竞争，其核心是一种软实力竞争，是文化竞争，应以文化创新引领城市发展。当然，制度创新包括政府职能转型更关注民生，可看作是广义的城市文化的竞争范畴。关注环境、关注生态，从生态角度谋划江西未来发展的新路径，不仅是"绿色崛起"示范作用的体现，更是提升江西城镇核心竞争力的关键一环。

3. 推进城乡一体化，提高区域整体实力

城市发展的重要意义最终反映在其对区域发展的带动作用上，对城市空间结构效益的重要衡量标准之一应是其对区域发展带动作用的大小，如推进城市基础设施延伸至农村、促进城乡要素流动、推动农村改革、提高区域整体竞争力。

（三）促进农业转移人口市民化

推进江西城镇化制度建设，改革户籍制度，破除二元结构，调整城镇发展模式，完善社保制度。

1. 国内政策梳理

通过梳理国内推进城镇化的相关政策，对现行政策实施效果进行分析和评价，并结合江西城镇化特点，对政策进行合理选择和应用。

2. 新型城镇化模式发现

比较研究国际社会推进城镇化措施，同时选择国内城镇化发展速度和发展质量均较成功的地区作为提升江西城镇化的参考。

三、研究方法

（一） 文献检索与实地调查相结合

本书通过文献检索与文献综述，为新型城镇化和城镇体系培育提供理论支撑；通过实地调查和问卷访谈，搜集经济、社会发展资料、城市发展资料、城市规划资料等，为实证研究提供资料保证。

（二） 理论研究与实证研究相结合

在本书的基本概念和框架确立方面以及推进城镇化载体建设、内涵建设和制度建设等方面坚持理论研究与实证研究相结合，并在此基础上对相关理论进行分析、综合、归纳、演绎等。在理论研究基础上，根据实地调查所获取的第一手资料，对江西推进新型城镇发展内生因素和外部环境进行比较和实证研究。

（三） 空间分析与定性定量分析相结合

本书利用遥感影像、城市用地图、交通数据等资料，综合运用RS、GIS 空间分析技术，建立项目研究的数据库，比较区域发展方向，提出城镇发展框架。

（四） 模拟分析与模型分析相结合

本书借助 ArcGIS、MatLAB 等软件，通过计算机模拟分析城镇空间过程在不同经济、社会等参数条件下的发展过程与区域效应，揭示区域发展要素对城镇空间过程与格局的影响，建立区域发展要素与城镇空间格局相互作用模型，预测江西省城镇发展速度及空间格局的演变趋势。

第二章 国内外研究进展

一、城镇化质量

改革开放以来，伴随着城镇化的快速推进，我国城镇化水平已经由 1978 年的 17.92% 提高到 2014 年的 54.77%，达到世界平均水平。城镇化水平的提高极大地推动了社会经济的发展和进步。总体来看，中国城镇化进程基本符合城镇化发展的"S"曲线规律，城镇化朝着合理化、健康化和有序化的方向发展。但同时，不可否认的是，在城镇化进程中也存在许多问题和不健康的因素，使得我国城镇化的快速推进也因质量不高而广受诟病。究其原因，改革开放前体制机制缺陷带来的政府方针、政策的误导，改革开放后伴随着快速城镇化带来的用地扩张、资源浪费、环境污染等问题，以及进入 21 世纪以来衍生出的一系列资源环境剥夺问题共同导致了当前我国城镇化质量问题的滋生（方创琳等，2011）。在我国已迈入城市型社会这个关键时期，对城镇化质量进行研究是城镇化进程中诸多问题所要求的，我国城镇化过程中的问题表现出数量多、集中出现、相互影响等特点，这些特点决定了城镇化质量研究的必要性和紧迫性。也就是说，中国城镇化质量并没有与城镇化水平同步提高，城镇化速度与质量不匹配。今后在推进城镇化的过程中，应该更加重视提高城镇化质量，把全面提高城镇化质量作为推进城镇化的核心和关键。中共十八大报告明确提出"城镇化质量明显提高"的新要求，亟须我们明确界定城镇化质量的本质内涵，并运用科学合理的方法对城镇化质量进行综合评价，明确各地区城镇化发展的差距和改进方向，从而为相关部门进行城镇化战略决策提供理论支撑。

（一）城镇化质量内涵研究

城镇化质量是一个发展的、多维度的包容性概念，其内涵也是极丰富的，对城镇化质量内涵的研究，是近年来学术界讨论的热点。中国科学院可持续发展战略研究组将城镇化的质量内涵定义为：①城镇化的动力表征，包括城市的发展能力、竞争能力、创新能力及其可持续性；②城镇化的公平表征，包括人均财富占有的人际公平、代际公平和区际公平的总和；③城镇化的质量表征，包括城市对于物质支配水平、生产支持水平、精神愉悦水平和文明享受水平的综合度量。张春梅等（2012）认为城镇化质量内涵丰富，具体包括城镇的经济发展质量、城镇居民的生活质量、城乡统筹质量和可持续发展质量四个方面。魏后凯等认为城镇化质量从本质内涵上包括城镇自身的发展质量、城镇化推进的效率和城乡协调发展程度三个方面。方创琳等（2011）认为城镇化质量是经济城镇化质量、社会城镇化质量和空间城镇化质量的有机统一。何平等（2013）认为城镇化质量是指城镇化发展的综合水平，包括其发展的集约性、公平性（均等化）和可持续性。陈波翀等（2005）认为城镇化发展质量应对应城市居民消费自然资源所获得的效用，表现为城市人均道路面积、人均拥有公共绿地面积、人均居住面积等指标的高低。此外，还有众多研究者，如牛文元等（2003）、袁晓玲等（2008）、叶裕民（2001）、白先春等（2004）、国家城调总队福建省城调队课题组（2005）、邹军（2012）、王成新等

（2003）、刘传江等（2004）、李明秋等（2010）、朱小小（2015）等，他们也都从不同的层次和范围揭示了对城镇化发展质量的基本认识。总体来看，学术界就城镇化发展质量的内涵各抒己见，未达成一致。

（二）城镇化质量定量评价体系研究

城镇化质量的定量评价体系研究主要包括评价原则、评价指标体系构建以及评价模型等方面。

1. 评价原则

我国学者建立城镇化质量评价体系及模型大多遵循以下原则：人本主义原则、系统性原则、科学性原则、可操作性原则以及层次性原则。

2. 评价指标体系构建

国家统计局城市社会经济调查总队建立的指标体系具有广泛的代表性，该指标体系主要包括两个基本要素：一是城镇化核心载体，由经济发展质量、生活质量、社会发展质量、基础设施质量、生态环境质量5个领域子系统构成；二是城镇化区域载体，城乡一体化。此外，中国市长协会（2003）也从城市实力指数、城市竞争力指数、城市社会指数、城市管理指数、城市可持续指数五大体系出发，选择了104项要素组成衡量中国城镇化发展质量的指标体系。诸多学者也分别从各自对城镇化发展质量内涵的理解以及研究所需出发，界定了测度城镇化发展质量的指标体系，但无非都是从经济发展、社会发展、公共服务、生活质量、生态环境、城乡一体化等方面出发，选取相应指标来建立。

3. 评价模型

由于学科背景、研究地域和数据获取等方面存在的较大差异，目前国内外尚无公认的城镇化发展质量评价模型（顾朝林，2008）。韩增林等（2009）运用熵值法，对我国地级以上城市的城镇化质量进行了分析。袁晓玲等（2008）运用因子分析法，得出了陕西省10个地级市的城镇化质量综合得分。赵雪雁（2004）采用加权法对西北地区城镇化质量进行了评价。倪苹（2013）采用时序全局主成分分析方法对全国及 30 个地区城镇化质量进行评估。叶裕民（2001）则采用标准值法对中国城镇化质量展开研究。叶菁等（2010）运用熵值法和耦合协调度模型相结合的方法，对湖北省三个城市圈（群）12 个地市城镇化发展质量进行定量评价。李磊等（2015）采用指标指数法评价了京津冀城市群内城市发展质量。

（三）城镇化质量提升对策研究

学术界对于城镇化质量提升对策的研究较广泛，大致可分为城镇化质量提升对策的综合研究、城镇化质量提升对策的单一方面研究和城镇化质量提升对策的区域视角研究。

1. 城镇化质量提升对策的综合研究

陆大道等（2007）在对我国国情及城镇化发展过程综合分析的基础上提出：城镇化健康发展，应遵循循序渐进的原则，城镇化速度不能过快；要建立完善的、有指导作用的管理制度；改革城乡二元化的土地管理制度，充分发挥市场管理的重大作用；要处理好城镇发展与解决"三农"问题的一致性。辜胜阻等（2009）也提出了自己的看法。

2. 城镇化质量提升对策的单一方面研究

胡序威（2007）和朱传耿等（2008）分别从城镇化与现代化的关系以及人口城镇化的角度，对城镇化质量的提升对策做出探讨。穆兰等（2016）构建了水生态文明视阈下城镇化质量提升机制。李峰（2015）从城乡协调角度探讨了天津市城镇化路径。

3. 城镇化质量提升对策的区域视角研究

张春梅等（2013）以江苏省为例，探讨了我国发达地区城镇化质量提升的对策。陈鸿彬（2004）则从发展经济、完善城镇体系规划、创建农村社会保障制度等方面论述了农村地区城镇化质量的提升路径。

刘艳军等（2007）就东北地区产业结构演变城镇化响应的主要实现路径进行了探讨。邓祥征等（2013）结合西部地区现状与城镇发展历史趋势，探讨了西部地区城镇化的可持续发展路径。

（四）城镇化质量相关研究

沈玲嫒等（2008）从城市发展指数和城市协调发展度两个方面，运用多元统计等方法，对武汉城市圈和长株潭城市群的城市发展质量进行了比较研究。毛汉英（1996）、Li Xiaojian 等（2001）对城市的可持续性展开研究，建立了可持续发展指标体系的基本原则，提出了指标体系的基本框架及实际应用。郗希等（2015）基于生态足迹数据，比较了都市化和中小城镇化何种城市化模式更符合可持续发展要求。朱英明等（2000）、韩士元（2004）对城市现代化的基本内涵和指标体系建立进行了探索。蔺雪芹等（2013）对中国城镇化与经济发展之间的关系进行了定量分析，探讨了城镇化对经济增长的作用机制。杨艳琳等（2016）研究了中国城镇化质量与就业质量的相关性，得出就业质量与城镇化质量之间存在单向因果关系。齐红倩等（2015）研究了城镇化发展对经济增长速度和质量影响的时变特征，认为城镇化发展对经济增长速度和质量的提升存在长期的正向促进效应，在经济新常态背景下应从智慧城市、节能环保、公共服务等方面重点提升城镇化发展质量。还有关于城镇化发展质量领域的单因素评价研究，如韩士元（2005）对城市经济质量进行了探析、Christine（2000）对城市环境质量进行了研究、Shafer 等（2000）对城市生活质量进行了研究等。

二、城镇化速度

从构词法来看，城镇化进度是由城镇化和进度两个词合成。所谓城镇化，是指人口向城镇聚集、城镇规模扩大以及由此引起一系列经济社会变化的过程；城镇化的实质是经济结构、社会结构和空间结构的变迁。根据新华字典的定义，所谓进度，是指工作等进行的速度。综合这两个词的含义，城镇化进度可简单地理解为城镇化推进过程中的速度。

（一）城镇化速度内涵

城镇化速度是城镇化数量扩张的过程和方面，主要是指城镇人口在国家或区域总人口中比例的提高、城镇人口规模的扩大、城镇数量的增加、城镇地域的扩展，还有城镇人均 GDP 及产业集聚程度。最明显的表现为农村人口转变为城镇人口，农村地域转变为城镇地域。一言以蔽之，是农民社会转化为市民社会过程的快慢。

城镇化速度受经济、社会、政治、历史、地理、制度、政策等多种因素的影响和制约。从经济角度看，经济总体发展状况，总的经济发展速度特别是第一、第二、第三产业的发展、发育程度，对城镇化的速度有着直接的影响，尤以工业的发展速度和水平对城镇化速度影响最为直接和显著（王培三，2011）。

通过上述城镇化速度内涵的探讨，城镇化进度是指城镇化进程中城镇人口规模、城镇数量、城镇地域扩张的速度，也可指对城镇化发展总体进程的规划表，主要通过不同时期的城镇化率来体现。

（二）城镇化速度研究内容

1. 城镇化进度过快还是过慢之争

关于当前我国城市化速度是否过快，国内外众多学者就此表述了自己的观点，彼此之间存在着某些共同认识，但也有碰撞与争论。以陆大道院士为代表的部分学者在多种场合都旗帜鲜明地表达了对于我国城市化冒进引起各种土地问题的痛心疾首，他们撰写了以"关于遏制冒进式城镇化和空间失控的建议"为题的咨询报告，陆大道、姚士谋（2007）认为，在过去的10年中，我国城镇化进程脱离了循序渐进的原则，出现了冒进态势。过高的城镇化增长速率和蔓延式空间扩张，给我国城镇化健康发展、资源的合理利用与保护以及社会稳定等带来严重的危害。为此，他们提出了我国城镇化进度应循序渐进和资源节约型城镇化的目标和政策建议。李璐（2016）通过建立附加城镇化变量的后顾型宏观经济模型，利用最优控制理论求解基于宏观经济波动最小化的最优城镇化水平和速度决定规则，实证表明当前我国人口城镇化水平超前、速度过快，土地城镇化水平偏低、速度过慢，并提出了相关政策建议。另外一些学者则认为当前我国的城市化速度并未过快，如诸大建（2006）在《解放日报》上撰文阐述了其认为城市化速度并未过快的理由；牛凤瑞等（2007）在《中国城市发展报告（NO.1）》中明确提出当前的城市化速度不是超前，更不是冒进的观点；美国加州大学伯克利分校的 John Quigley 教授在演讲中也提出与陆大道相反的观点，认为"中国的城市化进程相对过慢"。罗志刚（2007）根据城市化速度将欧美发达国家及日本、韩国的城市化分别归为慢速城市化（0.4~0.6个百分点/年）、快速城市化（1~2个百分点/年）及超高速城市化（2~4个百分点/年）。他根据多渠道的数据来源认为，总体上英国、法国、美国曾经的城市化过程属于慢速城市化，日本和韩国的城市化过程属于快速城市化。中国当前的城市化虽属于快速城市化，但并未达到超高速城市化水平，不算过快。

2. 城镇化进度与城镇化质量的协调发展研究

王德利等（2010）通过探析城市化发展质量的内涵，建立包括城市基础实力、城市化发展协调度、城市化发展可持续水平3个维度的31个指标体系及城市化发展质量评价模型、城市化发展"质"、"量"协调性测度模型，利用联合国法修正改革开放以来中国的城市化发展速度，并根据1978~2008年相关统计数据及2008年各省最新统计数据，基于对城市化质量的测度，判定改革开放以来中国城市化发展速度及2008年省际城市化发展速度的适度性。其研究结果表明，1978~

2008 年，中国城市化发展质量指数逐渐增大，城市化发展速度与质量的协调性渐好，城市化发展速度略显滞后。卓贤（2015）基于 1976～2014 年城镇化率历史数据，运用 Logistic 模型估算了我国城镇化率发展趋势，从多个维度分析了中国城镇化水平，指出到 2030 年我国仍处在城镇化水平上升的较快通道，但城镇化的质量影响城镇化未来的潜力空间。

3. 城镇化合理进度研究

彭雪辉等（2005）认为城市化率是一个标志，又是一个社会经济统计指标。既不要不切实际地追求它，更不要简单地把城市化率作为地方政府工作目标，而要随地方经济结构的调整，经济水平的提高，地方人文、历史、风俗等社会因素的制约，因势利导，和谐发展。制定合理的、合适的城市化率目标进度。

中国社会科学院发布的《城乡一体化蓝皮书（2012）》中指出，城市化水平不是越高越好，进程也不是越快越好，要注意保持适当的进度和规模。对比美洲与欧洲城市化，我们必须贯彻和落实科学发展观，推进生态文明建设，在资源约束下建设更加合理、生态化、大中小城市协调发展的区域城镇体系。

4. 城镇化发展进度的不同预测结果研究

对于我国未来城镇化发展进度，已有多种不同的预测结果。

（1）低速预测结果。1996 年我国政府向联合国第二次人类住区大会提交的《中华人民共和国人类住区发展报告》预测，到 2000 年，全国城镇人口将达 4.5 亿人左右，城镇化水平将达 35%；2010 年，全国城镇人口将达 6.3 亿人左右，城镇化水平将达 45%。国家计委宏观经济研究院课题组（2000）认为，2001～2005 年的城镇化度可能为平均每年 0.47～0.74 个百分点，若采取一些鼓励城镇化发展的政策，速度可能会超过 0.74 个百分点，但不会超过每年 1 个百分点。预计 2015 年城镇化率达 45%。也有人认为我国城镇化不应追求西方发达国家不同国情的高指标、高比例，将我国城镇化界定在 2050 年达到 60% 左右比较合适。

（2）中速预测结果。国务院发展研究中心"十五"计划研究课题组（2000）认为，我国的城镇化率2010年将达到45%左右，在未来的30~40年可能达到70%左右。胡鞍钢按两种不同城镇化率估计，到2010年我国城镇化率为45%~47%；2020年为53%~57%；2030年为60%~65%。刘勇认为，2010年我国城镇化率可达到45%。2010~2020年，我国城镇化水平的增长速度还将有所加快，如果2010年45%的城镇化发展目标能够顺利实现，则2020年城镇化发展水平将达58%~62%，即2010~2020年我国城镇化水平的增长速度将达到1.3~1.5个百分点。胡顺延等根据世界和我国城镇化速度变化的经验，对我国2000~2050年城镇化的发展速度大体作了如下预测：2000年城镇化率为36.1%；2010年为44%~46%；2020年为51%~54%；2030年为57%~61%；2040年为61%~66%；2050年为64%~70%。

（3）高速预测结果。李善同（2001）提出，在未来的20年内，将城镇化水平提高到60%~66%，城镇化率平均每年提高1.5个百分点。王大用认为，1978~1995年的17年中城镇化率平均每年提高0.65个百分点，1995~2003年的8年中平均每年提高1.44个百分点，这个时期的城镇化还是在严格的迁徙限制的状况下实现的。也就是说，过去25年城镇化水平的提高是在户籍制度的阻遏下实现的。2003年改革户籍制度，没有了制度因素的限制，我国的城镇化进程势必要加速，即比现在每年提高1.44个百分点更快。假设2010年以前我国的城镇化率平均每年提高1.5个百分点，2011~2020年平均每年提高1.6个百分点，那么2020年的城镇化率将达到67%（孔凡文等，2006）。陈素平等（2015）对中国城镇化发展前景进行预测，认为2020年、2030年、2040年、2050年，中国城镇化率将分别达到57.52%、65.09%、70.53%、74.16%；城镇化发展速度极值点出现在2002~2003年；加速度两个极值点分别出现在1978年和2028年前后。

5. 城镇化进度与城市承载能力的协调发展研究

城市化发展速度逐渐超出城市的承载能力，具体表现在四个方面：一是部分大城市发展规模超过了自身资源环境承载力，导致城市过度拥挤、资源过度开发利用、自然环境恶化等严重的自然环境问题，并带来城市发展成本大幅度上升；二是城市人口扩张超过了城市经济承载力，城市提供就业岗位增长速度慢于就业人口增长的速度，导致城市失业率增长，进而加剧城市贫困与城市犯罪；三是城市发展速度超过了城市社会承载力，导致城市的基础教育、公共医疗、社会保障、公共住宅、公共基础设施等公共品和公共服务的短缺，由此造成不同城市人群享受公共服务差距加大、社会发展矛盾与冲突加剧；四是很多地方的城市化更多地表现为"土地城市化"，由于"土地城市化"的速度惊人，城市郊区"圈地"现象此起彼伏，尤其是"超速"城镇化和与之伴生的"圈地"行为，导致城镇周围的空间严重失控，耕地面积锐减，产生了大量失地农民和城市边缘人群。

黄汉权（2010）认为应根据国情国力保持合理的城乡比例，尤其是应针对城市资源环境承载能力提高和变化情况，科学设定各个阶段适度合理的城市化发展水平，从根本上遏制冒进式城市化和空间失控的态势，避免由此而带来的资源、环境和社会问题。

冯雪娜（2015）通过构建城市生态系统承载力评价指标体系，实证分析了我国城市生态系统承载力，发现2009～2013年，我国城市总体生态承载力一直处于超载状态，她认为新型城镇化的快速发展导致城镇人口激增、城镇人口密度过大，破坏了城市的生态环境，在新型城镇化的进程中，政府应注意协调经济发展和环境保护。

6. 城镇化水平与城镇化进度的关系探讨

该讨论的出发点是著名的 Logistic 增长模型（Logistic 模型是由比利时数学家 Pierre Verhulst 于 1838 年提出的，用于资源有限条件下的种群增长模型）。生态学家 May（1976）发现这个简单的确定性数学模型可以表现出复杂的动态行为之后，理论地理学家用它模拟复杂空间系统动力学（Nijkamp & Reggiani，1992，1998），1980 年联合国（UN）采用基于 Logistic 模型的城乡人口比预测世界城市化水平，此后 Logistic 模型一直是 UN 分析世界城市化进程的理论基础。1988 年，Karmeshu（1988，1989）从城乡人口替代假设出发推导出城市化水平的 Logistic 方程并且得到实证检验，后续的理论和应用研究一直没有停止。陈彦光和罗静（2006）认为诺瑟姆曲线缺乏临界指标和准确的阶段划分，他们从城市—乡村人口的异速生长关系出发，导出城市化水平的 Logistic 方程，并运用导数原理、Logistic 曲线的内享特征尺度进行修正，得到一个四阶段的划分结果，最后根据理论推导结果探讨中国的城市化速度和饱和值问题，取得较大突破。李彬等（2015）对辽宁省 14 个地级市城市化发展质量与速度的协调关系进行了实证分析，认为 2003～2011 年辽宁省城市化质量与速度之间的协调类型由质量严重滞后型向质量速度协调型和质量超前型转变，并且协调类型存在明显的空间分异。

7. 城镇化进度发展规律和发展阶段研究

城镇化发展具有阶段性规律、聚集性规律、不平衡性规律及与工业互动性规律。从西方发达国家城镇化过程中可以看出，城镇化具有明显的时间和空间特征。从空间上看，城镇化的发展促使单个城市面积不断扩大，由小城市到中等城市再到大城市发展，同时由于发达的交通和快捷的通信，许多大城市的居民离开市区到郊区落户，随着郊区的发展，城市之间的距离也越来越小，在一些经济较发达的地区出现了城市群、城市连绵带。从城市内部结构来看，城镇化使城市由原来的单中心向多中心分布，城市功能分区越来越复杂，城市也由以某种职能为主向各种功能并存的综合性城市发展，许多城市由生产性城市逐渐转化为服务性城市。

王建军等（2009）运用高等数学方法，推演出城镇化 S 形曲线的 Logistic 增长模型关于时间变量 t 的方程表达式，并通过定性与定量分析，推导出该曲线的三个特征点及其数学表达式，对 Northam 城镇化发展阶段划分思想进行进一步的讨论，提出城镇化发展 S 形曲线上两个曲率最大点为城镇化三个阶段的分界点；验证了在拐点处城镇化发展速度最大加速度为零，之前速度逐渐加大，之后速度逐渐减小；给出了阶段划分点、拐点和第二阶段历时与平均速度的计算公式，选择 22 个国家城镇化历史数据进行拟合分析，城镇化阶段划分结果与相关研究非常吻合，并且符合世界城镇化发展的总体趋势。他们还特别指出并证明 2004 年中国城镇化发展已经出现速度拐点，验证了模型推导的结果，最后讨论了该方法的适用性和局限性。

陈明等（2013）以现有城镇化与经济发展相关模型为基础，建立了 41 个人口规模在 1000 万以上大国的面板非线性模型，结合世界各国城镇化发展规律特征，对我国城镇化所处的阶段和趋势进行综合判断和分析，发现中国的城镇化进程与经济发展水平之间的关系也呈现 S 形的曲线变化，但曲线更平滑，体现了与世界大国城镇化进程的差异。预测中国城镇化趋势和拐点发生的大致时间，认为中国人均 12088 美元、城镇化率 50.69% 是快速城镇化的结束值，人均 28308 美元、城镇化率达到 61.55% 时，基本完成城镇化进程。他们还指出，深化经济社会的改革，会使城镇化的峰值有大幅度提高。

8. 特殊情况下城镇化进度问题探讨

王兆杰讨论了金融危机形势下的城镇化发展速度，提出中国城镇化加速的起点可能将后推一段时间。赵永革论述了通货收缩形势下的城镇化发展速度，通过对当前以及今后一段时间宏观经济形势和城乡就业形势的分析，讨论了与宏观形势密切相关的城镇化发展速度问题，同样认为我国城镇化加快的起点可能将后推。

（三）城镇化速度研究理论与方法

1. 研究理论

（1）增长极理论。法国经济学家佩鲁在 1955 年提出，一个国家的经济增长并非在各个地方同时出现，而是首先出现于不同强度的增长点或增长极上，并通过不同的渠道向外扩散，对整个经济产生关联效应。增长极是由主导部门和有创新能力的企业在一些地区或大城市的聚集发展而形成的经济活动中心，这使得人口、技术、资本、生产等高度集中，经济活动在空间上的集中必将产生城镇化。我国城镇化进度表中，优先发展大城市，形成核心增长极的理论来源就在于此。

（2）循环累积理论。缪尔达尔的循环累计理论认为：地理上二元经济产生的原因在于各地区经济发展的差距，这种差距的存在是因为存在扩散效应和极化效应。极化效应是指劳动力、资金、技术、资源等由于要素收益差异而发生的落后地区向发达地区流动的现象，扩散效应是指发达地区为了保持自身的发展，不断向不发达地区增加原材料、燃料的采购及资本、产品、技术和设备的输出，有助于不发达地区的经济发展和区域差异的缩小。在城镇化进程中，极化效应往往大于扩散效应。这种地区之间要素收益率差距导致的累积性因果循环，在纯市场机制的作用下，使发展快的地区发展更快、发展慢的地区发展更慢，逐渐增大地区间的发展差距，形成地区性的二元结构。

（3）城市化S形曲线。诺瑟姆曲线揭示城市化发展水平同发展阶段的对应关系，以城市人口占总人口比重的城市化率表征着不同的城市化发展阶段，相应的城市化曲线呈变体的S形，城市化水平及所处阶段因国家和民族而异。如英格兰和威尔士在1900年后不久就进入城市化第三个阶段，而美国直到1950年还没有达到相同的水平。

根据诺瑟姆曲线，城市化过程主要有三个阶段：城市化率在25%以下是城市化初级阶段（Initial Stage），它对应着经济学家罗斯托（W. W. Rostow）所划分的传统社会这一阶段，即农业占国民经济绝大比重且人口分散分布，而城市人口只占很小的比重；城市化的加速阶段（Acceleration Stage）特征是城市人口从25%增长到50%乃至70%，经济社会活动高度集中，第二、第三产业增速超过农业且占GDP比重越来越高，制造业、贸易和服务业的劳动力数量也持续快速增长；成熟阶段（Terminal Stage）城市人口比重超过70%，但仍有乡村的农业人口从事农业生产和非农业生产来满足城市居民的需求，当城市化水平达到 80% 时增长就变得缓慢了。

诺瑟姆同时认为历史上存在与上述一般模式有出入的状况，如进入成熟阶段，城市人口可能下降；或者由于城市中心人口的外迁，乡村地区的人口增长可能会超过城市地区，从而使城市化曲线颠倒过来。第一种情况下，向城市的人口迁移可能会减缓，结果会达到一种均衡，如一旦城市人口达到 40% ~ 50%，就可能达到稳定的状态而进入成熟阶段。第二种情况下，向城市迁移可能被向农村迁移所替代，城市人口向外迁移数量可能超过农村向城市迁移人口数量与城市人口自然增长之和，城市化水平会下降。虽然这两种情景与城市化一般历史相反，但有可能存在，有报道说美国在 1950 ~ 1970 年，每 100 人迁移进入大都市区，就有 131 人迁移离开大都市区。

2. 研究方法

对城镇化进度的测定可通过城镇化不同时期的发展水平来测定，而城镇化水平的测定可采取单一指标方法、复合指标体系方法及比较分析方法。

（1）单一指标方法。这是选择对城市化表征意义最强又便于统计的个别指标，来描述城市化的发展水平。这种指标主要有两个：人口比重指标和土地利用比重指标。前者是最常用的城市化测度指标，因为人口比重指标比土地利用指标在表达城市成长状态方面更典型、深刻，而且数据更便于收集和统计。但这种测度方法存在很大的局限性，为了克服其局限性，国内外学者在分析城市化问题时，还选用与城市化有关的社会、经济、环境、基础设施等多种指标予以综合评价和分析，以考察城市发展水平。

（2）复合指标体系方法。城市化是一个复杂的社会经济现象，农民从乡村向城市转移的过程中，伴随诸多变化，如生活水平的提高、生活环境的改善、个人素质的提高等。于是，为了更客观地测算城市化水平，就产生了用一系列指标测度城市化水平的指标体系方法。

（3）比较分析方法。从早期的比较类型分析到目前的比较制度分析，比较分析一直是研究城镇化进度的重要分析方法。诸多发达市场经济国家城镇发展的实践，特别是英国、美国、日本、韩国在城镇化历史进程中的现实途径和经验教训，为中国城镇发展的路径选择和障碍排除提供了很好的借鉴和参考。在探讨中国城镇进度发展对策选择和制度创新时，对国外市场经济国家城镇发展的理论和实践影响做比较和评价，能更好地为研究中国城镇化最优进度提供参照。

三、新型城镇化

城镇化的核心是农村人口转移到城镇，完成农民到市民的转变，而不是建高楼、建广场。农村人口转移不出来，不仅农业的规模效益出不来，扩大内需也无法实现。新型城镇化是以城乡统筹、城乡一体、产城互动、节约集约、生态宜居、和谐发展为基本特征的城镇化，是大中小城市、小城镇、新型农村社区协调发展、互促共进的城镇化。新型城镇化的核心在于不以牺牲农业和粮食、生态和环境为代价，着眼农民，涵盖农村，实现城乡基础设施一体化和公共服务均等化，促进经济社会发展，实现共同富裕。新型城镇化坚持以人为本，以新型工业化为动力，以统筹兼顾为原则，推动城市现代化、城市集群化、城市生态化、农村城镇化，全面提升城镇化质量和水平，走科学发展、集约高效、功能完善、环境友好、社会和谐、个性鲜明、城乡一体、大中小城市和小城镇协调发展的城镇化建设路子。新型城镇化的"新"就是要由过去片面注重追求城市规模扩大、空间扩张，改变为以提升城市的文化、公共服务等内涵为中心，真正使我们的城镇成为具有较高品质的适宜人居之所。新型城市化与传统城市化的区别主要体现在以下方面（见表2-1）。

表2-1　新型城市化与传统城市化的16项比较

比较项目	传统城市化	新型城市化
城市化核心标志	以城市人口占总人口的比例大小为标志，农村不能充分享受国民待遇	以城乡统筹能力与城乡一体化水平的高低为标志，全体社会成员实现共建共享
城市化动力机制	以农村的贫困和破产为代价，以城乡之间攫取财富能力和享受财富程度的巨大梯度为引力	以城乡享受公共服务均质化为中心，以城乡之间攫取财富能力和享受财富程度的机会平等为追求
城市化哲学思考	在低发展水平条件下，区域： 从同化走向异化 从均质走向差异 从和谐走向矛盾	在高发展水平条件下，区域： 从异化走向同化 从差异走向均质 从矛盾走向和谐
城市化社会效应	不断加剧的城乡二元结构，表现为贫富差异与区域差异越来越大，最终形成农村包围城市的社会对抗	逐步减缓和消解城乡二元结构，表现为贫富差异与区域差异越来越小，达到共同富裕，最终形成城乡一体的社会和谐
城市化关注重点	集中关注城市发展（产生城乡分离），城市自身单极放大，主要追求物质文明	集中关注区域发展（达到城乡融合），连同农村在内的组团式城市群，共同追求物质文明、政治文明、精神文明和生态文明
城市化要素流动	人流、物流、信息流、货币流在城乡之间的单向流动，城市化以集聚为主	人流、物流、信息流、货币流在城乡之间的双向流动，城市化表现出集聚与扩散并重
城市化空间结构	以摊大饼的模式扩张，产生严重的城市病	以大中小城市与乡村相协调的模式发展，克服城市病
城市化产业关系	第一、第二、第三产业的产业链简单，互不连接，界限分明，不利于获取"发展红利"	第一、第二、第三产业的产业链复杂，界限模糊并互相长入，有利于获取"发展红利"
城市化演变趋势	城乡之间贫富差异逐步向城市内部贫富差异推移和分布	城市效应外溢，城市内部的富裕能力逐步向农村反哺
城市化地域联系	城际之间分离，产生严重同构化，形成恶性竞争	大中小城市协调发展、错位发展，形成区域互补与区域联盟
城市化发展路径	大量占有资源、大量消费资源、严重污染环境，不利于公共健康	走资源节约、环境友好之路，推行循环经济与低碳经济
城市化环境效应	城市污染集中、生存空间狭小，污染物向农村转移，忽视生态伦理	城乡环境统一规划，共建绿色家园，实施生态补偿，达到生态文明

比较项目	传统城市化	新型城市化
城市化生产方式	城市大工业与农村小农经济并存	城乡作为共同体实现区域的合理分工
城市化生活方式	趋向奢华和占有的非理性消费，人居环境与生活质量下降	推崇简约和绿色的理性消费，人居环境与生活质量提升
城市化文化方式	削弱或消灭文化多样性	保留乡村文化遗产，倡导文化多样性
城市化发展战略	不利于人与自然和谐，不利于人与人和谐，以自然系统、社会系统、人文系统的共同劣质化为内涵	走人与自然和谐，人与人和谐的可持续发展之路，统筹城乡发展，以人的全面提高和发展为基本宗旨

资料来源：牛文元等. 中国城市发展报告 ［M］. 北京：西苑出版社，2003.

四、研究进展述评

（一）城镇化发展包括速度、规模和质量三方面

国内外对城镇化速度的直接描述并不多见，但很多学者都从侧面对城镇化速度进行了探讨，城镇化速度是城镇化数量扩张的过程和方面，主要是指城镇人口在国家或区域总人口中比例的提高、城镇人口规模的扩大、城镇数量的增加、城镇地域的扩展，还有城镇人均 GDP 及产业集聚程度。最明显的表现为农村人口转变为城镇人口，农村地域转变为城镇地域。简单而言，就是农民社会转化为市民社会过程的快慢。城镇化速度受经济、社会、政治、历史、地理、制度、政策等多种因素的影响和制约。从经济角度看，经济总体发展状况，总的经济发展速度特别是第一、第二、第三产业的发展、发育程度，对城镇化的速度有着直接的影响，尤以工业的发展速度和水平对城镇化速度影响最为直接和显著。

（二）城市化水平和速度要注意保持适当的进度和规模

中国社会科学院发布的《城乡一体化蓝皮书（2012）》指出，对比美洲与欧洲城市化，我们必须贯彻和落实科学发展观，推进生态文明建设，在资源约束下建设更加合理、生态化、大中小城市协调发展的区域城镇体系。黄汉权认为应根据国情国力保持合理的城乡比例，尤其针对城市资源环境承载能力提高和变化情况，科学设定各个阶段适度合理的城市化发展水平，从根本上遏制冒进式城市化和空间失控的态势，避免由此而带来的资源、环境和社会问题。因此，提升城镇化质量成为城镇化发展的重要目标。

（三）城镇化质量的提升是实现城镇化进程健康发展的关键

在我国当前高速推进的城镇化进程中，质量问题日益显现，引人关注。关于城镇化质量的研究主要集中在以下几个方面：城镇化质量内涵的研究；城镇化质量评价体系及模型的研究；城镇化质量提升对策研究以及其他城镇化质量的相关研究。张春梅认为城镇化质量包括城镇的经济发展质量、城镇居民的生活质量、城乡统筹质量和可持续发展质量四个方面，方创琳认为城镇化质量是经济城镇化质量、社会城镇化质量和空间城镇化质量的有机统一。

城镇化速度的过快或者过慢都不利于社会的健康发展，在传统的城镇化模式弊端越来越明显的背景下，如何在保证城镇化快速发展的同时，提高城镇化质量，以合理的速度保证城镇化"质"与"量"的协调发展，使城镇化的速度与资源环境承载力相适应，与城市发展和经济发展的客观规律相一致具有重大意义，需要引起持续广泛关注。在此背景下，本书以江西省为案例地，探讨推进江西新型城镇化速度、质量与制度的关系，可为江西省新型城镇化提供决策思路，同时可为国内外城镇化发展的学术讨论提供新的视角。

第三章　江西城镇化在全国的定位

诺贝尔经济学奖得主斯蒂格利茨认为，将有两件大事影响 21 世纪的世界进程：一是美国的高科技；二是中国的城市化。他提出中国的城市化将是区域经济增长的"火车头"，并产生最重要的经济利益。2012 年中国的城市化率已经超过 52.57%，城镇常住人口首次超过农村人口，这意味着中国已经开始进入以城市人口为主的国家，经济社会和城镇化进入新发展阶段。

随着社会转型期的到来，传统的城镇化发展模式已经难以为继，新型城镇化已经成为新时期经济—政治—文化—社会—生态文明五位一体国家战略整体布局的重要抓手。当前我国的城镇化已呈现清晰的核心—边缘结构特征：从当前城镇化水平看，高水平区域大多分布于东部省份及东北地区，落后区域大多分布在中西部地区，环渤海、长三角、珠三角和福建沿海成为我国城镇化水平的核心区，中西部省会城市区域成为城镇化水平的次核心区；从城镇化水平的增长率看，快速增长的核心区位于江西北部、云贵—成渝地区、部分新疆和内蒙古地区等中西部地区，部分城市化水平落后的边缘区反而成为增长速度格局中的核心区。江西目前位于国家城镇化水平的边缘区，但同时以昌九走廊为核心的赣北赣西地区处于国家城镇化水平快速增长的热点区。在以人为本为核心理念的新型城镇化战略下，良好的生态环境条件成为江西推进新型城镇化进程的黄金优势，并有望成为提升江西在全国新型城镇化体系中地位的后发优势。

一、中国城市人口密度变化统计分析

（一）城市总体情况

2000～2011 年的 10 余年间，地级市的数量共增加了 25 个，其中 2000～2005 年增加了 24 个地级市，而 2005～2011 年增设铜仁、毕节 2 个地级市，同时撤销地级市巢湖市改设为县级巢湖市，由合肥市代管。

2000～2005 年，我国城市人口数量由 28583.28 万人增加到 36285.04 万人，增幅为 26.94%；用地规模由 441225 平方千米扩展到 594269 平方千米，增幅为 34.69%。由于城市人口规模的相对增长速度落后于用地规模的相对增长速度，我国城市的平均人口密度由 2000 年的 647.82 人/平方千米降至 2005 年的 610.58 人/平方千米。

2011 年我国城市的人口与用地规模相比 2005 年均有所增长，但这期间的增幅小于 2000～2005 年的增幅。2005～2011 年，人口与用地规模的增幅分别为 9.73% 和 8.26%，人口规模增长速度快于用地规模的增长速度，故 2011 年的人口密度相比 2005 年的人口密度有所回升，增长了 1.36 个百分点。

（二）从不同地区角度分析

将全国区域划分为东、中、西部地区①，东部地区自北向南包括辽、京、津、冀、鲁、苏、沪、浙、闽、粤、桂、琼 12 个省、直辖

---

① 东、中、西部地区划分及简介见 http://www.chinawater.net.cn/CWSNews/infor/0320.html。

市、自治区；中部地区包括蒙、黑、吉、晋、皖、赣、豫、湘、鄂9个省、自治区；西部地区则包含其余的10个省、直辖市、自治区。

2000年、2005年与2011年中国城市分地区人口、面积和人口密度如表3-1所示。

表3-1　2000年、2005年与2011年中国城市分地区人口、面积和人口密度

地区	2000年			2005年			2011年		
	人口（万人）	面积（平方千米）	密度（人/平方千米）	人口（万人）	面积（平方千米）	密度（人/平方千米）	人口（万人）	面积（平方千米）	密度（人/平方千米）
东部	13503.65	133298	1013.04	18474.82	207458	890.53	19708.3	220615	893.33
中部	9719.96	193808	501.53	11031.65	219435	502.73	11804	224318	526.22
西部	5359.67	114119	469.66	6778.57	167376	404.99	8303.7	198439	418.45
合计	28583.28	441225	647.82	36285.04	594269	610.58	39816	643372	618.86

（1）东部地区人口最多，人口密度最大；西部地区人口最少，人口密度最小，人口与人口密度均由东部地区向西部地区递减。

（2）2000~2011年我国城市的平均人口密度呈波动下降趋势。具体到各地区而言，东部与西部地区平均人口密度变化过程表现为先降低后小幅度上升，而中部地区平均人口密度在10余年间呈缓慢上升趋势。

（3）2000~2005年，东部与西部地区城市的人口与用地规模均得到大幅度的扩张，人口密度却出现较大幅度的下滑，东部城市平均人口密度由2000年的1013.04人/平方千米下降到2005年的890.53人/平方千米，西部城市平均人口密度由2000年的469.66人/平方千米下降到2005年的404.99人/平方千米。2011年相比2005年，东、中、西部地区城市的人口密度均有不同幅度的上升，东部地区人口密度增长最少，不足3人/平方千米。

（4）中部地区城市的平均人口密度呈上升趋势，但2005~2011年

的人口密度增长幅度大于 2000～2005 年的增长幅度。这表明，中部地区城市在 2000～2011 年处于城市化阶段，且 2005～2011 年城市化进程加快。

（三）从城市的人口规模角度分析

按城市市辖区总人口划分城市等级[①]，可将城市划分为超大城市（500 万人以上）、特大城市（200 万～500 万人）、大城市（100 万～200 万人）、中等城市（50 万～100 万人）和小城市（50 万人以下）等。

2000 年、2005 年与 2011 年中国不同规模城市的数量、人口、土地面积和人口密度如表 3－2 所示。

表 3－2　2000 年、2005 年与 2011 年中国不同规模城市
的数量、人口、土地面积和人口密度

人口分组（万人）	2000 年				2005 年				2011 年			
	城市数（个）	人口（万人）	面积（平方千米）	密度（人/平方千米）	城市数（个）	人口（万人）	面积（平方千米）	密度（人/平方千米）	城市数（个）	人口（万人）	面积（平方千米）	密度（人/平方千米）
500 以上	6	5005.37	43390	1153.58	9	7321.42	56408	1297.94	12	9567.2	74267	1288.22
200～500	14	4001.61	31578	1267.21	29	8277.71	70019	1182.21	33	9022.5	94160	958.21
100～200	70	9715.24	140006	693.92	75	10373.54	166786	621.97	82	11426.3	181553	629.36
50～100	103	7234.73	133247	542.96	108	7878.74	175992	447.68	108	7859.3	185306	424.13
50 以下	69	2626.33	93004	282.39	65	2433.63	125064	194.59	52	1940.7	108086	179.55
总计	262	28583.28	441225	647.82	286	36285.04	594269	610.58	287	39816	643372	618.86

1. 城市数量及城市空间规模的变化

超大城市、特大城市及大城市的数量在 2000～2005 年与 2005～2011 年均有增加；中等城市数量在 2000～2005 年增加了 5 个，2005

　　[①]　由于目前我国城市人口等级主要按城市人口规模（包括城市中心区及近郊区内的非农人口）划分，而本书中的城市人口采用的是市辖区总人口，故关于城市等级的划分，参考了刘芳的人口分组。刘芳.中国城市人口密度的区域差异及政策建议［J］.城市探索，2011（6）.

年之后城市数量保持不变；小城市数量呈加速减少的趋势。

10余年间，各类城市的用地规模均有所扩张，其中特大城市的用地规模增加了62582平方千米，增幅最大，占土地扩张总面积的30.96%。其次为中等城市，其用地规模增加了52059平方千米，占土地扩张总面积的25.75%。城市土地面积在10余年间增长最少的是小城市，仅增加了15082平方千米，占土地扩张总面积的7.46%，但小城市数量减少了17个，这表明小城市土地总面积的增长主要是靠城市内部土地面积的扩张。

2. 城市人口密度的变化

2000～2005年，除超大城市的平均人口密度增长了144人/平方千米之外，其他各类城市的平均人口密度降幅在70～100人/平方千米。2005～2011年，除大城市的人口密度增长了7.40人/平方千米外，其他各类城市的人口密度均降低了，特别是特大城市的人口密度降低了224人/平方千米，降幅达到18.95%。

（四）从城市的行政划分角度分析

按行政划分来观察我国城市，可得直辖市、省会城市、地级市三类城市，下面按此分类观察2000～2011年我国各类城市的人口、面积与人口密度。

1. 城市人口与用地规模变动

2000～2011年的10余年间，直辖市、省会城市及除省会城市外的地级市的人口数量与用地规模均有所增长，但不同级别行政城市的人口与土地规模增速存在差距。2000～2005年直辖市的总人口与用地规模相对增长速度落后于省会城市与地级市各自的总人口与用地规模的相对增长速度，而2005～2011年直辖市总人口与用地规模增长迅速超过了省会城市与地级市。

2. 城市人口密度的变化

从人口密度看，2000年我国城市平均人口密度依省会城市、直辖市、地级市逐渐降低；2000～2005 年，由于省会城市土地面积扩张了 25455 平方千米，扩张比率为 52.73%，大大超过人口 26.62% 的增长比率，导致省会城市平均人口密度降低幅度较大，直辖市平均人口密度超过省会城市的平均人口密度。2011 年直辖市总用地规模与人口规模相比 2005 年分别增长了 17481 平方千米、944.49 万人，人口增长比例约为面积增长比例的一半，以致直辖市平均人口密度降低了 248.18 人/平方千米，省会城市平均人口密度大于直辖市平均人口密度。

此外，2005 年省会城市与地级市的平均人口密度相比 2000 年有所降低；2005 年以后，这两个行政级别的城市平均人口密度均有所增长（见图 3 - 1）。

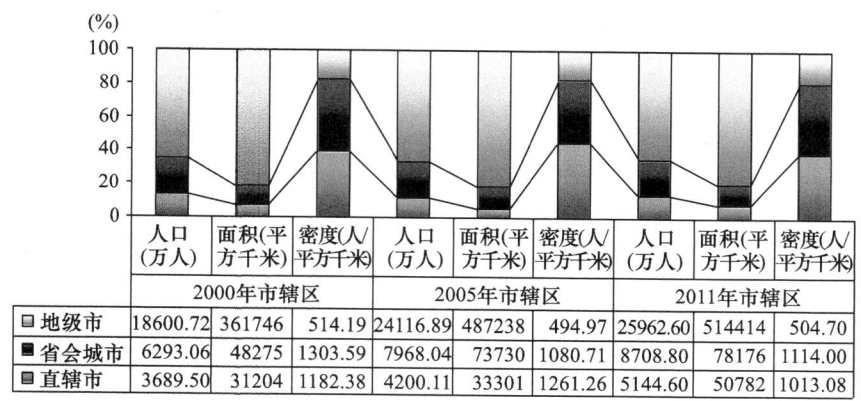

	2000年市辖区			2005年市辖区			2011年市辖区		
	人口（万人）	面积（平方千米）	密度（人/平方千米）	人口（万人）	面积（平方千米）	密度（人/平方千米）	人口（万人）	面积（平方千米）	密度（人/平方千米）
地级市	18600.72	361746	514.19	24116.89	487238	494.97	25962.60	514414	504.70
省会城市	6293.06	48275	1303.59	7968.04	73730	1080.71	8708.80	78176	1114.00
直辖市	3689.50	31204	1182.38	4200.11	33301	1261.26	5144.60	50782	1013.08

图 3 - 1   2000 年、2005 年与 2011 年中国不同城市的人口、面积与人口密度

（五）中国城市人口密度空间格局分析

1. 城市人口密度空间格局分析

根据 2000 年、2005 年、2011 年我国城市的人口密度数据分别作各年份的人口密度图（图 3 - 2 ～ 图 3 - 4，图中对人口密度在 2000 人/平方千米以上的城市进行标注），并分析我国人口密度分布的空间格局及其变化。

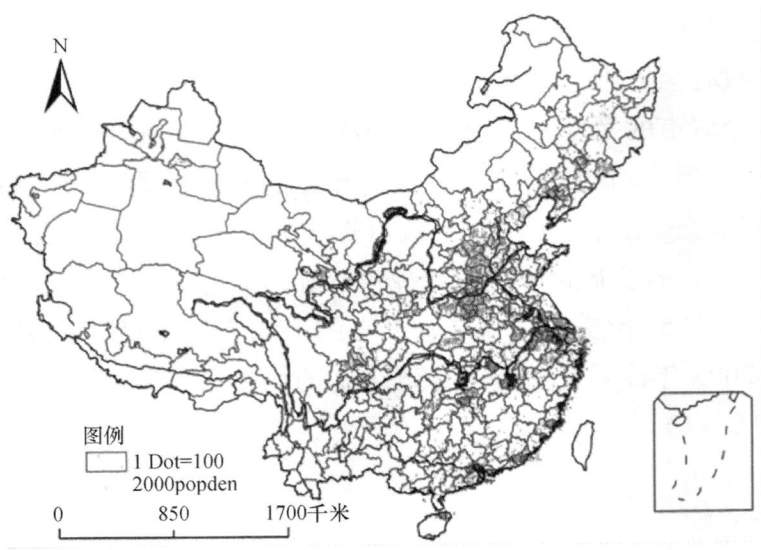

图 3-2　2000 年中国城市人口密度格局

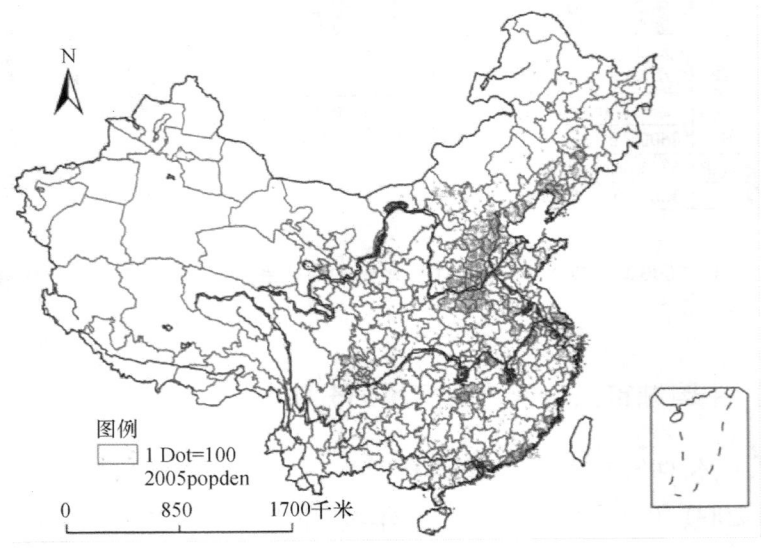

图 3-3　2005 年中国城市人口密度格局

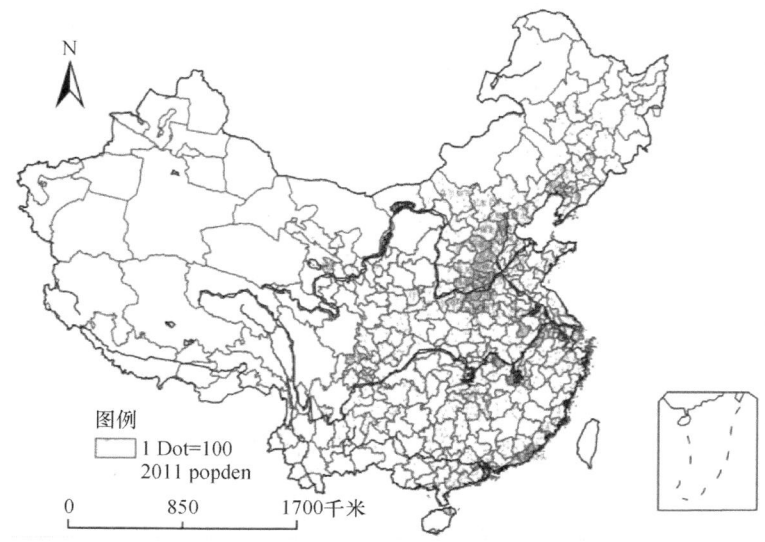

图例
1 Dot=100
2011 popden
0   850   1700千米

图 3 - 4 2011 年中国城市人口密度格局

2000 年（见图 3 - 2），我国城市人口密度在 2000 人／平方千米以上的城市共 44 个，主要分布在华北平原及长江三角洲地区，是我国人口高度集聚城市的集中分布区。此外，长江中、上游流域有若干人口高度集聚的城市如成都、襄樊、长沙、黄石、南昌等呈串珠状分布，除长三角地区外的沿海城市如盘锦、莆田、揭阳、汕头等也是人口高度集聚的城市。

2005 年（见图 3 - 3），我国城市人口密度在 2000 人／平方千米以上的城市共 39 个，相比 2000 年减少了 5 个。主要表现在：长三角地区人口高度集聚城市的数量减少，如上海、苏州、常州、无锡、杭州、南京等城市经过 5 年的发展，人口密度降至 2000 人／平方千米以下，以致其 2005 年不在人口高度集聚城市的行列；与此同时，华北平原与渤海湾沿岸人口高度集聚城市数量增加，新增的人口密度超过 2000 人／平方千米的城市有唐山、秦皇岛、廊坊、长治、晋城等。

2011 年（见图 3 - 4），我国城市人口高度集聚的城市，即人口密度超过 2000 人／平方千米的城市仅有 32 个，相比 2005 年减少 7 个。

表现在：长江流域人口高度集聚的城市数量有所减少，如芜湖、长沙、湘潭、南通等城市退出人口高度集聚城市之列；秦岭淮河以北的人口高度集聚城市数量不变，但城市发生了变化，衡水、秦皇岛两市的地位被安阳、张家口两市所取代。东南沿海的东莞和莆田两市分别由于人口规模锐减和用地规模急剧扩张导致人口密度降至1000人/平方千米。

2. 城市人口密度变化类型

根据2000年、2005年、2011年我国城市的人口密度数据，划分得出先降后升、先升后降、一直升、一直降及先升后不变五种人口密度变化类型（见表3-3），同时绘制我国城市人口密度变化类型图（见图3-5），在此基础上分析我国城市人口密度变化类型格局。

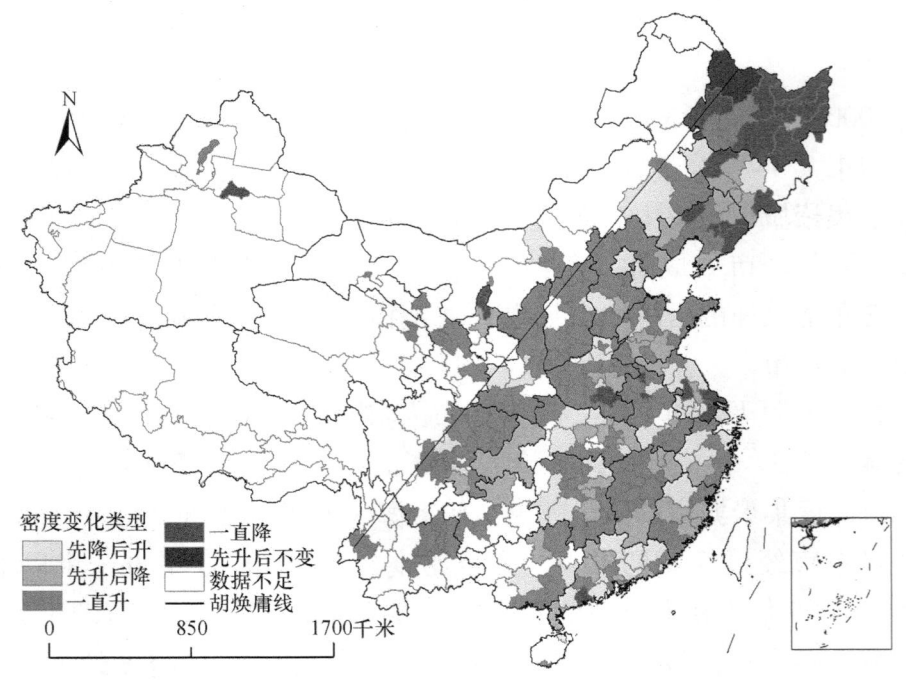

图3-5 我国城市人口密度变化类型

注："数据不足"的城市包含没有资料的城市如拉萨市，由于撤地级市改县级市（如巢湖市）或撤销地区与县设立地级市（如贵州省的铜仁市和毕节市等）等导致资料不全的城市，非地级以上城市等，其中包含29个地级以上城市。

表 3-3　中国城市人口密度变化类型

人口密度 变化类型	中心城市
先降后升 型 55 个	北京、天津、上海、石家庄、南京、杭州、济南、南宁、海口、成都、西安、阳泉、包头、赤峰、吉林、白城、无锡、常州、淮安、盐城、镇江、宿迁、宁波、金华、衢州、蚌埠、马鞍山、铜陵、安庆、南平、潍坊、安阳、新乡、焦作、漯河、黄石、宜昌、襄樊、随州、邵阳、岳阳、怀化、韶关、珠海、汕头、佛山、江门、茂名、惠州、梅州、河源、梧州、自贡、铜川、宝鸡
先升后降 型 45 个	重庆、长春、福州、长沙、秦皇岛、衡水、大连、抚顺、铁岭、朝阳、四平、辽源、通化、七台河、徐州、泰州、丽水、芜湖、莆田、三明、泉州、景德镇、赣州、上饶、济宁、泰安、临沂、聊城、许昌、周口、鄂州、荆门、孝感、黄冈、湘潭、衡阳、湛江、肇庆、汕尾、清远、东莞、柳州、宜宾、遵义、吴忠
一直升型 135 个	太原、呼和浩特、沈阳、合肥、南昌、郑州、武汉、广州、贵阳、昆明、兰州、西宁、唐山、邯郸、邢台、保定、张家口、承德、沧州、廊坊、大同、长治、晋城、朔州、晋中、运城、沂州、临汾、乌海、通辽、鞍山、锦州、营口、盘锦、葫芦岛、大庆、绥化、连云港、温州、嘉兴、湖州、绍兴、舟山、台州、黄山、滁州、阜阳、宿州、六安、亳州、池州、宣城、厦门、漳州、龙岩、宁德、萍乡、九江、新余、鹰潭、吉安、宜春、抚州、青岛、淄博、枣庄、东营、烟台、威海、日照、莱芜、德州、滨州、菏泽、开封、洛阳、平顶山、鹤壁、濮阳、三门峡、南阳、商丘、信阳、十堰、荆州、咸宁、株洲、常德、张家界、益阳、郴州、永州、娄底、深圳、中山、潮州、揭阳、云浮、桂林、北海、防城港、钦州、贵港、玉林、三亚、攀枝花、泸州、德阳、绵阳、广元、遂宁、内江、乐山、南充、眉山、广安、达州、雅安、巴中、资阳、六盘水、安顺、曲靖、玉溪、保山、渭南、延安、汉中、榆林、安康、嘉峪关、金昌、白银、天水、克拉玛依
一直降型 24 个	哈尔滨、银川、乌鲁木齐、本溪、丹东、阜新、辽阳、白山、松原、齐齐哈尔、鸡西、鹤岗、双鸭山、伊春、佳木斯、牡丹江、苏州、南通、扬州、淮南、淮北、驻马店、阳江、石嘴山
先升后 不变型 1 个	黑河市

（1）先降后升型：这类城市主要包括京、津、沪 3 个直辖市与宁、杭等 8 个省会城市及 44 个地级市的市辖区，零散地穿插分布于胡焕庸人口分界线东南部。

（2）先升后降型：包括重庆 1 个直辖市，长春、福州、长沙 3 个省会城市及 41 个地级市共 45 个中心城市的市辖区范围。同先降后升型的城市相互伴随的特征明显，它们的分布也较为零散，主要分布在胡焕庸人口分界线的东南边。

（3）一直升型：这类中心城市数量最多，含太原、呼和浩特、沈阳、合肥等 12 个省会城市及唐山、邯郸、邢台等 123 个地级市。它们分布比较集中，呈片状分布于中部地区、成都平原与云贵高原；而在其他地区分布则较为稀疏。

（4）一直降型：这类城市数量较少，包括哈尔滨、银川、乌鲁木齐 3 个省会城市与 21 个地级市。它们在东北三江平原连片分布，此外，在其他区域分布较少，表现为江淮流域的串珠状分布、西北与南部广东省的点状分布。

（5）先升后不变型：仅包含黑龙江的黑河市。

3. 影响我国城市人口密度及其变化的因素分析

（1）历史继承的人口密度。人口密度的高低具有延续性，过去的人口密度能决定现在的人口密度。黄河下游流域是中华文明的发源地之一，其气候、地形等条件适于农业的发展，加之若干城市长期是全国的政治、经济、文化中心，农业生产技术水平较高，食物的生产量较大，理所当然能供应的人口更多，因而该区域人口多、人口密度大。

（2）城市经济发展的速度。除历史继承的原因外，城市经济发展速度对城市人口密度产生重要的影响。如东部沿海的京津唐、长三角、珠三角等地区经济发达且发展速度快，吸引大量的外来人口，城市的人口数量增加，人口密度上升；反之，中西部地区的城市经济发展不景气，人民生活水平不高，迁出或常年外出务工的人口较多，导致城市人口数量减少，人口密度降低。

（3）城市规划及行政区划的调整。为加快城市化进程，许多城市或地区采取调整城区范围、撤销县或地区改设市、撤地级市改设县级市等措施，扩大城市规模，这在很大程度上影响着城市的人口密度。

（4）城市人口与用地的异速增长关系。处于城市化加速发展阶段的城市，其人口不断集中，城市土地面积的相对增长落后于城市人口规模的相对增长，必然带来人口密度的增加，即所谓的城市人口与用地呈现负的异速增长关系（王成新等，2003），如中部地区的许多城市，南昌市、郑州市、合肥市等；另一些由县镇转成的城市，其广大农村土地作为城市土地计算，导致城市土地面积的相对增长超过人口规模的相对增长，从而造成城市人口密度降低，如福建省的莆田市。

（5）城市人口的自然增长率。受传统生育观念如"一定要生个儿子"、"养儿防老"等影响深刻的地区，人口出生率较高，人口密度也随之增长；而长三角等经济发达地区，人们的生育观念开始转变，许多人不愿生育或只生一个，造成人口出生率较低，人口密度下降。

二、高铁影响下中国中心城市可达性格局

（一）平均可达性

本书采用平均可达性，即平均最短交通时间测算全国31个中心城市的可达性水平。平均可达性是指在特定交通系统下评价城市到其他中心城市的时间测度，主要与评价城市的空间区位及连接评价城市与其他城市的交通设施条件有关。平均可达性的计算公式如下：

$$A_i = \sum_{i=1}^{n} T_{ij}/n \qquad\qquad (3-1)$$

式中：A_i 为城市 i 的可达性均值，表征 i 点在交通网络中的可达性水平；T_{ij} 为 i 城市到区域内 j 城市的最短交通时间；n 为交通网络中除选定城市以外的城市总数。A_i 的值越小表示该城市的可达性越好，反之，则表示该城市的可达性越差。

（二） 中心城市的可达性水平分析

根据平均可达性公式计算得到的普通列车和高速列车运行时的全国 31 个中心城市的可达性均值如表 3 - 4 所示，可以得到基于铁路网络的中心城市可达性格局图（见图 3 - 6），再从中分析中心城市可达性的空间演变格局。

表 3 - 4　中心城市的可达性均值　　　　　　　　　单位：小时

城市	普通列车	高速列车	城市	普通列车	高速列车	城市	普通列车	高速列车
北京	16.37	13.57	合肥	17.50	16.20	成都	26.85	26.67
天津	19.18	17.25	福州	29.38	24.68	贵阳	28.03	27.95
石家庄	15.95	14.72	南昌	19.73	19.37	昆明	35.92	35.83
太原	18.90	16.38	济南	21.52	18.58	拉萨	42.53	41.73
呼和浩特	24.80	24.45	郑州	15.30	14.12	西安	19.38	17.27
沈阳	25.70	25.30	武汉	16.28	14.65	兰州	22.57	21.72
长春	28.53	27.35	长沙	18.88	16.63	西宁	24.78	24.18
哈尔滨	29.03	27.82	广州	25.18	22.40	银川	24.17	23.40
上海	20.33	18.35	南宁	28.50	28.22	乌鲁木齐	42.77	42.42
南京	21.78	20.28	海口	33.67	33.20			
杭州	21.93	20.25	重庆	24.75	24.72			

1. 普通铁路网络下的中心城市可达性分析

以普通铁路客运网络为基础的 31 个中心城市的可达性分析如下：

（1） 郑州、石家庄、武汉、北京排前 4 强，它们的可达性均值小于 17 小时。这 4 个城市虽同处在京九线上，但它们可达性较好的原因存在差异。结合我国的地理版图和铁路交通线路图可知，郑州地处我国中原地区，地理位置相对居中，同时也是连接我国东西、南北的重要铁路枢纽；石家庄地处华北平原北部，地理位置相对偏北，虽不占据空间区位优势，但在交通优势方面同郑州一样，是连接东西、南北的重要交通枢纽，而且有 "火车拉来的城市" 之称；武汉位于我国中部地区，可谓全国的 "中心"，它较高的可达性水平主要得益于优越的空间区位——地理位置居中；而北京，是我国的首都，受政策的倾斜，成为全国最重要的交通枢纽城市。

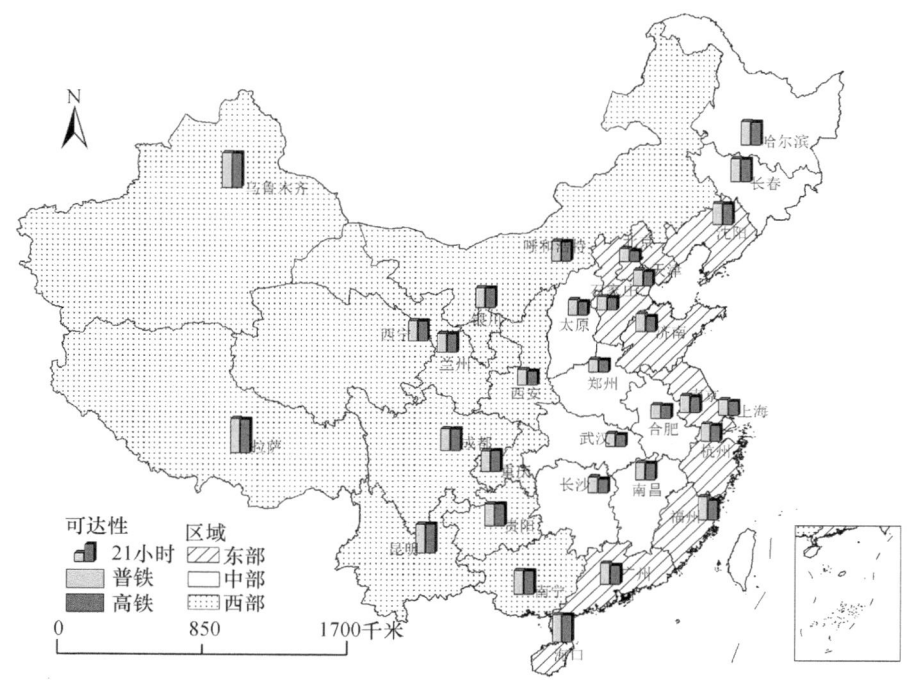

图3-6 基于铁路网络的中心城市可达性格局

（2）可达性水平为一般的中心城市有合肥、长沙、太原、天津、西安和南昌6市，它们的可达性均值为［17，20）小时，其中合肥、长沙、太原和南昌4市处于中部地区，空间区位优势明显，而天津和西安分别偏居于我国东部和西部。西安在连接我国西部与中部中发挥着支撑作用，是西部地区重要的交通枢纽，它的交通区位优势在西部地区也尤为明显。

（3）可达性均值为［20，30）小时的中心城市最多，有17个，占所有中心城市的一半以上，这类城市的可达性较差。在这17个中心城市中，可达性排名前4位的上海、济南、南京、杭州都位于我国东部地区，广州和福州也位于我国的东南沿海地区，此外，其他省会城市地处东北、西北和西南地区。

（4）可达性最差的海口、昆明、拉萨和乌鲁木齐4市，它们的平均可达性值均在30小时以上，其中拉萨和乌鲁木齐的可达性均值达42小时以上。这主要是由于除海口为我国最南边的海岛省会城市外，其他3市都为我国边陲地带的省会城市，从全国角度讲，这4市的地理位置最偏僻。

从上述可达性水平差异的原因分析中可以总结出，在普通铁路交通网络背景下，中心城市的可达性水平主要由其自身所处的空间区位决定，同时，也与城市间交通设施的便捷程度密切相关。

2. 高铁影响下的中心城市可达性及其改善程度分析

根据表3－4中普通列车和高速列车运行时的可达性均值数据，作高铁影响下的中心城市可达性改善程度格局图（见图3－7），图中的"立体柱"越高，表示城市的可达性改善程度越高。结合图3－6对高铁影响下的中心城市可达性及其可达性改善程度进行分析。

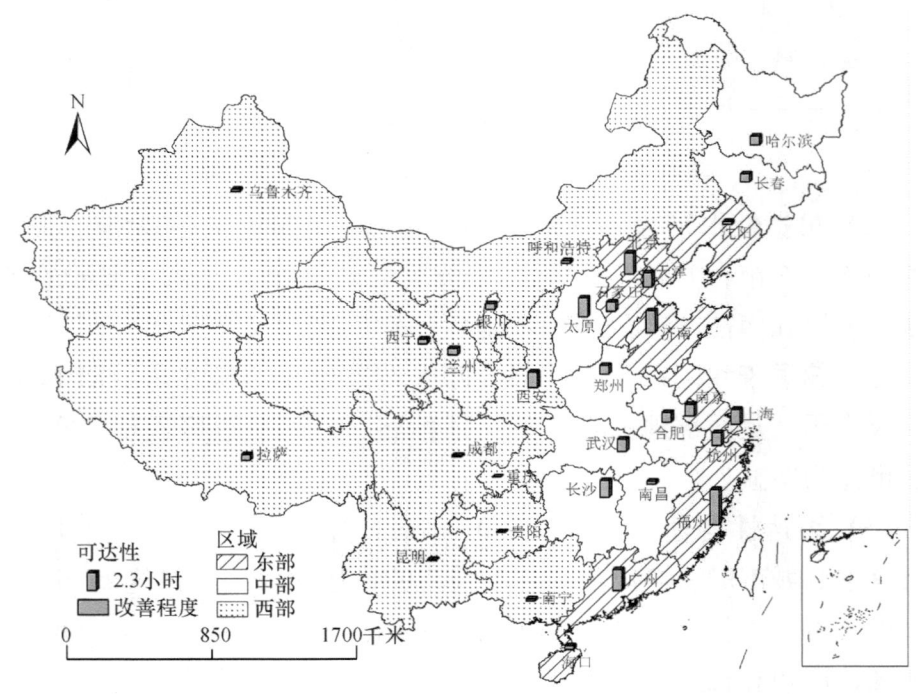

图3－7　高铁影响下的中心城市可达性改善程度格局图

（1）北京、郑州、武汉、石家庄的可达性最好，在全国中心城市中排前4强，它们的可达性均值小于15小时，特别是北京的可达性均值小于14小时。与普通铁路网络下的城市可达性水平相比，以上4市的可达性水平都有较大程度的改善，可达性均值均降低1小时以上，其中北京的可达性均值降低达2.80小时。

（2）可达性较好的中心城市有合肥、太原、长沙3个，它们的可达性均值处在［16，17）小时。相比普通铁路网络下的城市可达性水平，合肥的可达性水平在3市中仍最高，但太原、长沙的可达性均值分别缩减2.52小时和2.25小时，远超过合肥的可达性均值缩减幅度1.30小时，太原、长沙两市的可达性水平正逐渐逼近合肥的可达性水平。

（3）可达性水平为一般的中心城市有5个，分别为天津、西安、上海、济南和南昌，它们的可达性均值处于［17，20）小时。在上述5市中，上海、天津、济南和西安分别偏居于我国的东部和西北地区，只有南昌地处中部地区，其地理位置较居中的空间区位优势最明显；但南昌的可达性水平在5市中是最差的，且其可达性改善程度最低，可达性均值仅缩减0.36小时，而其他4市的可达性均值缩减幅度均在1.9小时以上。

（4）可达性均值处在［20，30）小时之间的中心城市最多，有15个，它们的可达性水平较差，比普通铁路网络下同等可达性水平的城市少2个，即上海和济南。这类城市的可达性均值缩减幅度的差距最大，在最小的0.08小时（贵阳市）到最大的4.70小时（福州市）之间变动。这在一定程度上也反映了该类城市的铁路交通设施建设水平存在相当大的差距。此外，在这类城市中特别值得注意的是福州市，福州市的可达性均值缩减最多，为4.70小时，这主要与城市间列车运行数据的提取原则有关。在与福州市有列车直通的16个中心城市间，京、津、沪、宁、杭等城市与福州市有高速列车连通；另外，福州市与其他14个中心城市之间没有列车直通，但根据预先设定的中转站点的选择原则，福州市到达这14个中心城市的中转站点主要有北京、南京和杭州，由于杭福、沪杭、京沪等高速铁路的运营，加之不考虑中转滞留时间，福州市与14个城市的时间距离大为缩短。由此，在高速铁路的影响下，福州市的可达性均值降低幅度最大，可达性改善程度尤为明显。

（5）可达性最差的中心城市仍为海口、昆明、拉萨和乌鲁木齐4市，它们的可达性均值在30小时以上，由于地处边陲地区，国家的高速铁路建设尚未涉及，为此，以上4市的可达性改善受到较大的限制，可达性均值缩减不明显，均不足1小时。

（6）图3-7清晰地表明：从全国的大格局来看，东部沿海地区中心城市的可达性改善程度最明显，其次为中部地区，西部地区中心城市的可达性改善程度最低。

高铁网络的发展缩短了城市间的时间距离，提升了城市的可达性水平，但由于城市所处的空间区位不同及交通设施建设水平的差距，高铁对不同城市的可达性水平产生的影响也不一致。同时高铁网络的发展对改善城市可达性的作用正逐渐赶超城市空间区位对城市可达性水平的影响，但城市的空间区位仍具有举足轻重的作用，可达性均值小于17小时的7个中心城市有6个城市位于中部地区，就是例证。

三、江西城镇在地理横轴和纵轴中的位次

（一）地理纵轴（京广、京九）

京广铁路是我国第一条南北大动脉，具有极其重要的战略地位；京九铁路是继京广铁路后连接中国南北地区的又一大铁路干线。京广铁路连接了5个省会城市，主要经过22个地级市站点；而京九线上仅南昌1个省会城市，主要经过16个地级市站点。

1. 经济发展水平

以 2013 年 GDP 和人均 GDP 为指标，对主要站点城市经济发展水平进行比较。2013 年京广沿线站点城市 GDP 总量达 58889 亿元，京九线经过的地级市站点少，且经济发展总体水平较低，GDP 总量仅46917 亿元，只占京广沿线城市的 79.7%。从人均 GDP 来看，京九线上仅 1 个一层级城市、1 个二层级城市以及 6 个三层级城市，整体水平远逊于京广线。

京九线江西段共涉及九江、南昌、吉安、赣州 4 市，从 GDP 总量来看，南昌以 2255 亿元在京九沿线 16 市中位列第 4 位，仅次于北京、深圳、东莞 3 市（共占 GDP 总量的 83.56%），但经济发展水平偏低，仅占 GDP 总量的 4.81%；其次为九江，GDP 约为 679 亿元，排第 6 位；赣州以 395 亿元的 GDP 排第 9 位；吉安则排在倒数第 2 位，GDP 尚不及 174 亿元。从人均 GDP 来看，九江、南昌分别以 103764 元、99605 元位居第 5、第 6 位，均不及深圳、东莞、北京的 1/4、2/5、2/3；赣州、吉安则分别以 59634 元、31001 元排第 8 位和第 12 位。无论是 GDP 还是人均 GDP，京九沿线城市（江西段）的经济发展水平均呈现偏低的现象。

2. 客货运流量比较

客货运流量反映了一个城市的经济活力。2013 年京广沿线城市铁路旅客量达 53737 万人次，而京九沿线城市铁路旅客量仅 24522 万人次，占京广的 45.6%。从铁路货运总量来看，京广线（36379 万吨）是京九线（7075 万吨）的 5 倍多。一、二层级城市多集中在京广沿线，而京九沿线几乎都为三、四层级城市，铁路客货运流量远低于前者。

立足京九铁路看江西段沿线城市，在铁路客运流量方面，南昌、赣州分别以 2373 万人次、1423 万人次在京九沿线 16 市中居第 3 位和第 4 位，分别仅占北京（第 1 位）的 1/5、1/8 左右；九江、吉安则分别以 913 万人次、621 万人次排第 7 位和第 11 位。在铁路货运量方面，九江以 1261 万吨居第 1 位；赣州、吉安则分别以 840 万吨、427 万吨位列第 4 位和第 5 位；南昌铁路货运量低至 239 万吨，排第 10 位，分别约为九江、赣州、吉安的 19%、28% 和 56%。

3. 金融力比较

2013 年，京九沿线城市年末居民存款余额总量为 42041 亿元，仅占京广（54327 亿元）沿线城市年末居民存款余额总量的 77%。京广线上除广州 1 个二层级核心城市外，还有石家庄、长沙、郑州、武汉 4 个三层级城市，而京九线除深圳、东莞 2 市之外，皆为四层级，整体实力远落后于京广线。

南昌的城乡居民储蓄余额约为 1517 亿元，在京九沿线 16 市中列第 4 位，分别仅为北京、深圳、东莞的 6.73%、16.33%、33.88%。赣州的城乡居民储蓄余额约为 366 亿元，名列第 8 位，不及南昌的 1/4；九江、吉安则分别以 328 亿元和 205 亿元的储蓄余额在 16 市中排第 12 位和第 14 位。

4. 投资力比较

以固定资产投资来代表投资力可以看出城市发展的后续能力。从总量看，京广沿线城市的固定资产投资总额是京九沿线城市的固定资产投资总额的近 2 倍，京广线上有武汉、广州 2 个一层级城市和长沙、郑州、石家庄 3 个二层级城市；京九线除了深圳、南昌 2 个二层级城市以及惠州、东莞 2 个三层级城市外，其他均为四层级城市，其发展后续能力远比不上京广线。

南昌固定资产投资总额约为 2011 亿元，在京九沿线 16 市中名列第 3 位，仅为北京市的 30% 左右；赣州、九江则分别以 393 亿元、345 亿元的固定资产投资总额排第 6 位和第 7 位，均不及南昌的 1/5；吉安的固定资产投资总额在 16 市中名列倒数第 2 位，仅为 136.5 亿元。

5. 市场力比较

以社会消费品零售总额为指标，可对市场力进行比较分析。2013 年京九沿线城市社会消费品零售总额为 17333 亿元，占京广沿线城市社会消费品零售总额的比重不到65%。综观两线，除北京外唯一的一层级城市广州、二层级城市武汉以及若干三层级城市都位于京广线上；而京九线上仅深圳1个二层级城市和东莞、南昌2个三层级城市，其余均为四层级城市。由此可见，京广沿线城市市场发育水平远非京九线能比。

立足京九线看江西城市，南昌以9764亿元的社会消费品零售总额排第4位，但总体偏低，分别为北京、深圳、东莞的12%、22%、66%；赣州、九江分别以204亿元、193亿元的社会消费品零售总额排第8位和第10位，为南昌的20%左右；吉安的社会消费品零售总额仅为56.6亿元，在16市中最低。

6. 全球化水平比较

以实际使用外资金额作为全球化水平的测度指标。从总量看，京广沿线城市实际利用外资总额达271亿美元，而京九沿线城市实际利用外资总额为223亿美元，仅占前者的82%，全球化水平偏低。

在实际利用外资金额方面，南昌约为20.8亿美元，在京九沿线16市中名列第4位，分别为北京、深圳、东莞的25.03%、38.06%和52.84%；九江、赣州、吉安分别以3亿美元、2亿美元和0.8亿美元排第6位、第7位和第12位。京九沿线城市（江西段）的吸引外资以及实际使用外资能力相对较弱，应坚持"引进来"和"走出去"相结合战略，积极融入经济全球化，同时注重效益，提高利用外资的质量与水平。

总体来看，京广线以其沿线高等级城市数量较多、竞争能力较强的优势在上述六方面均远远超过京九沿线城市。而具体到京九沿线城市，北京、深圳、东莞3市在各方面均占据优势，江西段的南昌虽多项指标仅次于上述3市，但在绝对值方面仍与3市存在巨大差距；而赣州、九江在京九沿线城市中基本处于中等水平，吉安则基本处于低等水平。

（二）地理横轴（沪汉蓉、沪昆）

依据点—轴理论可知，城市节点通过新型交通要道可以有效实现区域时空压缩效应，提升城市"流"要素流通速度及频率，对促进区域发展具有显著的扩散作用。基于此，本部分以长江经济带内两大地理交通横轴为依托、以交通要道上地级以上城市节点为对象，对比城市发展差异，以找出江西省推进新型城镇化进程中的优势及不足。沪汉蓉高铁、沪昆高铁是我国高铁网络"四横"中重要的组成部分，两条东西贯通的长江经济带高铁，将促使城市群范围扩展、促进沿线经济的快速发展、加快区域产业转移。两大高铁线路尚未全线开通，选择其规划线路，列出其主要停靠站点（地级市），得到沪汉蓉高铁主要经过上海、苏州、无锡、常州、镇江、南京、合肥、六安、武汉、荆州、宜昌、重庆、遂宁、成都14个地级市站点，而沪昆高铁主要沿线地级城市有上海、嘉兴、杭州、金华、衢州、上饶、鹰潭、南昌、萍乡、宜春、新余、长沙、湘潭、娄底、邵阳、怀化、贵阳、安顺、曲靖、昆明20个城市，具体如图3-8所示。

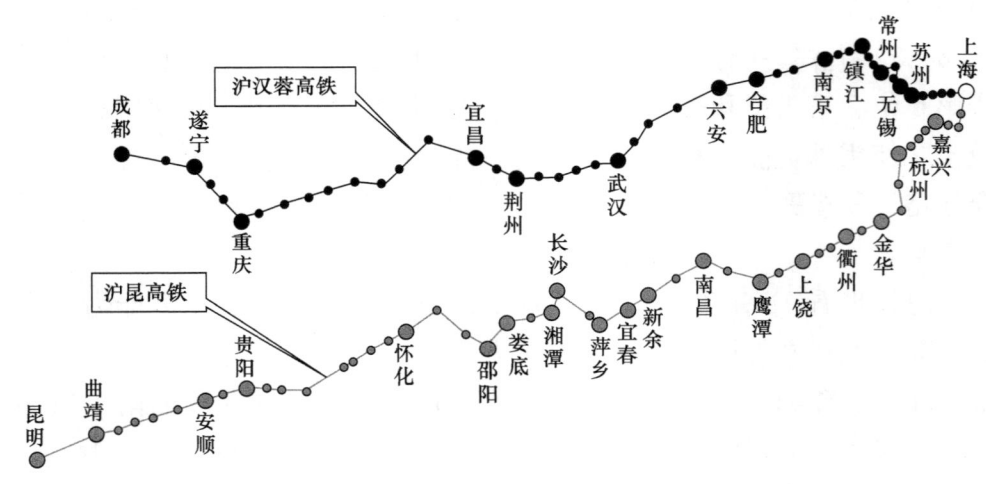

图3-8　长江经济带两大地理横轴

1. 经济发展水平

沪汉蓉高铁14个沿线地级市站点生产总值达到了73534.96亿元，

而沪昆高铁虽拥有 20 个地级市站点，但沿线城市的经济发展总体水平不高，生产总值 44833.97 亿元，仅占前者的 61%；沪汉蓉高铁沿线拥有多个二层级城市，而沪昆高铁沿线仅杭州市 1 个，"质小量多"的经济发展格局明显。从人均 GDP 来看，沪汉蓉高铁沿线人均 GDP 达到 109452 元，而沪昆高铁沿线仅为沪汉蓉高铁沿线的 70% 左右，沪汉蓉沿线地级城市经济水平普遍高于沪昆高铁沿线城市经济水平。

南昌市经济总量在整个沪昆高铁沿线城市中排第 5 位，约为长沙的 1/2、杭州的 1/3、上海的 1/10，而新余、萍乡、宜春、上饶及鹰潭分别排在第 9 位、第 12 位、第 17 位、第 19 位和第 20 位；人均 GDP指标方面，南昌、鹰潭、萍乡、上饶、新余及宜春的位序分别为第 5位、第 8 位、第 11 位、第 15 位、第 17 位及第 20 位；沪昆高铁（江西段）经济总量仅占整条交通轴线的 8.6%，人均 GDP 为 77.3%，城市位序及占比综合表明沪昆高铁（江西段）核心城市不强、中小城市实力偏弱、区域整体经济发展水平偏低等问题较突出。

2. 客货运流量比较

采用铁路客货运流量进行比较能较好地反映两大高铁沿线城市发展状况。从铁路旅客量来看，沪汉蓉高铁沿线城市旅客总量达到 69700 万人次，而沪昆高铁仅为 29686 万人次，约为前者的 42.6%；从铁路货运量来看，沪昆高铁以 26019 万吨的货运总量超过沪汉蓉高铁总量，约为前者的 1.5 倍，沪昆高铁的货运职能相对突出，分析其主要原因是沪昆高铁沿线地级市站点较多，资源的流入及流出相对频繁，而沪汉蓉高铁主要沿长江航道布局，其大中城市多沿江分布，货运多依托长江黄金水道实现流通，较少选择铁路货运。

沪昆高铁（江西段）在客运流量方面，南昌排名第 4 位，与排名第 3 位的杭州相差 1344 万人次，约为昆明（第 2 位）的一半，上海（第 1 位）的 1/3，而江西其他沿线地市均排在第 8 位以后，这说明江西地市的客流量均偏低，南北向铁路、高铁等交通设施是提高江西客流量的关键所在，而东西向应加强铁路、高铁地级市站点的配套基础设施建设，发挥高速、航空等作用，打造江西立体交通网络体系显得尤为重要。在货运方面，江西省排名靠前的为宜春市，为第3位，其余地市相对靠后。江西地理区位相对优越，但缺乏一个相对集中、辐射能力强的水、陆、空一体化货运集散中心，做大做强南昌这一中部核心，升级九江、赣州、萍乡、抚州这4个地区核心，形成省级客货周转、分配的次级中心，使得江西矿产、人力等资源得到合理的配置。因此，深入推进南昌临空经济区，打造昌九一体化、昌抚一体化等战略，是实现江西"走出去"和"引进来"的必由之路。

3. 金融力比较

陈明星等在研究城镇化驱动因素进程中用年末居民储蓄存款余额来分析金融力。整体来看，沪汉蓉高铁沿线城市居民存款总额约为沪昆高铁沿线城市居民存款总额的1.3倍，主要原因在于沪汉蓉高铁沿线出现4个二层级城市（南京、武汉、重庆、成都），而沪昆高铁沿线仅杭州1个二层级城市，整体实力逊于前者。南昌实力与贵阳大体相当，低于杭州、昆明、长沙等省会城市，而江西其他沿线城市除新余、萍乡外均在倒数前5内，实力差距显著。江西利用沪昆高铁打造以南昌为中心，以新余、萍乡、上饶、鹰潭为副中心的高铁经济带，并通过萍乡连接长株潭城市群，形成环鄱阳湖城市群与长株潭城市群的有效连接。

4. 投资力比较

以固定资产投资来代表投资力可以看出城市发展的后续能力。总体来看，沪汉蓉高铁投资总额远高于沪昆高铁，接近后者的两倍。沪汉蓉高铁沿线城市后续发展力强劲，尤以上海—南京段最突出，这里分布着苏锡常等高层级城市，而沪昆高铁整体偏弱，除省会城市外，基本属于三、四层级城市，沪昆高铁发展的后劲明显弱于沪汉蓉高铁。

南昌在沪昆高铁沿线城市中投资力的排名为第6位，略低于昆明市；而三层级城市中萍乡、新余城市投资力较强，其余均在倒数前5内。由此看出，江西南昌这一增长极投资力不足，发展后劲弱于兄弟省份，而在江西东部地区尚未出现较强的城市，尚难对接长三角地区。因此，壮大南昌，做强萍乡、新余，培育省内东部地区增长极、连接长三角显得尤为重要。

5. 市场力比较

社会消费品零售总额在一定程度上能反映城市的市场发展状况。整体来看，沪汉蓉高铁沿线城市社会消费品零售总额以29579.86亿元远超沪昆高铁沿线城市社会消费品零售总额，沪汉蓉高铁沿线地市中二层级城市较多，竞争力整体较强，尤其以沪汉蓉高铁东段的苏锡常对整条高铁市场力的贡献较大。而沪昆高铁仅存在杭州1个二层级城市，三层级仅3个省会城市，对整条高铁经济带的带动能力不足。

立足于沪昆高铁看沿线江西段地市的发展可知，南昌虽贵为江西省省会城市，但其市场能力稍高于贵阳，而远低于昆明、长沙等省会城市，南昌的聚集作用、市场带动作用不足的弊病十分明显，而江西其他沿线地市（除新余、萍乡外）均为倒数，可见其他地市的市场发展不景气，在整个增长极带动作用不强、地市市场聚集能力弱、整个市场发展能力不足的情况下实现整个江西市场发展"质"的飞跃显然是不可能的，因此，江西应打造东部地区和西部地区核心增长极、通过东西南北四方位的带动促进南昌增长极的提升，同时，南昌也应在兄弟省会城市的快速发展情况下实现"自救"。

6. 全球化水平

利用实际利用外资额可以有效地看出城市发展的全球化水平。从实际利用外资额来看，沪汉蓉高铁沿线高达578.66亿美元，而沪昆高铁沿线仅为沪汉蓉高铁沿线的一半，全球化水平整体偏低、偏弱。在沪昆高铁沿线上仅形成3个三层级城市而无二层级城市，低层级城市数量较多，这直接导致了沪昆高铁沿线远逊于沪汉蓉高铁沿线的局面。

立足沪昆高铁沿线看江西发展可以得到：南昌排名第3位，与长沙相差5亿美元，不足杭州的1/2。而江西其他地市中，新余、萍乡分别排第9位和第11位，鹰潭、上饶、宜春排第13～15位，整体来看，江西吸引外资、实际利用外资能力相对较强，利用沪昆高铁实现江西整个沿线经济带的发展，立足区域实际利用外资实现产业升级是其利用外资的根本任务所在，也是江西实现自身"造血"的重要手段之一。

通过熵值法对以上6个方面8个指标进行权重赋值并计算得出长江经济带横轴交通动脉沿线34个城市综合实力，通过空间插值进行三维立体显示（见图3-9）。

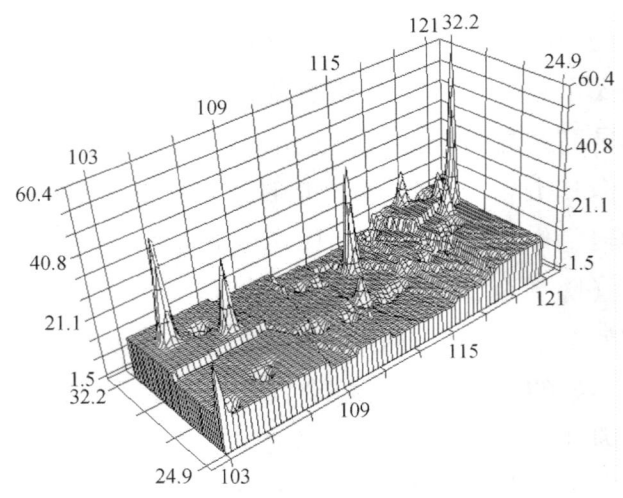

图3-9　城市综合实力三维图

总体来看，沪汉蓉高铁以其次级核心（南京、武汉、重庆、成都）较多，竞争能力较强的优势在诸多方面远远超过沪昆高铁，可以预言，未来沪昆高铁沿线的发展犹如今天的京九铁路沿线，因此实现长江经济带立体交通网络是改变这一趋势和局面的重要手段。沪昆高铁沿线虽经过多个省会城市，但实力均较弱，未能真正成为带动整条高铁发展的增长极，而上海作为唯一1个核心城市，其带动作用多偏向于沪汉蓉高铁（这是由我国长江水运、沪汉蓉二层级城市较多等因素引导的）沿线，而无暇顾及沪昆高铁沿线，因此，打造沪昆高铁经济带的增长极显得尤为重要。从现有经济实力来看，沪昆高铁经济带基本形成了以上海、杭州为龙头，以长沙为龙腰，以昆明为龙尾的"弱化版"长江经济带经济格局。立足沪昆高铁看南昌发展，南昌应解放思想、先行打造沿线经济带，使其成为沪昆高铁沿线有实力、动力、潜力的一段；加强江西区域东部、西部地区增长极的打造，是打造沿线经济带的重要环节；依托南昌航空港、昌九一体化、昌抚一体化、昌吉赣高铁战略打造南昌对外联系的立体交通网络，是实现南昌"走出去"及"引进来"的重要手段。

四、江西在国家城镇化战略格局中的地位

（一）中国当前城镇化问题

我国的城镇化经过改革开放 30 多年来的发展，一方面促使国家城市化水平大幅度提升，另一方面带来了诸多复杂而具有挑战性的问题。当前我国的社会经济发展已经进入转型期，传统的城市化模式已经难以为继，在这种背景下新型城镇化战略应运而生，并成为新一届中央领导集体推进改革和促进社会发展的关键着力点。

截至 2012 年，我国的城镇化率已达 52.57%，与世界平均水平大体相当。不过在取得巨大成绩的背后，却隐藏着诸多的城市病亟待"医治"。传统城镇化模式所带来的突出问题主要表现在以下几个方面：

1. 在人口方面

城乡二元制管理制度导致了很多人口只是流动而非转移。我国的城市人口主要包括以下两类：一是具有城市户籍的人口；二是在城市长期居住长达 6 个月的流动人口。我国的流动人口很多，导致了我国城市化率的泡沫化。到 2010 年为止，我国的流动人口已经达到 2.11

亿人。这也就表明我国的人口只是在流动而没有发生户籍上的转移。

2. 在空间方面

城市土地利用率低下，不少城市大搞开发区，圈占大量耕地，同时以房地产开发为驱动的城市扩张尤其突出，城市内部缺少产业支撑，造成有城无市，空城化现象严重。与此同时，部分农村土地由于不能给当地农民带来足够的经济效益，从而出现"抛荒"现象。

3. 在区域差异方面

我国城市化水平的区域差异较大。由于我国采用梯度式的改革开放政策，东部沿海地区的社会经济率先发展，其城镇化水平也位于全国前列，东部与中西部地区的城市化差距十分明显。同时在中西部地区内部，城市化水平的差异也十分突出，以省会城市和省域经济中心为核心的片区往往具有相对较高的城镇化率，而其他地区的城镇化进程则比较滞后。

4. 在产业协调方面

不少地区城镇化水平明显滞后于二、三产业发展水平。改革开放以来，在以经济建设为中心的政策导向下，我国的工业化取得了巨大的成绩。但由于城乡二元结构和较严格户籍制度的约束，我国的城镇化进程并没能与经济发展相匹配，城市化水平滞后于工业化水平。我国的经济结构还是以加工制造业为主，第三产业的发展滞后于工业发展，无法更好地为现代化工业服务，还需要很大的改进。另外，经济结构难以升级使得无法长期更好地促进经济增长。

5. 在社会方面

过去30多年的城市化引起了诸多的社会性问题，尤为突出的是农村留守儿童的教育问题，大量随父母进城的农民工子女的教育问题也具有相同的遭遇。另外，大量在城市工作的农村人口的生活问题以及平等待遇等问题也成为城市发展所引发的社会难题。传统城市化所导致的环境污染严重问题近年来引起社会的广泛关注，环境污染问题已成为公众事件的导火索。

（二）江西城镇化发展水平

1. 江西人口城镇化在全国的位次变化

以常住人口为例来分析江西城镇化水平，从图 3 - 10 可知，2010 ~ 2014 年，江西的城镇化水平不断提升，但与全国平均水平保持较大差距，其差距由 2010 年的 5.89 个百分点缩减到 2014 年的 4.55 个百分点。2014 年底，江西城乡人口结构中，城镇人口为 2281.07 万人，乡村人口为 2261.09 万人，城镇人口占总人口比重 50.22%，城镇人口总量首次超过乡村，人口城镇化率突破 50%。这意味着江西的社会结构出现了一个历史性变化——结束了以乡村型社会为主的时代，开始进入以城市社会为主的新阶段，这将对人们的生产方式、职业结构、消费行为、生活方式、价值观念等产生巨大影响，也将为全省经济发展升级带来新的机遇。

此外，江西城镇化水平在全国 31 个省市中的位次靠后，但呈升高态势，由 2010 年的第 21 位升至 2014 年的第 19 位（见图 3 - 10）。江西推进新型城镇化进程仍任重道远，有待出台相关政策方案，完善社会保障等配套政策，加快公共服务设施建设，稳定就业，有序推动农民工市民化。

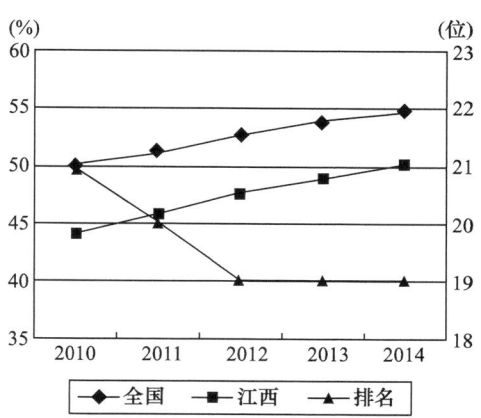

图 3 - 10　2010 ~ 2014 年江西城镇化率及其在全国的位次

资料来源：历年《中国统计年鉴》。

2. 江西省常住人口与户籍人口城镇化率比较

从图 3-11 可知，2014 年江西的常住人口城镇化率（50.22%）与户籍人口城镇化率（25.99%）均低于全国平均水平，与全国平均水平各相差 4.55 个和 10.64 个百分点，在全国的位次分别为第 19 位和第 26 位，总体处于低位水平。

另外，江西户籍人口城镇化率与常住人口城镇化率之间的差距相当大，相差 24.23 个百分点，该差距在全国 31 个省市中排第 5 位，次于浙江、福建、湖南、安徽 4 省。由于两种口径城镇人口的数量差在于居住在城镇地域但户口性质仍为农业的农民工群体，因而户籍人口城镇化率低于常住人口城镇化率这一现象反映出江西农民工城镇化进程缓慢、滞后。

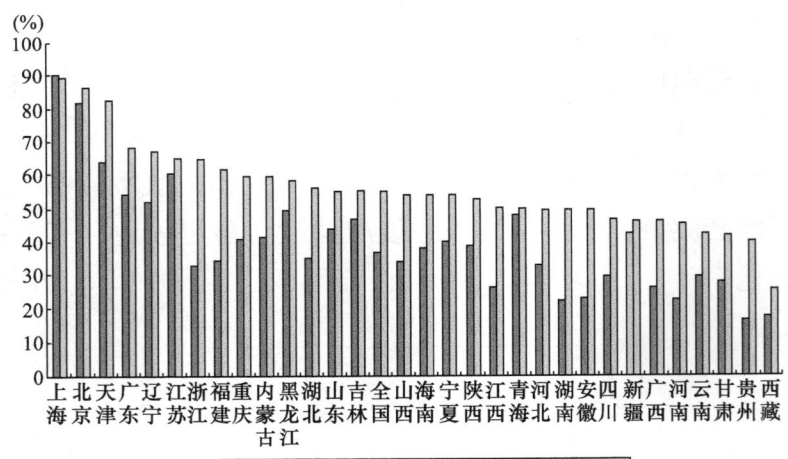

图 3-11　2014 年全国各省份常住与户籍人口城镇化率

资料来源：贵州省统计局。

3. 江西省各地级市城镇化发展水平

2010～2014 年，江西各市的城镇化发展水平均有不同程度的提升，总体表现为"高慢低快"——城镇化水平较高的地区提升得较慢，而城镇化水平较低的地区提升得较快。

江西各市城镇化发展水平地区差异大，城镇化区域发展不平衡。2010～2014年，城镇化发展水平最高和最低的地区分别为南昌和宜春，两者之间的常住人口城镇化率相差近30个百分点。城镇化发展高于全省的地区包括南昌、新余、萍乡、景德镇、鹰潭5市，另外九江、上饶、吉安、赣州、抚州、宜春6市的城镇发展水平均低于全省平均水平（见图3－12）。

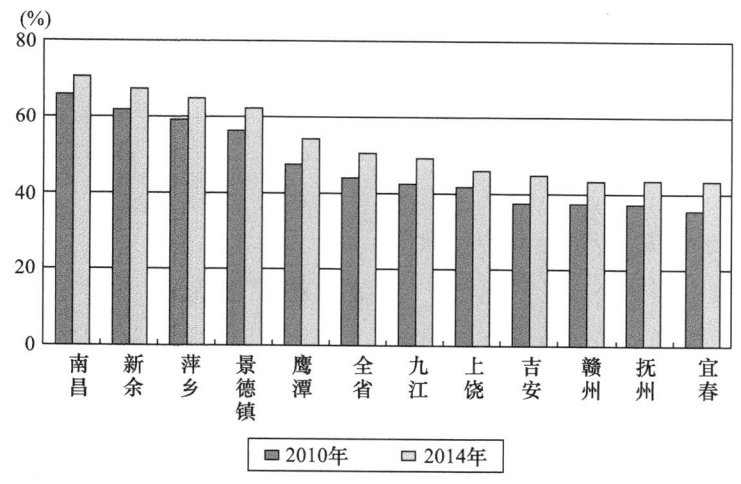

图3－12 江西各市2010年和2014年城镇化率

资料来源：历年《江西统计年鉴》。

（三）江西城镇化发展环境

1. 城镇化水平滞后于工业化水平

工业化是城镇化的基础和发动机。根据国际经验，当一国（地区）人均GDP超过3000美元时，其城市化率会超50%；城镇化率与工业化率（工业增加值/GDP）的合理比值在1.4～2.5。就江西省情况而言，2014年全省人均GDP达到34598元人民币，即5055美元，城镇化率仅略超50%；城镇化率与工业化率比值为1.15，低于合理比值范围。2010~2014年的城镇化率与工业化率的比值表明，虽然该比值不断提升，但江西省城镇化水平仍严重滞后于工业化水平（见表3-5）。

继续实施工业强省战略，推进新型工业化，把产业调整作为主攻方向，促进工业产业转型升级，这有利于加快江西城镇化的发展步伐。

表3-5　2010~2014年江西省城镇化率与工业化率比较　　　　　单位:%

年份	2010	2011	2012	2013	2014
城镇化率	44.06	45.70	47.51	48.87	50.22
工业化率	45.36	46.24	45.01	44.88	43.58
城镇化率/工业化率	0.97	0.99	1.06	1.09	1.15

2. 江西省三产结构不断优化

2010年以来，江西省第三产业呈加快发展态势，第三产业占地区生产总值的比重由2010年的33%增长至2014年的36.8%；第二产业仍占主导地位，但其占地区生产总值的比重由2010年的54.2%降至2014年的52.5%；第一产业比重也呈逐渐下降趋势（见图3-13）。在国家转变经济发展方式和调整产业结构的大背景下，江西省的产业结构不断调整优化，但与东部发达地区、周边省份乃至国家整体水平相比，江西第三产业发展仍显滞后，发展水平不高，所占份额偏低，第三产业发展之路任重道远。

众所周知，第三产业是吸纳就业的天然"蓄水池"，第三产业的发展对于解决就业问题具有积极作用，而充分就业又是激活消费、拉动内需的重要因素。因而，大力发展第三产业，有利于增强城镇的服务功能、集聚水平和辐射能力。另外，城镇化进程也决定了第三产业的结构与规模，在未来一段时间，江西省城镇化将处于快速发展阶段，这将极大地增加对第三产业的消费需求，为第三产业发展提供有力支撑。

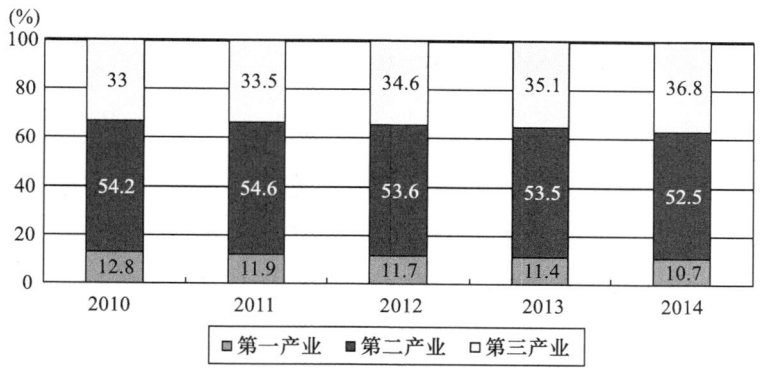

图 3-13　2010～2014 年江西三产结构

资料来源：历年《中国统计年鉴》。

3. 江西主要城市的高铁建设滞后

2010 年 9 月 20 日昌九城际列车正式开通运营，2013 年 9 月 26 日向莆铁路正式通车，2014 年 12 月 10 日沪昆客运专线杭长段建成通车，南昌成为"十"字形区域高铁枢纽。高铁的开通运营在一定程度上提升了南昌的铁路交通可达性水平，但高铁建设滞后导致南昌在全国铁路网络中的地位不升反降。具体表现为：在仅有普铁运营时，南昌到全国各省会城市的平均最短旅行时间为 19.61 小时，在全国 31 个省会城市中排第 10 位；然而在高铁开通后，南昌到全国各省会城市的平均最短旅行时间缩短至 16.95 小时，相比普铁运营时可达性水平提升了 2.66 小时，但是其在全国 31 个省会城市中的位次降至第 12 位。

除昌九—向莆、沪昆客专杭长段外，赣中南部大片区域仍未开通高铁，其中的吉安、赣州 2 个地级市也包括在内；而同期周边省份已基本形成以省会城市为中心覆盖全省主要地级城市的高铁网络，赣中南地区则成为高铁网络建设的空白区，特别是京广高铁、东南沿海高铁开通后，江西在高铁网络中边缘化趋势愈加明显。

（四）江西在国家城镇化格局地位评价

1. 江西目前处于国家城镇化水平的边缘区

在全国城镇体系空间开发中，南昌仅位于沪昆城镇发展轴上，在南北方向仅作为重要联系通道的节点城市。而周边的长沙、武汉都处于两条城镇发展轴的交会处，合肥则于2010年作为正式成员被纳入长三角地区。这说明江西在国家城镇空间体系开发中被明显地边缘化了。究其原因，一方面是因为南北方向上江西所处的京九地带夹在较发达的京广经济带和发达的东部沿海经济带之间，这使得江西恰好处于北京—汕头经济低谷区，在国家经济地理格局中处于边缘化的位置。另一方面，南昌核心增长极的缺失，加剧了江西在国家空间开发格局中被边缘化的不利局面。核心增长极是区域发展的龙头，是区域生产力要素的集聚和扩散中心，在区域的发展中起到难以替代的引领和示范作用。长期以来，江西一直存在着"小马拉大车"现象，突出表现即省会南昌综合实力不强，难以引领带动全省的发展。这种局面不仅影响了省内层面的发展，更是影响到了江西在国家空间开发中的地位。

基于铁路网络的中心城市可达性水平分析表明：高铁网络的发展使城市的可达性水平都有所提升，但受城市所处空间区位及高铁建设条件的影响，不同城市的可达性改善程度存在差距。北京、郑州、武汉、石家庄4市的可达性最好，且可达性改善程度较高；海口、昆明、拉萨和乌鲁木齐的可达性最差，且可达性改善程度较低。普通铁路网络下中心城市的可达性水平主要由其所处的空间区位决定，同时与城市间铁路设施的便捷程度密切相关；高铁网络的发展对改善城市可达性的作用正逐渐赶超城市空间区位对城市可达性水平的影响，但城市的空间区位仍具有举足轻重的作用。可达性水平为一般的中心城市有5个，分别为天津、西安、上海、济南和南昌，它们的可达性均值在［17，20）小时之间。上海、天津、济南和西安分别偏居于我国的东部和西北地区，只有南昌地处中部地区，其地理位置较居中的空间区位优势最明显；然而，南昌的可达性水平在 5 市中是最差的，且其可达性改善程度最低，可达性均值仅缩减 0.36 小时，而其他 4 市的可达性均值缩减幅度均在 1.9 小时以上。

2. 昌九沿线成为城镇化水平快速增长的热点区

通过计算 G^* 统计量（Anselin，2007）来度量中国城镇化水平速率和增长率的热点区，发现中国城镇化水平增长率的热点区主要位于江西省、云贵—成渝—青海—甘肃形成的连片区、新疆部分地区以及内蒙古的部分地区，在 2000~2010 年，中国城镇化增长率的热点区的确是在中西部地区，这些地区在近 10 年的城镇化增长率的变化较快。位于长江中下游地区的江西北部成为城镇化水平快速增长的热点地区。

3. 优越生态环境是江西新型城镇化地位提升的潜在优势

中共十八大明确了尊重自然、顺应自然、保护自然的生态文明发展理念，把生态文明建设放在了突出位置。同时，中共十八大首次把"国土"作为生态文明建设的空间载体，把"优化国土空间开发格局"作为生态文明建设的首要任务。从国家的发展趋势和政策导向来看，生态文明建设将融入经济—政治—文化—社会—生态文明五位一体的国家战略整体布局之中，将成为未来国家新型城镇化战略的重要组成部分，同时也将成为国家评估地方发展绩效的重要指标。随着社会经济转型期的到来，生态环境因素在国家和地方发展过程中的重要性逐步凸显。在新型城镇化进程中，生态是江西最大的名片。江西省优良生态环境的优势将逐步释放出来，并成为推进城镇化进程和打造新型城镇化建设示范区的一大特色。

第四章　中部地区城市竞合关系

一、研究区域与数据来源

　　中部地区包括山西、河南、湖北、湖南、安徽、江西6省，本章选择中部六省地级及以上城市作为研究对象。截至2012年中部地区地级及以上城市达80个（不含自治州及林区），其中山西省11个、河南省17个、湖北省12个、安徽省16个、湖南省13个、江西省11个（见图4-1）。本章采用各城市市辖区的社会经济数据，包括市区非农业人口数、建成区面积、人均城市道路面积、GDP、人均GDP、第二、第三产业比重、第二、第三产业就业人口比重、地方财政收入、当年实际利用外资总额、社会消费品零售总额、社会固定资产投资总额、医院卫生床位数等。除市区非农业人口数外，其余所需数据均来源于《中国城市统计年鉴》（2012），由于2010年以后的《中国城市统计年鉴》中不再有市区非农业人口数这一项，且考虑到该指标具有较强的稳定性，因此本研究所采用的市区非农业人口数据来源于《中国城市统计年鉴》（2009）。

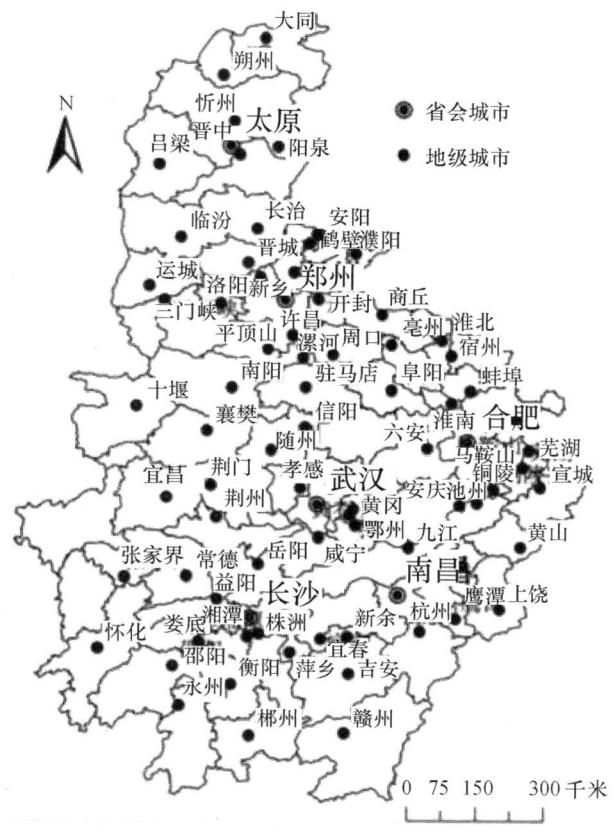

图 4 – 1 中部地区城市空间分布

二、中部地区城市空间结构演变历程

改革开放以来，以不断改善的铁路、高速公路、高速铁路以及信息通信网络等交通基础设施为依托，中部地区城市空间结构的演变可大致划分为三个阶段：点式发展阶段，轴式发展阶段和多中心、网络化发展阶段。

（一）改革开放至 20 世纪 90 年代中期：点式发展阶段

改革开放初期，中部地区城市化尚处于较低水平，城市化率不超过 30%，城市规模也普遍较小，这一阶段中部地区交通主要是以京广、浙赣、陇海等几条铁路为依托，区域尚未作为整体而发展，城市发展在空间上集聚成点，且集聚效应较显著，城市人口超过百万的武汉、郑州、长沙、南昌以及太原 5 座城市发展相对突出。这段时期中部地区的城市空间结构表现出以武汉为核心，以其他省会城市为次级核心呈点状布局的特征。武汉作为核心城市其辐射范围仅限于沿京广铁路南下北上以及本省范围之内，对于东西方向区域的辐射带动作用不明显，其他次级核心城市的影响范围大多局限于本省范围之内。

（二）20 世纪 90 年代中期至 21 世纪初：轴式发展阶段

随着 20 世纪 90 年代中期以来区域经济的快速发展以及高速公路、铁路网络的不断兴建与完善，沿交通轴线的廊道城市发展较快，中部地区城市发展轴线的等级得到不断提高，空间上也不断延展。一方面，武汉、郑州、长沙、南昌、合肥、太原等中心城市的辐射带动作用进一步凸显；另一方面，位于发展轴线上的一些基础好、区位优越的城市如芜湖、马鞍山、衡阳、株洲、九江等快速崛起。这段时期内一些重要的高速公路、铁路成为整个区域内各等级城市和经济的集中地带，城市空间结构呈现轴式发展的特征。

（三）21 世纪初至今：多中心、网络化发展阶段

21 世纪初期以来，高速铁路、城际铁路的建设以及高速公路网络的进一步完善带来了更高效的通信和交通联系，以此为基础，中部地区城市间的时空距离不断被压缩，城市间联系越来越紧密，与中心城市距离较近的城市逐渐被更大尺度的城市区域网络所包围，逐步形成

连绵不断的城市网络。城市空间结构不再局限于大城市显著的点状发展或是沿交通干道呈轴式发展，而是更多地体现为集群、整体式发展，并表现出多中心、网络化发展的特征。2006 年中央提出"促进中部地区崛起"战略以来，中部地区城市体系逐渐形成层次结构：以武汉、郑州、长沙、南昌、合肥、太原等城市为中心，分别形成城市群或者城市带。在城市群或城市带内部，中心城市与腹地间形成高密度的联系网络，大中小城市间通过人流、物流以及信息流等要素的流动而进行着广泛的交往。

三、中部地区城市空间分布特征

（一）空间分布类型

在区域尺度上，可以把每个城市分别抽象为单个节点，而点状要素有均匀、随机和凝聚三种空间分布类型，可用最邻近距离和最邻近点指数进行判别（张超，1991）。

测定出每个点与其最邻近点之间的距离 r_i，取这些距离的平均值 $\overline{r_i}$，即为表征邻近程度的平均最邻近距离（简称为最邻近距离）。当区域中的点状分布为随机分布型（Poisson 分布型）时，其理论上的最邻近距离可用公式表示为：

$$\overline{r_E} = \frac{1}{2\sqrt{n/A}} = \frac{1}{2\sqrt{D}} \tag{4-1}$$

式中：$\overline{r_E}$ 为理论最邻近距离；A 为区域面积；n 为点数；D 为点密度。在均匀分布、随机分布和凝聚分布三种点状分布类型中，均匀分布的最邻近距离最大，随机分布次之，凝聚分布最小。最邻近点指数 R 定义为实际最邻近距离与理论最邻近距离之比，其计算公式如下：

$$R = \overline{r_i}/\overline{r_E} = 2\sqrt{Dr} \qquad\qquad (4-2)$$

当 $R = 1$ 时，$\overline{r_i} = \overline{r_E}$，说明点状分布为随机型；当 $R > 1$ 时，$\overline{r_i} > \overline{r_E}$，说明点状要素区域均匀分布；当 $R < 1$ 时，$\overline{r_i} < \overline{r_E}$，说明点状要素区域凝聚分布。

利用配准好的中部地区城市及边界数据，将城市抽象为节点，通过 ArcGIS 空间分析中的最邻近距离工具运算得出：中部地区城市空间分布 $\overline{rE}$（实际最邻近距离）$= 56.68$；$\overline{r_i}$（理论最邻近距离）$= 68.73$；R（最邻近指数）$= 0.83$。由于 $R < 1$，可清晰发现，中部地区城市的空间分布模式属于凝聚型分布。

（二）空间分布集聚区域分析

城市空间 Kernel 密度分析方法可以直观表达城市在空间上集聚与扩散的连续变化趋势，识别城市发展的密集区，并反映区域城市化进程的特征。国内学者顾朝林等（2007）、孙在宏等（2012）采用城市人口数据分别就全国和江苏省的城市规模结构演化与城市密集区演变进行了研究，取得了较好的效果。

Kernel 密度分析方法是空间分析中运用广泛的非参数估计方法，用于计算要素在其周围邻域中的密度。Kernel 密度是指根据输入的要素数据计算整个区域的数据集聚状况，从而产生一个连续的密度表面，该表面主要是基于点数据生成的，以每个待计算格网点为中心，进行圆形区域的搜寻，进而计算每个格网点的密度值，圆心处的栅格单元密度值最高，离圆心越远，密度越低，逐步递减，到边界处密度值为零。从本质上说，是一个通过离散采样点进行表面内插的过程（陈春林等，2011）。

设点集 X_1，$\cdots$，X_n 是从分布密度函数为 f 的总体中抽取的样本，估计 f 在某点 x 处的值 f_x。通常用 Rosenblatt – Parzen 核估计：

$$f_n(x) = \frac{1}{nh} \sum_{i=1}^{N} k \frac{x - X_i}{h} \qquad\qquad (4-3)$$

式中，k（ ）为核函数；$h > 0$ 为带宽；（$x - X_i$）为估计点 x 到样本 X_i 处的距离。

利用 ArcGIS 密度分析工具中的 Kernel 密度分析模块对中部地区城市分布的 Kernel 密度进行计算，经过多次试验，发现将带宽设置为100 千米所生成的城市空间分布密度图，能够清晰地反映出城市在空间分布上的连续变化。从计算结果可得出如下结论：①中部地区城市分布密度表现出较显著的区域差异性。城市分布密度在 1.32 以上的颜色较深的区域面积较小、呈斑点状零星分布，城市分布密度在 1.32 以下的颜色较浅的区域面积广阔且集中连片。②城市空间分布呈现出交通指向性特征。京广线、陇海线、京沪线、浙赣线、长江共同构筑了中部地区交通运输的主动脉，这些主动脉沿线地区分布有大量的城市，在这些主动脉的交会处，如纵贯区域南北的京广线与从北、中、南横贯区域东西的陇海线、长江、浙赣线的交会处，都是中部地区城市分布的极核区域。反之，远离交通主动脉的地区则是城市分布的稀疏地带。③以区域中心城市为核心，形成规模较大的城市群或城市带。省会城市凭借其占优势的人口和经济规模成为区域性中心城市，中部地区目前已初步形成了分别以郑州、武汉、长沙、合肥、太原为核心的5 个城市分布集聚区，构成规模较大的城市群或城市带，这些城市群或城市带以各自中心城市为核心向外展开，呈现出较明显的圈层式空间分布特征。从具体特征来看，以武汉、长沙为核心的两大城市群是颜色最深也即城市分布最密集的区域，其核心区域的城市分布密度达到 2.5 以上，但二者的面积都较小且呈标准同心圆状分布，面积小说明中心城市分布局限于较小的空间范围，标准同心圆状说明存在中心城市数量少、衔接配套不足的劣势。以郑州为核心的中原城市群，由于京广线与陇海线的拉伸作用，城市群圈层产生形变而表现出一定的条带状特征，该城市群面积大但密度不够高，说明城市体系较完善，节点发展突出但缺乏龙头城市的带动。以合肥为核心的皖江城市带主要是依托沿江的芜湖、马鞍山、铜陵、安庆、池州等市为节点，从而表现出明显的条带状分布特征，该城市带面积较小且密度较低。太原城市群由于自身经济发展水平较低加之没有交通主动脉通过，该城市群自成体系，除太原外，主要是以实力偏弱的中小城市为主，尚处于低水平发育阶段。此外，虽然近年来江西提出着力打造以南昌为核心的环鄱阳湖城市群，但从图4-2中可以看出，在南昌的周围并未形成城市分布密度的高值区，说明该城市群体系尚较薄弱，城市群内中心节点不突出，这种状况不利于城市间形成紧密的空间联系，城市群的整体功能也难以较好地发挥。

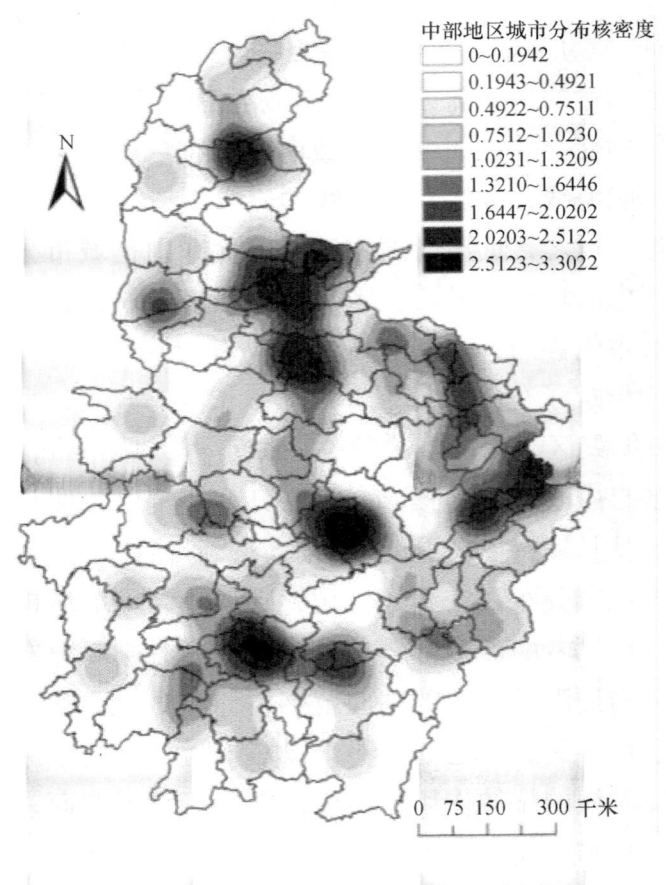

图4-2　中部地区城市空间分布 Kernel 密度

四、中部地区城市空间组合特征

（一）节点发展特征

城市节点发展水平主要通过城市经济规模、人口规模、用地规模等综合指标来度量，在综合考虑绝对指标和相对指标的前提下，本章选取市区非农业人口，城市建成区面积，人均城市道路面积，第二、第三产业人口占就业人口比重，GDP，人均 GDP，第二、第三产业占 GDP 比重，地方财政收入，实际利用外资总额，社会消费品零售总额，社会固定资产投资总额，卫生床位数 12 个指标为基本分析变量，对中部地区 80 个城市的节点发展特征进行分析。

上述分析运用 SPSS16.0 软件来进行，先进行 KMO 检验，检验值为 0.86，适合做主成分分析。根据选取主成分的原则（累计贡献率≥85%），选取前 3 个主成分（累计贡献率为 87.9%），按其方差贡献占总方差的比例作为主成分的权重，得到各城市规模等级综合得分。总因子得分是一个反映城市综合发展水平的指标，本节定义为综合发展度。通过 K 型聚类分析，把中部地区各城市综合发展度划分为 5 个等级。

从表 4-1 的计算结果可以看出，武汉作为中部地区的首要中心城市，其综合发展度得分接近 4，为全部 80 个城市之最，是排名第 2 位长沙的 1.6 倍。从实际情况来看，武汉不仅为中部地区最高等级的中心地而在区域内发挥控制与协调作用，并且在中部地区与区域外建立广泛联系的过程中扮演着重要的中间媒介角色，是中部地区城市体系中的核心城市；长沙、郑州、合肥、南昌、太原 5 个城市作为省会城市，分别是湖南、河南、安徽、江西、山西 5 省的政治、经济和文化中心，综合发展度得分也都超过1，这些城市在区域联动发展中发挥出明显的辐射和带动作用，是中部地区城市体系中的区域主中心城市；芜湖、衡阳、马鞍山、洛阳、株洲、九江等36个城市综合发展度得分在0.9以下且从常德开始为负值，这些城市具有一定的经济、人口以及市场规模，是各省域较重要的城市，在中部地区城市体系中为区域次中心城市；萍乡、鹰潭、濮阳、鹤壁、南阳、荆门等38个城市的综合发展度得分处于最低档次，仅在 -1.06 ~ -0.18，这些城市以中小城市为主，经济、人口规模较小，城市辐射作用不明显，多为地方性城市或专业化城市，在中部地区城市体系中作为地方性城市（见表4-2）。

表 4 – 1　2011 年中部地区城市综合发展度

城市	得分	排序	城市	得分	排序	城市	得分	排序	城市	得分	排序
武汉	3.9952	1	蚌埠	0.1510	21	上饶	– 0.1503	41	池州	– 0.4861	61
长沙	2.4854	2	新余	0.1438	22	长治	– 0.1527	42	吉安	– 0.4980	62
合肥	2.1992	3	襄阳	0.1090	23	萍乡	– 0.1840	43	运城	– 0.5011	63
郑州	1.9722	4	景德镇	0.0976	24	鹰潭	– 0.1876	44	益阳	– 0.5071	64
南昌	1.2855	5	新乡	0.0861	25	濮阳	– 0.1905	45	信阳	– 0.5283	65
太原	1.2438	6	平顶山	0.0578	26	鹤壁	– 0.2083	46	张家界	– 0.5360	66
芜湖	0.8788	7	焦作	0.0160	27	南阳	– 0.2165	47	咸宁	– 0.5423	67
衡阳	0.6741	8	许昌	0.0008	28	荆门	– 0.2226	48	阜阳	– 0.5665	68
马鞍山	0.5692	9	常德	– 0.0258	29	黄山	– 0.2231	49	抚州	– 0.5829	69
洛阳	0.5116	10	郴州	– 0.0535	30	三门峡	– 0.2660	50	娄底	– 0.5871	70
株洲	0.4755	11	安阳	– 0.0729	31	怀化	– 0.2918	51	商丘	– 0.6095	71
九江	0.4321	12	淮北	– 0.0803	32	荆州	– 0.3045	52	永州	– 0.6257	72
朔州	0.3283	13	阳泉	– 0.0884	33	邵阳	– 0.3045	53	忻州	– 0.6310	73
宜昌	0.3208	14	开封	– 0.0941	34	鄂州	– 0.3066	54	宿州	– 0.6891	74
黄石	0.2703	15	晋城	– 0.0951	35	漯河	– 0.3243	55	孝感	– 0.6922	75
湘潭	0.2411	16	黄冈	– 0.1162	36	周口	– 0.3607	56	宜春	– 0.7194	76
大同	0.2165	17	淮南	– 0.1175	37	驻马店	– 0.3943	57	宣城	– 0.7248	77
铜陵	0.2080	18	滁州	– 0.1212	38	临汾	– 0.3999	58	六安	– 0.7507	78
十堰	0.2020	19	赣州	– 0.1343	39	晋中	– 0.4177	59	亳州	– 0.7951	79
岳阳	0.1625	20	安庆	– 0.1457	40	随州	– 0.4526	60	吕梁	– 1.0582	80

表 4-2 基于综合发展度的中部地区城市体系

等级	城市等级层次	城市名称
1	核心城市	武汉
2	区域中心城市	长沙、合肥、郑州、南昌、太原
3	区域次中心城市	芜湖、衡阳、马鞍山、洛阳、株洲、九江、朔州、宜昌、黄石、湘潭、大同、铜陵、十堰、岳阳、蚌埠、新余、襄阳、景德镇、新乡、平顶山、焦作、许昌、常德、郴州、安阳、淮北、阳泉、开封、晋城、黄冈、淮南、滁州、赣州、安庆、上饶、长治
4	地方性城市	萍乡、鹰潭、濮阳、鹤壁、安阳、荆门、黄山、三门峡、怀化、荆州、邵阳、鄂州、漯河、周口、驻马店、临汾、晋中、随州、池州、吉安、运城、益阳、信阳、张家界、咸宁、阜阳、抚州、娄底、商丘、永州、忻州、宿州、孝感、宜春、宣城、六安、亳州、吕梁

（二）轴线发展特征

随着信息化时代的到来以及铁路、公路交通的发展与完善，交通运输在中部地区城市群体空间结构的形成和发展中所起到的作用越来越显著。中部地区已初步形成由铁路、高速公路、隧桥、城际轨道等交通基础设施所组成的完善的交通运输主骨架，中心城市和次中心城市成为其中的节点，连接各节点间的线状基础设施两侧成为城市发展的密集地带。2009 年通过的《促进中部地区崛起规划》明确提出要加快建设沿长江、陇海、京广和京九所形成的两横两纵发展轴线。轴线发展指数可以理解为交通轴线上城市综合发展水平占整个区域的份额。为了解中部地区城市体系沿交通轴线发展的状况，本节借鉴这一概念，并在其基础上对参数 P_i 及 I_i 做出相应调整，浙赣铁路作为中部地区交通主动脉之一，横贯江西、湖南两省并经过较多城市，将其也列为城市发展轴进行研究。

$$T = 100(\alpha P_i/P + \beta I_i/I) \qquad (4-4)$$

式中，P_i 为沿某轴线的城市人口数；P 为中部地区总人口；I_i 为沿某轴线的城市 GDP 产值；I 为中部地区 GDP 总产值；α、β 为权重值，在综合考虑人口及 GDP 对城市发展水平的不同作用强度的基础上，本节将 α、β 分别设定为 0.4、0.6。通过上述 T 值计算公式分别对长江、陇海、京广、京九、浙赣 5 条轴线的发展指数进行测算（见表 4-3）。

表 4-3 中部地区城市发展轴现状

城市发展轴线	所含城市	城市个数	轴线发展指数
长江城市发展轴	宜昌、荆州、岳阳、武汉、黄冈、鄂州、黄石、九江、安庆、池州、铜陵、芜湖、马鞍山	13	9.64
陇海城市发展轴	三门峡、洛阳、郑州、开封、商丘	5	3.63
京广城市发展轴	安阳、鹤壁、新乡、郑州、许昌、漯河、驻马店、信阳、孝感、武汉、咸宁、岳阳、长沙、株洲、衡阳、郴州	16	13.33
京九城市发展轴	商丘、亳州、阜阳、九江、南昌、吉安、赣州	7	3.41
浙赣城市发展轴	上饶、鹰潭、新余、宜春、萍乡、株洲、湘潭、娄底、怀化	9	2.88

从计算结果可以看出，首先，京广城市发展轴的轴线发展指数为 13.33，为 5 条城市发展轴中的最大值，该轴线上分布有武汉、长沙、郑州、衡阳、株洲等中心城市以及数量较多的中小城市，是中部地区经济最密集、最具发展活力的城市密集带。京广城市发展轴一方面支撑了区域内部尤其是南北方向要素的广泛流动，另一方面对于中部地区加强与京津冀及珠三角地区的衔接和匹配也起到重要的促进作用。其次，长江城市发展轴包含了 13 个城市，其轴线发展指数为 9.64，仅次于京广城市发展轴。长江城市发展轴以沿江特大城市、大城市为核心，并依托这些城市的辐射和吸引作用连接其各自腹地的中小城市组成城市产业密集发展带，集中布局了钢铁、石化、能源、汽车等一批在全国处于优势的产业，成为沟通中西部地区与沿海地区联动发展的主轴；陇海、京九及浙赣 3 条城市发展轴线的发展水平则较低，发展指数仅处于 2~4。究其原因，陇海城市发展轴仅贯穿河南省北部，距离短，沿途经过的城市数量少。京九、浙赣城市发展轴虽然距离较长，

但由于沿线地区经济发展水平较弱加上在某些地段受自然条件的制约明显，导致各方面发展要素难以自由流通，区域联动受阻，城市难以依托交通快速发展（见图4－3）。

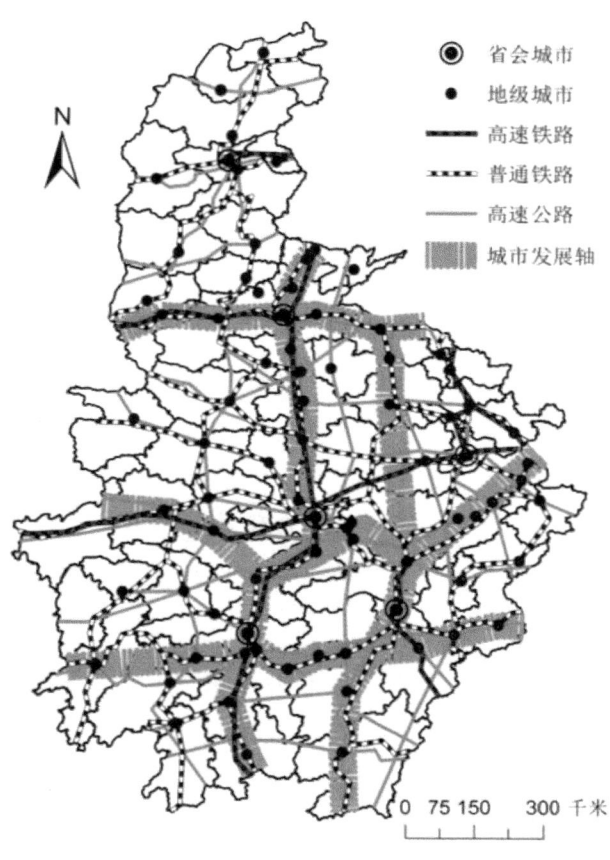

图4－3　中部地区交通网络与城市发展轴

（三）空间网络特征

城市体系空间结构是区域城市化的形式表达，是区域实体有机联系的空间模拟，网格维数可用来描述城市空间分布的均衡性水平（钟业喜等，2012）。网格维数的计算先要对研究区域进行网格化处理，考察被区域内城市占据的网格数 $N(r)$，$N(r)$ 随网格尺寸 r 而变化。如果城市分布存在无标度性，即可假设满足下式：

$$T_i^{\max} = \max(T_{ij})(j=1, 2, \cdots, n) \tag{4-5}$$

从而

$$N(r) \propto r^{-\alpha} \tag{4-6}$$

$\alpha = D_0$ 为分维（称容量维），如果假定城市体系为均匀的分形体，不考虑各网格中的城市个数差别。假定行号为 i、列号为 j 的网格中城市数目为 N_{ij}，全区域的城市总数为 N，则可近似定义概率为 $P_{ij} = N_{ij}/N$，于是有信息量：

$$I(r) = -\sum_i^k \sum_j^k P_{ij} \ln P_{ij} \tag{4-7}$$

其中，$K = 1/r$ 为区域各边的分段数目，如果城市体系是分形的，则有：

$$I(r) = I_0 - D_1 \ln r \tag{4-8}$$

式中，I_0 为常数；D_1 为分维（又称信息维）。据此可以引导出广义维，从而得到多分维谱 D_q，上述维数均借助网络化测算，故统称为网格维数。

研究表明，网格维数值变化介于 $0 \sim 2$，它反映区域城市分布的均衡性。当 $D = 0$ 时，表明所有的城市集中于一点，区域中只有一个城市。当 $D = 2$ 时，表明区域城市均匀分布，标准的中心地模型属于这种情况。D 越大表明城市体系各要素的空间分布越均衡，反之则越集中。当 D 趋向于 1 时，表明城市有线性集中的趋势。

利用中部地区基础地理数据，通过四至点确定均衡性分形的窗口范围，即 $24°49'N \sim 40°74'N$，$108°37'E \sim 119°64'E$。区内共有 80 个城市，即 $N = 80$。视矩形区的边长为 1 个单位，分别将各边 K 等分，则研究区域被分成 K^2 个小区域，且有 $r = 1/k$，r 为小区域尺寸。首先统计每个网格中的城市数 $N_{ij}(r)$，计算出概率 $P_{ij}(r)$ 和相应的信息量 $I(r)$。其次作双对数图 $\ln N(r) \sim \ln r$ 及 $I(r) \sim \ln r$，对点列（$\ln r$，

$\ln N(r)$)和($\ln r$,$I(r)$)的无标度区进行线性回归,可得容量维 $D_0 =$ 1.402,测定系数 $R^2 = 0.982$;信息维 $D_1 = 1.399$,测定系数 $R^2 = 0.987$。相关系数在 0.9 以上,拟合情况较好,网格维数均大于 1,说明中部地区城市体系分布总体较适中,没有产生城市分布空间上的失衡现象(见图 4 - 4)。

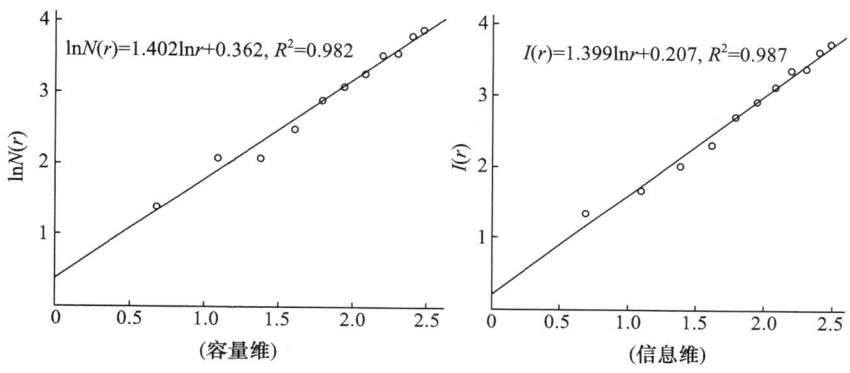

图 4 - 4 中部地区城市空间分布的容量维与信息维

五、中部地区城市竞合特征

中部崛起这一概念的背后具有明显的地缘特殊性和内部复杂性。作为中部地区的成员,江西应对中部崛起有准确而清醒的认识,并以此为前提进行城镇化战略的顶层设计。

(一)中部各省"各奔前程"

在非均质空间和近于理智的人类活动条件下,城市和区域城市体系的空间结构受到主要经济联系方向的牵引(周一星,1998)。以中部为例，《促进中部地区崛起规划》已由国务院批复实施多年，但因6省本身并不归属于同一完整的经济系统，难以形成以某个省份或某个城市为中心的利益板块，又由于各自区位条件的不同，中部6省早已"各奔前程"（周一星，2006）。

安徽通过提出"泛长三角"等概念，明确了"东向发展"战略，采取分层次、分时序融入长三角。湖南则在"泛珠三角"的概念下全力"南下"，与珠三角的社会经济联系异常密切，特别是借助武广高铁的开通，湖南更是得益于毗邻珠三角的空间邻近效应，受益巨大。山西则借助北部地区的地理优势，提出了"联手京津冀"的向东融入战略。河南、湖北则通过省内城市群，提出了相应的发展战略，构成了中部南北两极，即以郑州为核心的"中原经济区"和以武汉为核心的"武汉都市圈"，并且均已上升为国家战略。

江西因自身缺乏核心增长极，难以引领和带动区域发展，便实行了向周边寻求对接的区域发展战略，面临着对接长珠闽和长江中游城市群等众多选项，造成空间发展意图不够清晰、空间发展方向摇摆不定、空间地缘优势没有得到充分发挥的局面。同时，江西的鄱阳湖生态经济区相对武汉都市圈和中原经济区来说，区域范围广、城市规模小、紧凑度低、核心城市带动作用弱等现象比较突出，加上鄱阳湖水体阻隔导致区域间联系不够紧密等原因，均在很大程度上制约了鄱阳湖生态经济区综合效应的发挥。

（二）在省际博弈中江西城市群实力不足

随着城市经济的快速发展以及城市化进程的不断推进，城市群作为极具活力的面状经济体无疑成为大区域发展至关重要的增长极和动力源，也是重新塑造全国生产力空间格局的关键力量，成为国土空间开发集中化的关键着力点。近年来，国内越来越多省份实施城市群发展战略，不同城市群之间的竞争趋向激烈，城市群的发展状况成为省际博弈的关键。

在中部崛起的大背景下，湖南、湖北、河南、安徽相继实施了清晰的城市群发展战略，在国内产生了较大的影响力。长株潭城市群和武汉城市圈早在 2007 年已上升为国家战略，成为两型社会建设重要的试验区。河南的中原城市群以较高的城市密度和较大的规模总量进入全国前八大城市群行列，在城市群基础上规划的中原经济区建设已上升为国家战略。安徽以皖江城市带为依托，全力"东进"，成为受长三角北翼地区辐射带动的重要城市群板块。相比之下，江西虽然于2006 年提出了环鄱阳湖城市群，但由于城市分布不够紧凑，经济总量少，城市群大部分区域发育程度过低，并没有形成较强的集聚带动作用和较大的影响力（方创琳，2011）。因此，从实质意义上来看，江西在省际博弈中城市群板块一直处于缺失状态。

六、结论与建议

（一）研究结论

　　"中部地区崛起"是国家为协调区域发展，实现经济持续增长而做出的重大决策。城市作为区域中最重要的节点要素，是生产力各要素发生集聚与扩散的交汇点，在"中部地区崛起"过程中扮演着重要的角色。本章从城市空间结构视角对中部地区城市体系的竞合关系进行了研究，得到的主要结论如下：①中部地区城市空间结构的演变历程大致可划分为改革开放至 20 世纪 90 年代中期的点式发展阶段，90年代中期至 21 世纪初的轴式发展阶段以及 21 世纪初至今的多中心、网格化发展阶段。GIS 技术分析表明，中部地区城市总体凝聚分布，同时表现出明显的区域差异性及交通指向性特征，各省域以各自省会城市为核心初步形成了 5 个城市较密集、面积较大的圈层状的城市群或条带状的城市带。②在城市节点发展特征方面，中部地区城市目前已形成由 1 个核心城市（武汉）、5 个区域中心城市（长沙、郑州、合肥、南昌、太原）、36 个区域次中心城市以及 38 个地方性城市所构成的城市体系。③轴线发展特征表明，京广、长江城市发展轴发展突出，陇海、京九、浙赣则相对较弱。④采用网格分形技术发现，容量维和信息维均大于 1，中部地区城市体系分布总体较适中，尚未产生空间上失衡的现象。

长江经济带是横跨我国东、中、西 3 个地带的重要经济带，是除沿海地区之外我国经济密度最大的经济发展走廊。中部沿江的湖北、湖南、江西是中部地区发展的重心区，也是中部与长江经济带的复合区域，在长江经济带中具有重要的战略地位（李本和，2009）。虽然目前中部地区已初步形成的 6 个城市群中有 3 个位于长江中游地区，即武汉城市圈、长株潭城市群、环鄱阳湖城市群，但总体而言中部沿江地区依然存在城市数量少，尤其是特大城市及大城市少、城市体系内部分工不明确、城市辐射带动能力弱等一系列缺陷，尚未形成合理有效的城市竞合关系。合理构建区域内的城市竞合格局，是推动城市间形成和谐良性关系，并进一步贡献于区域可持续发展的重要课题。

（二）对策分析

1. 积极整合三大城市圈，实现经济优势互补

针对该地区核心极的聚集与辐射功能较弱，三大城市圈之间处于孤立形态的现状，各大城市群之间应积极协调与沟通，消除行政壁垒的阻碍，加强三大城市圈空间整合，实现经济优势互补。积极推动武汉城市圈、长株潭城市群、环鄱阳湖城市群三大城市圈整合发展，增强长江中游地区的经济发展实力。

（1）武汉城市圈范围较大，圈内各城市发展水平相差悬殊。根据经济联系强度的分析，武鄂黄 3 地市的经济联系紧密，构建武鄂黄核心城市圈是当前武汉城市圈拓展外部空间的必要选择。在优化产业空间布局的同时，强化该地区的汽车、钢铁工业核心地位，对沿江、交通干线的大中小城镇体系进行合理布局，从而形成以武汉、鄂州、黄石为核心的鄂东南城镇产业区，以达到与相邻省份的资源优势互补、产业对接，拓展市场空间，特别是与大南昌城市群实施对接发展。同时，建设武鄂黄核心圈，能充分改变武汉"单枪匹马"拉重车的局面，改为"三驾马车"齐使力（秦尊文，2015），提升整个地区的经济实力。

（2）长株潭城市群基于长岳双核结构城市发展模式（严清华等，2005），以长江流域和京广、浙赣、湘黔等铁路为依托。应充分发挥长株潭城市群的经济优势，加强长株潭与岳阳之间的经济联系，积极利用岳阳的资源优势进行产业互补，重点发展石化、有色冶金、机电和轻纺工业，从而形成长株潭岳经济核心区和城镇产业密集区。同时，岳阳是湖南唯一的临江地区，与湖北接壤地带的长株潭应充分利用岳阳的边缘区位优势，积极实现向北对外开放与交流，与武汉城市圈实现资源、经济的互动发展。

（3）环鄱阳湖城市群在强化由昌九工业走廊连接起来的南昌—九江双核型地域结构（吕桦等，2000）的基础上，加强抚州与南昌、九江的横向经济联合，形成昌九、昌抚两条经济带联动发展，壮大昌—九—抚经济区（徐辉等，2008）。同时，积极推动由萍乡、新余、宜春市组团式赣西城市群组成的宜—萍—新经济区发展。以浙赣线为依托，积极挖掘萍乡、新余的区位、资源优势，与长株潭地区实现产业互补、经济一体化发展。使大南昌城市群在对接武汉城市圈的同时，扩宽赣西地区与湖南的经济协作空间，密切三大城市圈之间的经济联系。

2. 培育多级核心经济区，增强集聚与辐射功能

要加快长江中游地区经济发展，必须重视区域集聚效应，充分发挥各经济中心的经济优势，作为带动区域经济增长的动力源泉。城市是区域发展的起点，同时也是区域发展的依托和区域经济的极核，武汉、长沙、南昌作为长江中游地区最具有经济实力和发展潜力的地市，作为极核经济中心，根据增长极理论，应通过其扩散效应影响其他地

市乃至整个区域的经济发展。但是，这三大城市的影响范围比较局限，中心城市垄断性较强，其聚集和辐射功能有限，制约着整个长江中游地区的经济发展。基于这一考虑，为避免以某几个城市为绝对重心的单一区域主导型格局（陈红霞等，2011），我们认为应培育多级核心经济区，进行空间整合，加强各级核心地区的联动发展，提升经济发展实力和竞争力。

（1）以武汉、长沙、南昌3地市为重点核心发展区域，形成一个"金三角"构架，成为整个长江中游地区经济空间发展结构的骨架，充分发挥武汉、长沙、南昌多核驱动功能，使其成为长江中游地区的主核心区。

（2）根据区域空间邻近，区位、资源优势互补原则，积极培育次级中心地市，打造长株潭、萍乡、新余组成的次级核心经济区，昌九以及武鄂黄次级核心经济区。充分发挥次级核心地区的聚集、辐射功能，促进长江中游地区经济核级的多极化发展，形成多级联动效应，优化提升整个长江中游地区经济竞争力。

3. 深化交通轴线经济发展，优化经济空间结构

区域经济要素的流动都离不开交通网络。交通可达性的提高，有利于促进区域经济的增长，加强空间扩散的过程（向谦楠等，2010）。伴随着区域经济联系的加强，交通轴线的经济发展显得尤为重要。在强化培育经济核心极的同时，应加强交通轴线的经济发展，发挥轴线带动作用。

应不断完善区域交通网络，加快各大城市圈内部及圈外的城际、高铁建设，在实现长江中游"3小时经济圈"的基础上，完善该地区经济腹地快速交通网络。依托长江经济带，以京广、浙赣、京九、武广、长荆等铁路为纽带，以京福、京珠、沪汉蓉、福银、杭瑞、上瑞等高速公路组成交通环路，构成长江中游地区交通网骨架的核心。以密集的交通轴线为核心和纽带，促进长江中游地区经济一体化发展，同时，也支撑起整个区域的城镇空间发展格局。

此外，优先发展轴线地区，促进产业集聚，使其交通轴线地区成为经济要素流向聚集的高势能地带，从而发挥其扩散效应，带动整个地区经济发展的同时，也密切与邻近省份、沿海地区以及中部地区的经济联系，促进经济联系分布均衡化发展。

第五章 江西省城镇化时空格局

一、江西省城镇化水平

城镇化是指人口非农化的过程，城镇化水平不仅反映了一个地区的城镇化发展程度，也反映了该地区的社会经济发展情况。本章以江西省91个县域（市辖区、县级市）为研究单元，基于江西省第五、第六次人口普查数据，以非农人口占总人口比重表示城镇化水平，对比分析2000~2010年江西省城镇化水平的动态演变。

人口普查数据统计的是常住人口数量，较一般统计年鉴中的户籍人口更能真实反映城镇化水平。同时，为保证行政等级的统一性和数据的可比性，本章中的地级市均指市辖区范围。

（一）江西省城镇化现状

利用 ArcGIS 9.3 软件，分析2010年江西省城镇化水平及空间分布，同时将非农人口比重高于60%的地区划为一级地区，在50%~60%范围内的划为二级地区，在20%~50%范围内的划为三级地区，低于20%的划为四级地区（见图5-1）。结果发现，江西省一级、二

·78·

级区域的数量极少，大部分地区属于三级和四级区域，大部分县市非农人口比重在 50% 以下，说明总体上江西省的城镇化水平并不高。赣北地区的平均城镇化水平高于赣南地区，城镇化水平较高的地区有九江市、南昌市、宜春市等地，三级地区在空间上总体呈现 H 型分布。

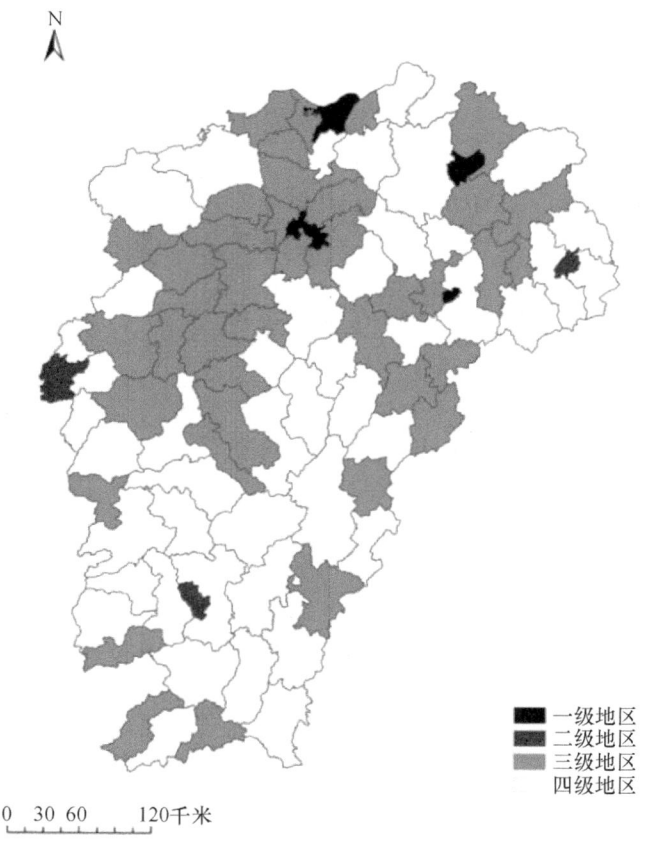

图 5 - 1　2010 年江西省城镇化水平

（二）江西省城镇化水平动态变化

1. 非农人口数量变化

通过分析 2000～2010 年江西省非农人口总数变化（见表 5 - 1），

发现：①非农人口数量与地区行政级别有正向关系，地级市的非农人口数普遍偏高，基本排在全省前列；②南昌市、新建县、萍乡市和九江市的非农人口数量增长较快；③南昌市的非农人口数量一直远远高于省内其他地区。

表 5 - 1　2000～2010 年江西省非农人口总数变化

地区	2000 年非农人口总数（万人）	2010 年非农人口总数（万人）	增长比例（%）	地区	2000 年非农人口总数（万人）	2010 年非农人口总数（万人）	增长比例（%）
南昌市	134.11	169.96	35.85	万年县	5.17	6.76	1.59
新建县	11.52	27.14	15.62	浮梁县	5.32	6.76	1.44
萍乡市	34.96	48.17	13.22	莲花县	2.92	4.24	1.32
九江市	38.33	50.35	12.02	横峰县	2.69	3.97	1.28
南昌县	15.91	25.75	9.84	永丰县	5.42	6.68	1.26
赣州市	29.52	37.89	8.37	峡江县	3.09	4.33	1.24
于都县	8.19	16.35	8.16	南丰县	4.45	5.48	1.03
抚州市	28.48	35.56	7.09	大余县	7.07	8.06	1.00
广丰县	7.74	14.23	6.49	万安县	4.10	5.01	0.91
宜春市	20.70	26.65	5.95	奉新县	6.73	7.56	0.83
瑞金市	7.21	12.93	5.72	德兴市	10.38	11.19	0.81
上饶县	4.69	9.93	5.23	新干县	5.23	6.00	0.77
新余市	26.01	30.95	4.93	宁都县	9.62	10.38	0.77
上饶市	17.30	22.00	4.70	婺源县	4.68	5.43	0.75
吉安市	20.11	24.63	4.52	武宁县	4.27	5.02	0.75
玉山县	6.26	10.59	4.34	修水县	7.62	8.35	0.73
鄱阳县	14.81	18.87	4.06	上高县	7.61	8.31	0.70
乐平市	14.09	17.87	3.79	黎川县	4.27	4.96	0.69
高安市	18.38	21.87	3.49	星子县	3.03	3.72	0.68
东乡县	6.98	10.46	3.48	定南县	3.14	3.73	0.59
赣县	5.91	9.33	3.42	信丰县	7.34	7.92	0.59
兴国县	6.69	9.85	3.16	宜丰县	7.53	8.01	0.48
弋阳县	5.33	8.46	3.13	金溪县	4.52	4.99	0.48
南康市	9.73	12.84	3.11	宜黄县	3.22	3.62	0.41

地区	2000 年非农人口总数（万人）	2010 年非农人口总数（万人）	增长比例（%）	地区	2000 年非农人口总数（万人）	2010 年非农人口总数（万人）	增长比例（%）
安义县	3.62	6.7100	3.09	万载县	7.67	8.03	0.36
会昌县	4.23	7.0100	2.78	上犹县	3.27	3.62	0.35
余干县	7.47	10.1800	2.72	全南县	4.55	4.90	0.35
都昌县	7.11	9.6400	2.53	芦溪县	3.43	3.77	0.35
德安县	5.17	7.6200	2.45	铅山县	7.09	7.43	0.34
余江县	4.95	7.3000	2.35	靖安县	3.77	4.06	0.29
景德镇市	31.83	34.1600	2.33	彭泽县	4.87	5.08	0.21
吉水县	8.40	10.6870	2.29	石城县	3.39	3.57	0.18
寻乌县	3.20	5.4435	2.24	资溪县	2.52	2.63	0.12
永修县	7.14	9.3784	2.24	南城县	6.16	6.27	0.11
丰城市	23.29	25.5060	2.21	井冈山市	3.60	3.69	0.09
安远县	3.93	6.1320	2.20	永新县	5.75	5.80	0.05
分宜县	6.41	8.4580	2.05	铜鼓县	3.30	3.30	0.00
广昌县	3.73	5.7052	1.97	安福县	7.74	7.71	−0.03
樟树市	12.51	14.4688	1.95	贵溪市	9.98	9.90	−0.07
鹰潭市	11.25	13.1282	1.88	遂川县	5.67	5.56	−0.12
上栗县	3.33	5.1495	1.82	龙南县	5.27	5.05	−0.22
进贤县	10.84	12.6437	1.81	崇仁县	5.68	5.41	−0.27
吉安县	6.95	8.7377	1.79	崇义县	3.19	2.90	−0.30
九江县	4.94	6.6359	1.70	泰和县	9.14	8.76	−0.38
瑞昌市	8.03	9.7276	1.69	乐安县	6.29	5.62	−0.67
湖口县	4.29	5.9217	1.64				

参照城市等级分类方法，根据江西省的非农人口数对地区进行分类。具体是：非农人口总数≥100 万的地区划为第一类别，50 万≤非农人口总数＜100 万为第二类别，10 万≤非农人口总数＜50 万为第三类别，非农人口总数＜10 万为第四类别。对比分析 2000 年和 2010 年，江西省城镇类别的空间格局及其演变如图 5 - 2 所示。

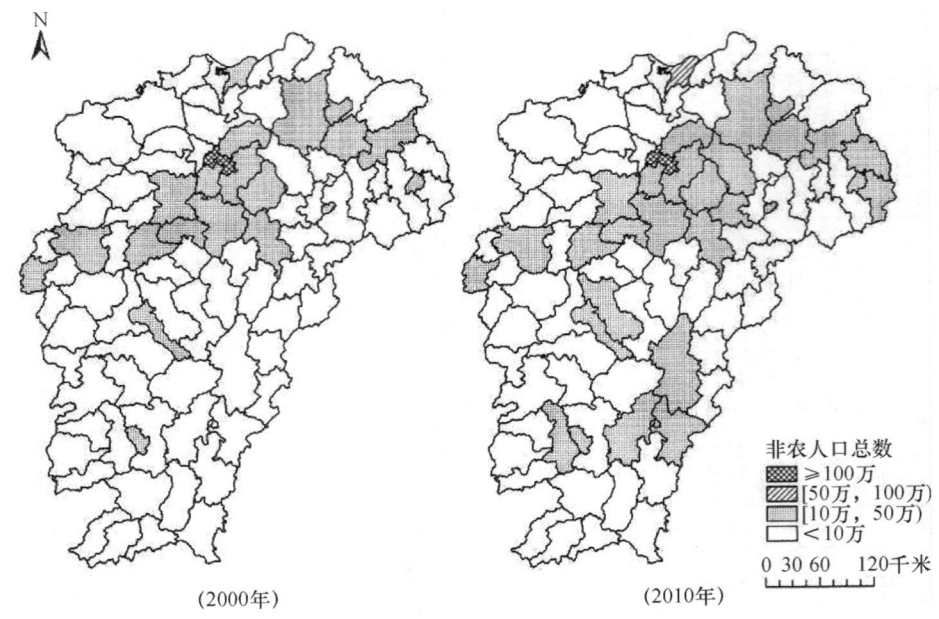

图 5 - 2　江西省不同类别城镇的空间分布

江西省大部分地区属于第四类别，即非农人口数仍处于 10 万人以下。在不同类别的城镇分布图中，第三类别主要分布在南昌市周边，且大部分处于鄱阳湖生态经济区内。2000～2010 年，九江市从第三类别发展为第二类别，赣州市、上饶市和吉安市由第四类别发展为第三类别，而南昌市一直属于第一类地区。

南昌市作为江西省省会城市，省内大部分高校坐落于此，且由于经济发展水平高，吸引了大批非农人口流入，因此南昌市的非农人口数量明显高于省内其他地区。全省非农人口空间分布演变与交通网络变化相一致。随着交通网络的发展，到 2010 年不仅昌九地区的交通得到了进一步的增强，还新修了经过宁都、瑞金的鹰瑞高速，经过上饶的梨温高速，经过吉安的樟吉高速。交通条件的改善促进了发达地区的正向溢出，各地区的产业结构纷纷由以第一产业为主向第二、第三产业为主的方向转变，大大提高了非农人口数量。同时由于工业园区的发展和政府对吸引外资的支持力度，吸引了大批企业的入驻，这些都为当地居民提供了更多的非农就业机会。此外，由于交通发展加快了人口的自由流动，也造成了江西省非农人口区域差异的形成。

2. 城镇化水平变化

以 2000～2010 年非农人口比重的变化，可分析江西省城镇化水平演变，并进行数值和位序的对比（见表 5-2 和图 5-3）。

表 5-2　2000～2010 年江西省城镇化水平变化

地区	2000 年非农业人口比重（%）	位序	2010 年非农业人口比重（%）	位序	增长比例（%）
南昌市	72.72	1	72.96	1	0.24
景德镇市	71.57	2	72.81	2	1.24
九江市	69.51	3	72.16	3	2.64
鹰潭市	63.04	4	62.28	4	-0.76
赣州市	59.68	5	59.48	5	-0.20
萍乡市	44.62	7	54.31	6	9.69
上饶市	52.78	6	53.58	7	0.80
吉安市	42.51	8	46.25	8	3.74
德兴市	34.87	9	39.15	9	4.28
安义县	16.43	53	37.83	10	21.40
新余市	33.42	10	36.98	11	3.56
德安县	26.27	16	35.00	12	8.73
新建县	17.96	44	34.69	13	16.73
抚州市	28.27	12	33.20	14	4.93
宜丰县	28.33	11	29.69	15	1.36
靖安县	26.98	14	28.43	16	1.45
分宜县	21.84	25	28.35	17	6.51
大余县	27.01	13	28.05	18	1.04
全南县	26.65	15	27.53	19	0.88
高安市	23.31	21	27.14	20	3.83
宜春市	22.49	24	26.21	21	3.72

续表

地区	2000年非农业人口比重（%）	位序	2010年非农业人口比重（%）	位序	增长比例（%）
樟树市	23.71	20	26.19	22	2.48
南昌县	16.95	51	26.03	23	9.08
上高县	22.75	23	25.86	24	3.11
永修县	20.32	28	25.43	25	5.11
铜鼓县	25.06	17	24.90	26	−0.16
奉新县	22.96	22	24.70	27	1.74
广昌县	17.83	45	24.53	28	6.70
井冈山市	24.72	18	24.51	29	−0.21
峡江县	19.83	30	24.33	30	4.50
东乡县	18.22	43	24.30	31	6.08
弋阳县	16.12	56	24.26	32	8.14
资溪县	23.98	19	23.86	33	−0.12
瑞昌市	20.14	29	23.41	34	3.27
浮梁县	19.07	36	22.58	35	3.51
乐平市	19.31	32	22.19	36	2.88
定南县	17.55	46	21.94	37	4.39
黎川县	19.58	31	21.78	38	2.20
横峰县	16.16	55	21.66	39	5.50
湖口县	16.42	54	21.64	40	5.22
吉水县	19.22	33	21.57	41	2.35
九江县	15.12	62	21.51	42	6.39
瑞金市	13.46	69	21.33	43	7.87
余江县	15.81	58	21.16	44	5.35
南城县	20.93	26	20.73	45	−0.20
安福县	20.79	27	20.28	46	−0.51
于都县	10.97	84	19.57	47	8.60
广丰县	11.39	82	19.54	48	8.15
南丰县	17.07	48	19.52	49	2.45
丰城市	19.15	34	19.36	50	0.21
吉安县	16.97	50	19.08	51	2.11

续表

地区	2000 年非农业人口比重（%）	位序	2010 年非农业人口比重（%）	位序	增长比例（%）
万年县	15.91	57	19.05	52	3.14
玉山县	12.13	79	19.02	53	6.89
寻乌县	11.77	81	18.97	54	7.20
进贤县	15.77	59	18.73	55	2.96
新干县	18.26	42	18.64	56	0.38
莲花县	13.00	72	18.38	57	5.38
安远县	12.71	75	18.27	58	5.56
贵溪市	18.63	38	18.10	59	-0.53
万载县	16.60	52	17.94	60	1.34
铅山县	18.46	40	17.69	61	-0.77
赣县	12.01	80	17.47	62	5.46
泰和县	18.40	41	17.42	63	-0.98
金溪县	17.30	47	17.35	64	0.05
龙南县	18.59	39	17.30	65	-1.29
万安县	15.28	61	16.82	66	1.54
乐安县	19.12	35	16.72	67	-2.40
南康市	14.00	67	16.63	68	2.63
宜黄县	15.61	60	16.45	69	0.84
婺源县	14.69	64	16.34	70	1.65
会昌县	10.90	86	15.95	71	5.05
崇仁县	19.03	37	15.92	72	-3.11
崇义县	17.00	49	15.71	73	-1.29
永丰县	14.29	66	15.70	74	1.41
星子县	13.72	68	15.56	75	1.84
芦溪县	13.02	71	15.12	76	2.10
鄱阳县	12.43	76	14.78	77	2.35
上饶县	7.38	90	14.75	78	7.37
彭泽县	14.71	63	14.55	79	-0.16
上犹县	12.77	74	14.14	80	1.37
武宁县	12.37	78	14.12	81	1.75

续表

地区	2000 年非农业人口比重（%）	位序	2010 年非农业人口比重（%）	位序	增长比例（%）
兴国县	10.95	85	14.01	82	3.06
都昌县	10.58	87	13.73	83	3.15
宁都县	14.63	65	13.52	84	−1.11
石城县	12.79	73	12.97	85	0.18
永新县	13.37	70	12.33	86	−1.04
信丰县	12.42	77	12.04	87	−0.38
余干县	9.28	89	11.66	88	2.38
修水县	10.22	88	11.46	89	1.24
上栗县	7.35	91	11.42	90	4.07
遂川县	11.19	83	10.79	91	−0.40

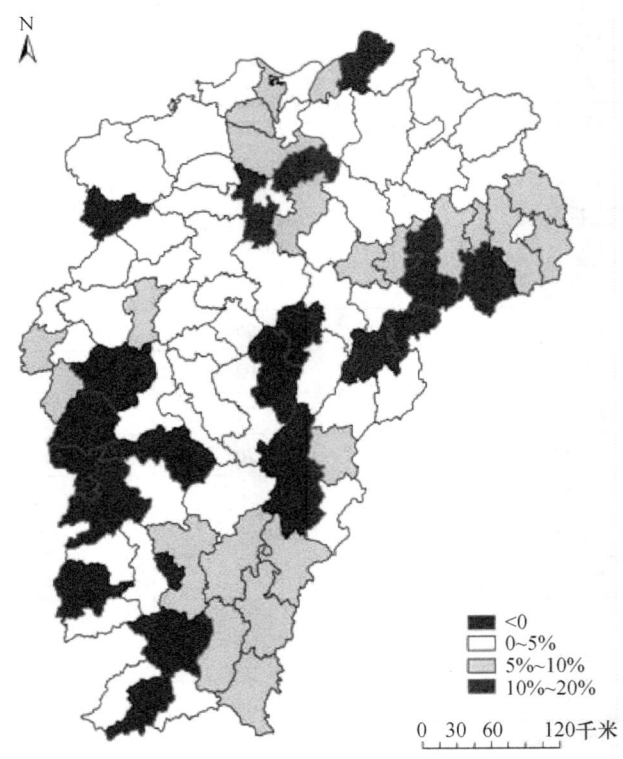

图 5 − 3 2000 ~ 2010 年江西省城镇化水平变化

南昌市、景德镇市等地的城镇化水平处于全省前 10 位，且 2000 ~ 2010 年位序并未发生改变。作为县级市，德兴市的城镇化水平较高，两个时间点均处全省第 9 位，且高于新余市、抚州市和宜春市等地区。位序变化最大的是安义县和崇仁县，其中安义县从 2000 年的第 53 位上升至第 10 位，城镇化水平提高了 21.4%，而崇仁县从第 37 位下降至第 72 位，城镇化水平下降了 3.11%。

总体上，虽然江西省城镇化水平仍然不高且区内差异较大，但相对于 2000 年，全省城镇化平均水平有一定程度的提高。其中城镇化水平增幅最大的是安义县（21.4%），最小的是金溪县（0.05%）。大部分有明显提升的地区主要分布在南昌市周边，平均城镇化水平提高了 10% 以上，而城镇化水平提高不明显的地区主要分布在赣东和赣西地区。此外，鹰潭市、赣州市、铜鼓县等 18 个地区的城镇化水平下降，一个可能的解释是以务工、教育为目的的非农人口外流，导致城镇化水平下降。

3. 空间集聚分析

空间自相关模型反映区域单元某一属性值与邻近区域单元同一属性值的相关程度，包括全局自相关和局部自相关。全局自相关是对属性在整个区域空间分布特征的描述，用于判断整个研究区域的某一要素在空间上是否有聚集特征。局部自相关是衡量每个空间要素在局部的相关性质，用于反映在整个大区域中，一个局部小区域单元上的某种属性值与相邻局部小区域单元上同一属性值的相关程度。

全局自相关模型如下：

$$I = \frac{\sum_{i=1}^{n} \sum_{j=1}^{n} w_{ij} (x_i - \bar{x})(x_j - \bar{x})}{S^2 \sum_{i=1}^{n} \sum_{j=1}^{n} w_{ij}} \qquad (5-1)$$

局部自相关模型如下：

$$I_i = \frac{(x_i - \bar{x})}{S^2} \sum_{j=1}^{n} (x_j - \bar{x}) \qquad (5-2)$$

式中：n 为样本数；S^2 为样本的方差；x_i 和 x_j 分别表示某现象 x 或某属性特征 x 在空间地域单元 i 和 j 上的观测值；$\bar{x}$ 是研究对象 x 的平均值；w_{ij} 为空间权重矩阵，揭示了各单元之间的空间联系，本书中采用空间邻接标准来判定，即当区域 i 与区域 j 邻接时，w_{ij} 为 1，否则为 0。

计算 2000 年和 2010 年非农人口比重的全局自相关系数 Moran's I 值，分别是 - 0.0236 和 0.009，均通过 95% 的显著性水平检验。其中 2000 年江西省城镇化水平呈空间负相关，说明城镇化水平较高（或较低）地区与其他较低（或较高）地区相邻，而 2010 年的值为 0.009，呈现空间正相关性。2000 ~ 2010 年的 Moran's I 值提高了 0.0326，从空间负相关到空间正相关，说明城镇化的空间带动作用及依赖特征逐渐加强。

Moran's I 统计值是全局指标，只能反映 2000 ~ 2010 年江西省城镇化在整个研究范围内的空间关联，而局部自相关检验可以反映各个县市的空间集聚，揭示 Moran's I 值变化原因，在 Geoda095i 中输出 2000 年和 2010 年 LISA 图，如图 5 - 4 所示。

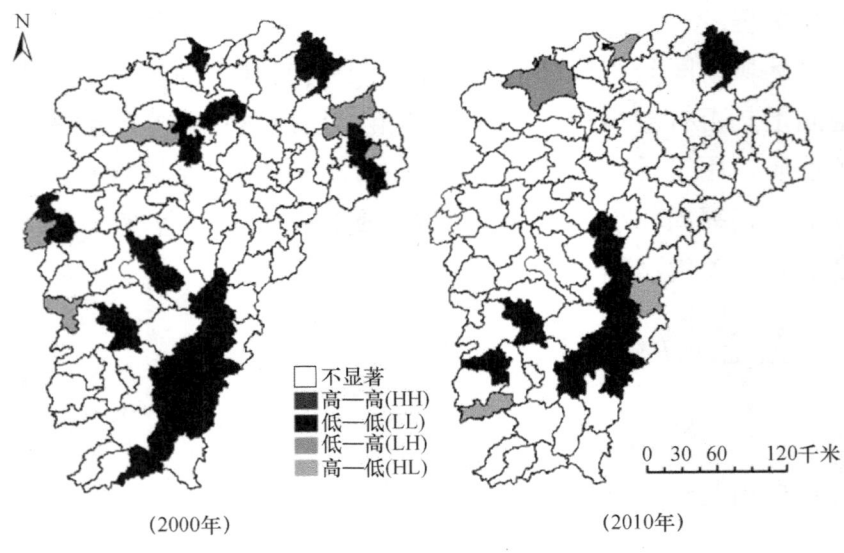

图 5 - 4　江西省城镇化水平 LISA 图

从图 5-4 可以看出，江西省大部分地区的空间自相关不显著，没有 HH 区，除不显著区外以 LL 类型区域的数量最多，说明江西省的城镇化低水平成片分布。分析 2000~2010 年 LISA 值分布变化可以发现：①到 2010 年仍然没有 HH 区出现，说明江西省仍未出现城镇化高水平地区的连片分布，高水平地区的辐射带动作用有限，因此全省总体水平较低的局面在短时间内很难改变；②LL 区数量明显减少，从 2000 年的随机分布到只存在赣南地区和浮梁县，一个可能的解释是全省大部分地区的城镇化水平得到了提高；③LH 地区由无到增加了武宁县，说明该地区的城镇化进程并没有跟上周围地区的步伐，并开始落后；④HL 地区有所减少，九江市、上饶市、德兴市、萍乡市和井冈山市等地发展为不显著区，说明城镇化较高水平地区对周边地区开始有正向溢出作用；大余县、广昌县等由不显著地区转为 HL 地区，说明该地区的城镇化水平开始高于周边地区。

二、江西省城镇体系规模分布

（一）江西省城镇体系规模分布及其演变

进入 21 世纪以来，伴随着经济的新一轮较快发展，人口城镇化明显，在此期间江西省的城镇规模体系也发生了一些变化。在过去的 12 年里，江西省特大城镇、大城镇、中等城镇、小城镇间的比例从 1:0:7:83 调整优化为 1:3:15:73，城镇规模结构体系趋于合理，城镇等级规模也从"头轻、中空、脚重"形态转为理想形态。通过表 5-3 中统计的江西省 2001~2012 年城镇数量及人口规模结构变化，可以归纳出以下几个特征。

表5-3　江西省2001~2012年城镇数量及人口规模结构变化　　单位:%

年份	>100万人		50万~100万人		20万~50万人		<20万人		合计	
	城市(个)	人口(万人)	城市(个)	人口(万人)	城市(个)	人口(万人)	城市(个)	人口(万人)	城市(个)	人口(万人)
2001	1 (1.10)	138.65 (18.20)	0 (0)	0 (0)	7 (7.69)	211.81 (27.80)	83 (91.21)	411.44 (54.00)	91 (100)	761.90 (100)
2005	1 (1.10)	166.79 (17.38)	0 (0)	0 (0)	8 (8.79)	257.76 (26.85)	82 (90.11)	535.51 (55.79)	91 (100)	960.06 (100)
2010	1 (1.09)	202.45 (13.98)	1 (1.09)	62.06 (4.29)	14 (15.22)	455.83 (31.48)	76 (82.61)	733.31 (50.64)	92 (100)	1453.45 (100)
2012	1 (1.09)	215.23 (13.74)	3 (3.26)	165.22 (10.55)	15 (16.30)	453.38 (28.94)	73 (79.35)	731.42 (46.69)	92 (100)	1565.25 (100)

1. 持续快速发展的城镇非农人口

江西省非农人口数量从2001年的761.90万人增加到2012年的1565.25万人，在12年的时间里实现了人口总数的翻番增长，年均增长率达6.18%，占全省总人口比重也相应地由18.40%上升为34.78%。

2. 稳定的城镇总数量

与长三角、珠三角以及辽中南等热点地区不断调整城市数量相比，江西省的行政区划一直都很稳定，城镇总数量也长期保持在一个稳定的水平。在前两个考察年度，江西省城镇总数都是91个，直到2010年增设县级共青城市，才使得城镇总数增加为92个。

3. 城镇规模等级结构得到优化

首先，特大城镇稳中趋降。在4个考察年度中，特大城市都只有南昌市1个，但该市非农人口占全省非农人口的比重在不断下降，从2001年的18.20%下降为2012年的13.74%。其次，大城镇从无到有，从少到多。在前两个考察年度中都没有大城镇，直到2010年，城区人口第二多的九江市才以62万人的总数跨入大城镇的行列中。到2012年，排名第3、第4位的赣州市和抚州市也和九江市携手进入大城镇的行列中。在过去的 12 年里，江西省大城镇数目从 0 个增加到 3 个，占城镇数目比重则从 0 上升到 3.26%，城市人口比重也从 0 上升到 10.55%。再次，中等城镇发展强劲，数量从 7 个增加到 15 个。中等城镇原本多为地级城市，随着县域经济的发展，一些实力较强的县级市或者县，如"丰、樟、高" 3 市，也都加入中等城市行列。最后，小城镇数目被压缩，但仍占绝对比重。相比于大城镇、中等城镇的不断发展，江西省小城镇则呈现出萎缩的趋势，城镇数目从 83 个下降到 73 个，所占人口比重也从 54% 下降为 46.69%。但总的来看，无论是城镇数量还是城镇人口比重，小城镇依然占据着主流的地位。

（二）江西省城镇规模分布演变多指标分析

1. 首位指数演变分析

城市首位度是杰斐逊（M. Jefferson）早在 1939 年对国家城市规模分布规律的一种概括。首位城市是指在规模上与第二位城市保持巨大差距，吸引了全国城市人口的很大部分，在国家政治、经济、社会、文化生活中占据着明显优势的城市。首位度是指一国最大城市与第二位城市人口的比值。杰斐逊用 51 个国家城市数据证明首位度一般在 2 左右，但也有大于 3 的情况存在。随后为了弥补首位度计算过于简单化的缺陷，有学者提出 4 城市指数和 11 城市指数，4 城市指数 $= P_1/(P_2 + P_3 + P_4)$，11 城市指数 $= 2P_1/(P_2 + P_3 + \cdots + P_{11})$，4 城市指数和 11 城市指数的理论值都为 1。

参照城市首位度概念，我们首先在 Excel 中对 4 个考察年度的江西省城镇非农人口数据进行从高到低的排序，再利用以上公式对江西省 2 城镇指数、4 城镇指数、11 城镇指数进行计算。图 5–5 的计算结果显示，江西省各年的城镇首位度虽然有较大波动，但大多高出理论值不少，属于典型的首位型分布。南昌市作为首位城市，也是全省唯一的特大城镇，其在人才、资金、技术和产业等各方面都具有其他城镇所不及的优势，是全省发展的"火车头"，在江西城市体系崛起中一直起到龙头带动作用。另外江西省城市首位度总体上呈现出下降的趋势，2 城市指数下降了 0.08。深入分析可知，赣北的九江、赣中的抚州以及赣南的赣州等城镇借助宏观政策的导向、自身投资环境的优化以及区域中心城市的地位，在经济发展方面取得较快进展，城市活力不断增强，城市人口不断扩张。尤其是作为赣北门户的九江市，是近年来江西省区域经济发展重点打造的"双核"之一，实施"昌九一体化"、"九江沿江开发"也是全省发展的重点所在。因此，九江市等次级城市的加快发展打破以往南昌市"一家独大"的格局，使得江西省城市首位度呈现出下降的趋势。

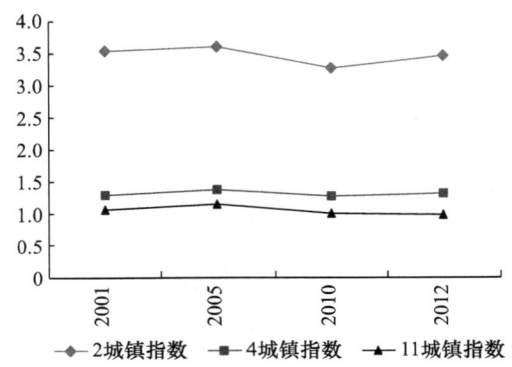

图 5-5　2001～2012 年江西省城镇首位指数变化

2. 规模分布分形研究

城镇规模分布具有自相似性，存在无标度性，具有分形特征，因此可以运用分形理论计算区域城镇规模分布的空间维数。对于一个分布若干城市的特定区域，将城镇人口规模按照从大到小的顺序进行排列，用人口尺度 R（R 为人口数量）来度量人口规模大于 R 的城镇数目 N_R。随着 R 由大变小，N_R 也将不断增多。在某个标度范围内，区域内的城镇数目 N_R 与人口尺度 R 满足豪斯道夫维数测算公式，对两边同时取对数可得：

$$\ln N_R = A - D_f \ln R \tag{5-3}$$

式中，A 为常数，D_f 为分维。一般来说，D_f 值的大小具有明确的地理意义，直接反映了城镇体系等级规模结构。当 $D_f > 1$ 时，城镇体系分布均衡，中小城镇发育较好而大城镇不够突出；当 $D_f = 1$ 时，是自然状态下城镇分布的最优状态；当 $D_f < 1$ 时，城市镇规模分布较集中，大城镇突出而中小城镇发育较差。

将江西省 4 个考察年度的城镇非农人口规模进行从多到少的排序，借助 SPSS 工具，建立城镇位序与城镇规模之间的双对数线性模型，采用最小二乘法加以估计。结果显示，各计算年度的城市位序和规模之间的拟合程度较高，R^2 均超过了 93%，具有很高的可信度。

从表 5-4 中的计算结果可以看出，江西省城镇规模分布的分维数都低于 1。说明这段时期以来，江西省城镇规模分布不均衡，大城镇发展强于中小城镇，呈现出首位型城镇分布特征；另外，城镇规模分布的分形维数呈下降的趋势，意味着这些年来大城镇的发展快于中小城镇，江西省城镇体系处于集聚效益显著的阶段。

表 5-4 江西省城市位序和规模的双对数回归

年份	回归方程	D_f	R^2
2001	$\ln Nr = 4.725 - 0.873 \ln R$	0.873	0.955
2005	$\ln Nr = 4.862 - 0.828 \ln R$	0.828	0.950
2010	$\ln Nr = 5.165 - 0.775 \ln R$	0.775	0.938
2012	$\ln Nr = 5.243 - 0.776 \ln R$	0.776	0.932

通过前面的结论可知，江西省城镇首位度一直都处于较高水准，为典型的首位型分布，南昌市作为首位城镇垄断性强。而九江、赣州以及抚州等城镇先后迈入大城镇的行列中，这些特大城镇以及大城镇人口、经济规模不断扩大，空间集聚作用不断增强，发展备受瞩目。到 2012 年，仅仅这 4 个城镇的非农人口就占据全省非农人口的 1/4 之多。相对而言，中等城镇以及小城镇发展则显得不足，不仅城镇数量

减少了 2 个，而且所占人口比重也从 82% 下降为 76%。大城镇发展强于中小城镇导致这一时期内江西省城镇体系的分维数呈下降趋势，而这也显示出江西省城镇规模分布趋于合理化这一事实（见图 5-6）。

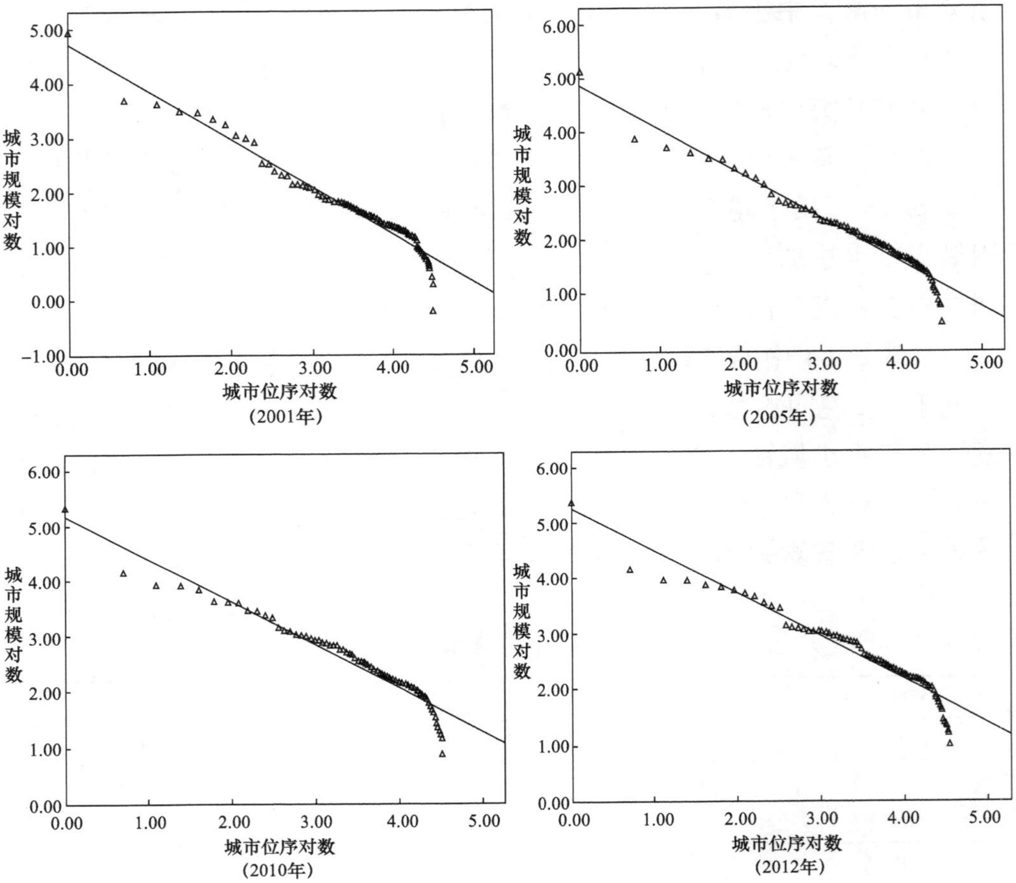

（2001年）

（2005年）

（2010年）

（2012年）

图 5-6　江西省城镇等级结构散点图

3. 基尼指数变化研究

引入城市规模基尼指数对城市规模分布作进一步分析，城市规模基尼指数是由常数式基尼模型来拟合和求解的。其计算的具体过程为：一个地区的城市体系由 n 个城市组成，设 S 是这 n 个城市的人口总和或整个城市体系的总人口，T是城市体系中每个城市之间人口规模之差的绝对值总和，则反映一个城市体系中人口集中程度的基尼指数可用下式来表示：

$$G = T/2S(n-1) \qquad\qquad (5-4)$$

基尼指数的取值范围在 $0\sim1$。基尼指数越接近 0，表明城市规模差异越小；越接近 1，表明城市规模差异越大。一般认为基尼指数在 0.6 以上则表示城市规模分布极不平衡。

借助 SPSS 软件，计算出江西省 4 个考察年度的城镇规模基尼指数如图 5-7 所示。根据计算结果可知，江西省城镇基尼指数一直都处于 0.3 以下的低水准，并且呈现出不断下降的趋势，从 2001 年最高的 0.27 下降为 2012 年最低的 0.23。说明江西省城镇规模较分散，大城镇与中小城镇间差距在逐渐缩小，城镇规模朝着相对均衡的方向发展。而在前面的论述中提到，初期，江西省城镇规模结构一直处于大中小失衡的状态，大城镇发展严重不足，中小城镇占据绝对比重。除去南昌市一个特大城镇外，没有大城镇，99% 的城市为中等城镇或者小城镇，其中小城镇的数量更是达到 83 个，超过城镇总数量的 90%；随着时间的推移，大中城镇发展明显加快，大城镇增加了 3 个，中等城镇增加了 8 个。相应地，小城镇则由 83 个减少到了 73 个。因而，在过去的 12 年里，通过不同等级间城镇数量的不断调整，江西省的城镇规模结构体系逐渐改变了原来的小城镇过分集聚的畸形状态，大、中、小城镇间差距不断缩小，朝着均衡的方向发展。

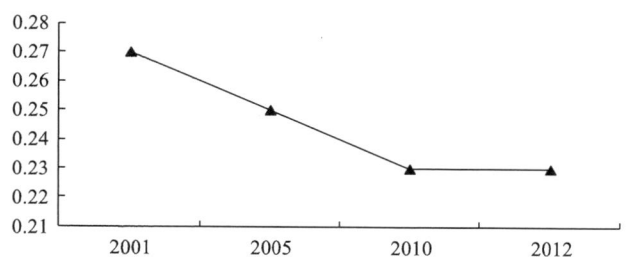

图 5-7　2001~2012 年江西省城镇规模基尼指数变化

4. 人口中心度演变分析

人口中心度是中心城镇人口与总人口之比，主要用于反映区域内中心城镇人口与劳动力集中在单一城镇或遍布于多个城镇的程度。

从表5-5的计算结果来看，赣北、赣中、赣南三大子区域的城市中心度表现出明显的区域差异性。其中，赣北地区整体处于较高水准，除宜春市和上饶市外，其他6个城镇的人口中心度基本超过了40%，南昌市、景德镇市、萍乡市、新余市4个地区更是都超过了70%；赣中和赣南地区则较低，大体上处于20%～30%。

表5-5　2001～2012年江西省各地级城市人口中心度

地区	地级市	2001 年	2005 年	2010 年	2012 年
赣北	南昌市	0.85	0.81	0.78	0.79
	景德镇市	0.75	0.72	0.69	0.70
	萍乡市	0.87	0.82	0.75	0.75
	九江市	0.46	0.45	0.40	0.39
	新余市	0.85	0.83	0.78	0.80
	鹰潭市	0.51	0.46	0.46	0.53
	宜春市	0.26	0.23	0.22	0.24
	上饶市	0.27	0.22	0.21	0.21
赣中	吉安市	0.32	0.31	0.22	0.23
	抚州市	0.40	0.30	0.34	0.33
赣南	赣州市	0.30	0.27	0.19	0.19

赣北地区城镇发展经济基础好，发育较完善，部分城镇已开始进入城镇化发展的后期阶段，大城镇规模不断扩大，位于其间的中小城镇也迅速崛起，城镇间时空距离不断被压缩，在南昌市以西、昌—九间出现了网状以及轴状的城镇密集区域，城镇空间分布走向网络化、区域化。赣中、赣南的中心城镇发展尚且处于倒"U"形曲线的起步阶段，无法实现其扩散带动作用，过低的人口中心度和过小的城镇人口规模较难起到组织和推动区域经济社会发展的作用。

（三）江西省城镇规模成长空间特征分析

1. "北快南慢"的区域差异性

从区域间差异来看，在考察期内，江西省城市成长势头为赣北地区＞赣南地区＞赣中地区。考察江西省获得"升级"的城镇数量，2001～2012年，江西省共有16个城镇完成了"质变"，提高了城镇等级。其中3个城市由中等城镇升格为大城镇，13个城镇由小城镇升格为中等城镇。在这16个城镇中，赣北地区有11个，占总数量的69%；赣南地区有4个，占总数量的25%；赣中地区仅有1个，仅占到总数量的6%。

赣北地区城市增长最快的原因主要有三个：一是沪昆铁路、昌九城际铁路这两条交通廊道，是全省实力最强的经济聚集带；二是全省社会经济规模最大城市南昌市的地理位置明显偏居于北部地区，通过发挥其集聚与扩散作用有力地带动周边地区的发展；三是良好的经济社会基础是赣北地区城市快速成长的保障。赣南地区城市增长较快主要是因为党中央和省政府对原中央苏区的发展日趋重视，主张把赣州市打造成重要的地区核心增长极，把瑞金、南康、信丰、龙南等县市建设成为重要的节点城市，政策导向的作用加快了城市化的步伐，但赣南地区本身经济基础较差、自然条件不利又使其增长有限。赣中地区城市增长最慢则主要是不利的交通条件和地理位置，束缚了吉安、抚州两市的发展。目前，经过吉安市的昌吉赣城际铁路正在加紧建设，经过抚州市的昌福铁路已然通车，两条交通动脉的建成有望带动沿线节点城市加快发展，使赣中地区城市发展摆脱整体落后的困境。

2. 以核心城市为依托，由单极发展走向面状发展

随着经济建设步伐的加快，交通、信息网络的不断完善，江西城市的发展改变了过去以南昌市为核心的单极状态，借助城市溢出效益的影响，逐步形成以南昌市为中心城市，以九江市、新余市和抚州市为重要支撑城市构成"人"字形交通大通道为骨架，包含丰城、樟树、高安等节点城市在内的 25 个城市构成南昌城市群，是江西城市最密集区域；赣南地区的赣州市近年来主张打造成为区域经济发展的核心增长极，加上中央、省政府对其进行的顶层设计，其在经济取得快速发展的同时，城市化步伐也不断加快。逐步形成以赣州市为核心，瑞金、南康、信丰等城市为重要节点的城市密集区域。

3. 以骨干交通线路为纽带，形成"十"字型城市发展轴

从空间形态看，江西省城镇规模分布及演化具有明显的轴向发展特征。随着城际铁路和高速公路的大规模建设，区域交通条件不断改善，沪昆铁路和昌九城际—京九铁路以及分别与之大体平行的干线高速公路带动了沿线廊道城市的发展，成为江西省城市发展的纽带，形成了"十"字形的城市发展轴。几乎所有中级以上的城市都分布在这一轴带上，小城市分布也十分密集。随着空间距离的扩大，该发展轴的辐射力逐渐减弱，离这一发展轴较远的赣东南、赣西北以及赣东北地区则是城市分布的稀疏地带（见图 5-8）。

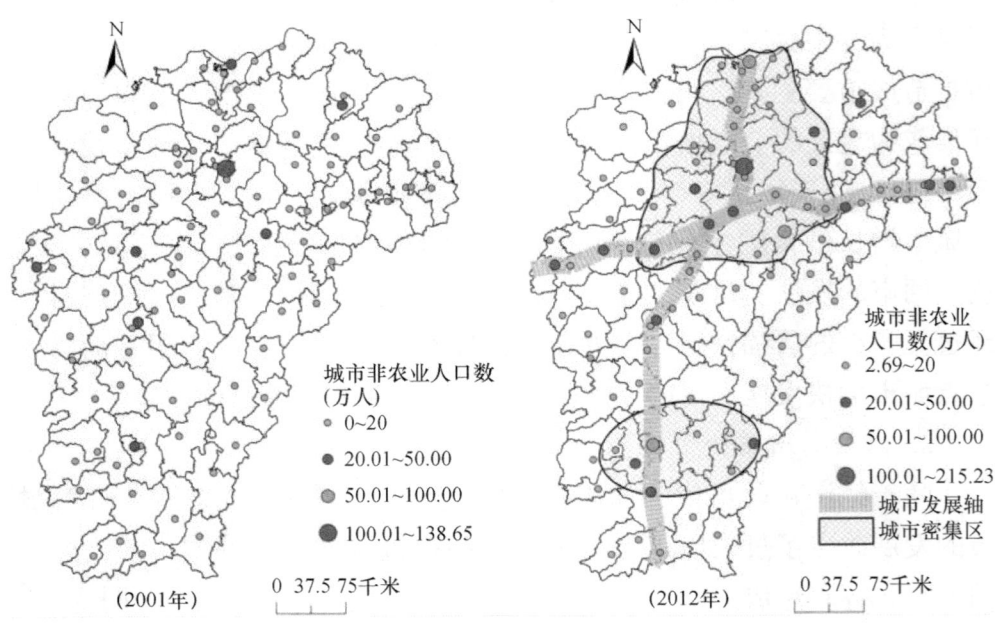

图 5-8　江西省城镇成长空间变化示意

三、江西省综合城镇化水平时空演变

（一）综合城镇化指标体系

根据城镇化水平的概念，借鉴已有的城镇化水平构建指标体系成果，遵循科学性、完整性、有效性和可操作性等原则，我们从人口城镇化、经济城镇化、土地城镇化、生活方式城镇化构建综合城镇化水平的评价指标体系，如表5－6所示。

表5－6　综合城镇化水平测度指标体系

子系统	指标层
人口城镇化	非农人口比重、二三产业人口比重
经济城镇化	人均 GDP、人均工业产值、二三产业比重、地均 GDP
土地城镇化	建成区面积比重
生活方式城镇化	万人拥有床位、万人拥有普通中学生数、万人均有中学专任教师数、城镇在岗职工工资总额

（二）综合城镇化评测方法

为克服人为确定指标权重的主观性，我们采用主成分分析法将多个变量划分为几个指标，保留能够较多反映信息量的因子。

其步骤为：①将评价指标无量纲化；②计算各指标间的相关系数矩阵；③计算各主成分的特征值、特征向量、贡献率和累积贡献率；④要求特征值大于1，累积贡献率不小于85%，以此确定主成分个数；⑤根据主成分表达式得出综合评价模型，确定各评价指标的权重。

在 SPSS 中实现以上过程，提取5个主因子（见表5－7），其方差累计贡献率为 87.52%，能够反映原始变量的绝大部分信息，具有代表性。继而对初始因子矩阵进行正交旋转后得到主因子旋转载荷矩阵（见表 5-8）。

表 5-7　主因子分析贡献率

主因子	特征根	贡献率（%）	累积贡献率（%）
第一主因子 F1	5.351	48.650	48.650
第二主因子 F2	1.387	12.612	61.262
第三主因子 F3	1.309	11.903	73.165
第四主因子 F4	0.885	8.046	81.211
第五主因子 F5	0.694	6.305	87.516

表 5-8　主因子旋转载荷矩阵

指标	主因子成分				
	F1	F2	F3	F4	F5
非农人口比重	0.154	0.022	−0.045	0.050	−0.549
二三产业人口比重	0.133	0.194	−0.133	0.158	−0.402
人均 GDP	0.176	0.020	−0.027	−0.060	0.291
人均工业产值	0.160	0.086	−0.135	−0.014	0.539
二三产业比重	0.146	0.066	−0.191	0.070	0.309
地均 GDP	0.149	−0.254	0.266	−0.316	0.038
建成区比重	0.029	−0.288	0.310	0.892	0.227
万人拥有床位	0.152	0.070	−0.021	0.233	−0.552
万人拥有普通中学生数	−0.026	0.280	0.624	−0.112	−0.186
万人均有中学专任教师数	0.055	0.570	0.229	0.066	0.338
城镇在岗职工工资总额	0.132	−0.338	0.281	−0.356	0.029

根据主因子旋转载荷矩阵和贡献率，得出综合评价模型为：

$$Y = 0.042X_1 + 0.061X_2 + 0.098X_3 + 0.105X_4 + 0.082X_5 + 0.049X_6 +$$
$$0.101X_7 + 0.064X_8 + 0.076X_9 + 0.153X_{10} + 0.028X_{11}$$

（三）综合城镇化水平分析

本节中综合城镇化水平包含人口、经济、土地和生活方式 4 个方面，根据指标权重确定各系统权重分别为 0.102、0.335、0.100 和 0.321，为更好地体现城镇化区域差异，以 2000～2005 年和 2006～ 2010 年两个时间段，分析地区城镇化水平增长率。

1. 人口城镇化

人口城镇化是农村人口不断涌向城市的现象，是国家经济社会发展水平的重要标志之一。以非农人口比重、二三产业人口比重为指标项测定区域人口城镇化水平，两个时间段各地区的变化情况如图 5-9 所示。

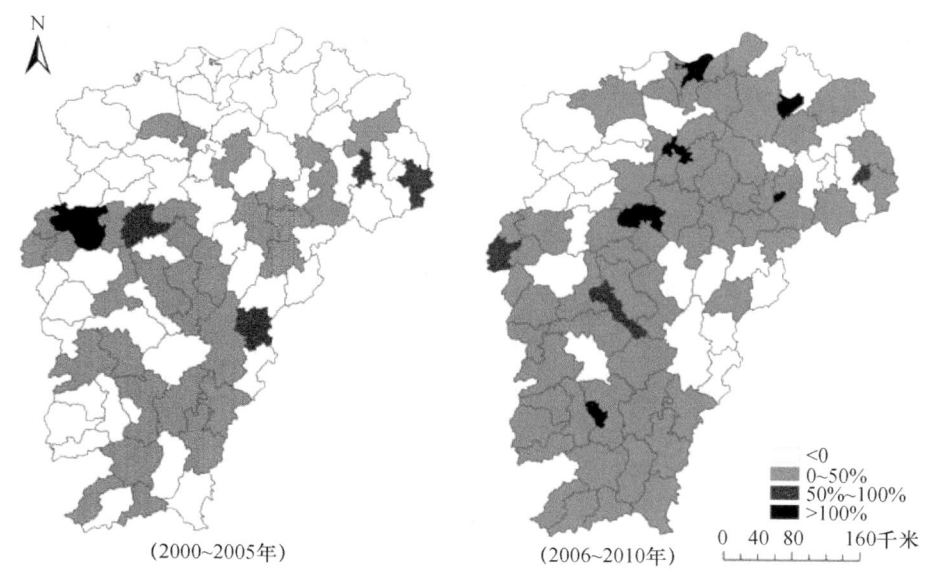

图 5-9　江西省人口城镇化动态变化

第一阶段（2000～2005 年）：江西省总体人口城镇化水平变化差异较大，大部分地区出现后退情况，增长率在 50%～100% 的地区仅有新余市、广昌县、横峰县、广丰县 4 个地区，而增长率高于 100% 的地区只有宜春市。出现这种情况的原因可能是在 2005 年以前，江西省经济仍属初级阶段，大部分地区二三产业未成规模，大部分非农人口迁出外省工作或学习，导致当地的人口城镇化水平降低。

第二阶段（2006～2010年）：江西省人口城镇化水平普遍明显提高，其中近2/3地区的增长率在0～50%，上饶市、吉安市、萍乡市的增长率在50%～100%，而南昌市、景德镇市、赣州市、贵溪市、樟树市、湖口县6个地区的增长率达到100%以上。一个可能的解释是到2010年，随着国家发展战略"中部崛起"、"鄱阳湖生态经济区"等的提出和实施，省内的产业结构明显升级，二三产业人口增加，吸引非农人口的流入，直接导致人口城镇化水平提高。

2. 经济城镇化

经济城镇化是随着社会生产力的发展和人类需求的不断提高推动人类经济活动向城市集中的过程。从人均GDP、人均工业产值、二三产业比重、地均GDP 4个方面测定区域经济城镇化水平，其动态变化如图5-10所示。

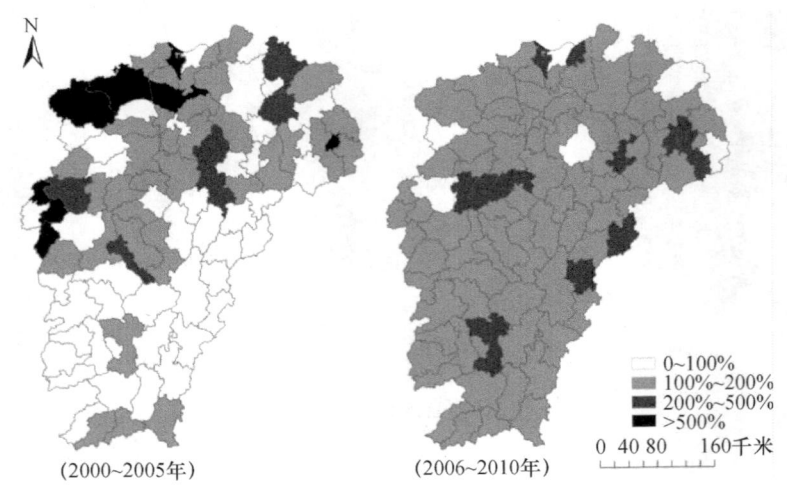

（2000～2005年）　（2006～2010年）

图5-10　江西省经济城镇化动态变化

第一阶段（2000～2005年）：全省经济城镇化区域差异较大，修水县、武宁县、永修县、九江市、上栗县、芦溪县、莲花县、上饶市8个地区的经济城镇化增长速度较快，与2000年相比翻五番，而全省经济城镇化水平增长率在100%以下的地区数量仍占较大比重。总体上大部分增长率在100%以上的地区分布在赣北地区。

第二阶段（2006～2010年）：与第一阶段不同，全省近4/5地区的经济城市化增长速度在100%～200%，铜鼓县、宜春县、婺源县、进贤县、九江市的经济城镇化增长率在100%以上，分宜县、赣县、上饶县、横峰县等11个地区的经济城镇化增长率在200%～500%，无大于500%的地区，说明在此阶段江西省经济城镇化发展达到均衡，全省各地区的经济城镇化均达到平缓增长的阶段。

3. 土地城镇化

土地城镇化是指区域城镇化过程中土地条件由农村形态向城镇形态转化的程度，是区域城镇化在空间上的表征，也是衡量城镇化水平高低的重要指标之一。本节以建成区面积比重代表土地城镇化，测定江西省地区土地城镇化水平，其动态变化如图5-11所示。

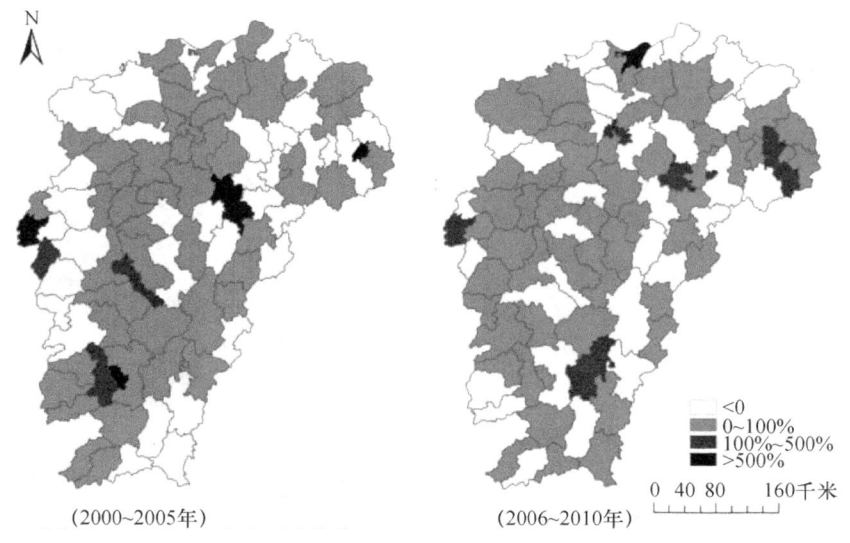

（2000～2005年）　（2006～2010年）

图5-11　江西省土地城镇化动态变化

第一阶段（2000～2005年）：江西省绝大多数地区的土地城镇化增长率在0～100%，仅有吉安县、莲花县、南康市的土地城镇化增长率在 100% ～ 500%，而萍乡市和抚州市的增长率达到 500% 以上。说明在此阶段，全省大部分地区的建设用地处于扩张阶段，某些城镇的扩张速度较快。

第二阶段（2006 ～ 2010 年）：和第一阶段相似，全省绝大多数地区的土地城镇化增长率处于 0 ～ 100%，说明江西省大部分地区的土地城镇化保持缓慢增加的状态。土地城镇化减少的地区数量较第一阶段有所减少，说明本阶段各地区在加速发展城镇建设。萍乡市、抚州市、赣州市等地的土地城镇化增长率较第一阶段明显减少，说明城镇扩张已达到一定阶段，其中抚州市的城镇扩张受到控制，建设用地减少。

4. 生活方式城镇化

以万人拥有床位、万人拥有普通中学生数、万人均有中学专任教师数、城镇在岗职工工资总额等指标测定生活方式城镇化水平。生活方式城镇化是居民享受城镇化带来的包括教育、医疗、邮电、生活便利等方面的变化，而产生的生活便利和生活质量的提高，其动态变化如图 5 - 12 所示。

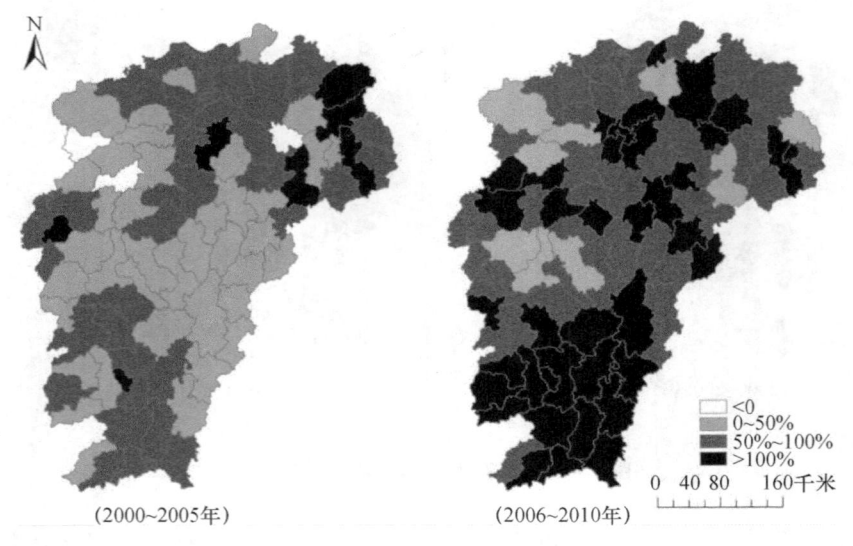

（2000～2005年）　　　　　　（2006～2010年）

图 5 - 12　江西省生活方式城镇化动态变化

第一阶段（2000～2005 年）：江西省大部分地区的生活方式城镇化水平增幅在 0～100%，铜鼓县、上高县、万年县 3 个地区的生活方式城镇化出现后退现象，而赣州市、芦溪县、南昌县、贵溪市、上饶市、横峰县、婺源县、德兴市等地的生活方式城镇化增幅在 100% 以上。出现这种现象可能是由于在经济发展初级阶段，生活方式的城镇化大部分是公共服务，属非营利性质，其城镇化率的改变在时间上落后于经济、人口等其他方面，所以全省增幅不高甚至有些地区出现倒退现象。

第二阶段（2006～2010 年）：此阶段全省生活城镇化水平提高明显，绝大部分区域的增长率在 50% 以上，此外南昌市、赣州地区的增长率均高于 100%。全省无生活方式城镇化倒退的地区，修水县、宜丰县、都昌县、玉山县等 9 个地区的增长率在 0～50%。出现这种现象的原因是在此阶段，江西省经济发展速度加快，政府加大对公共服务设施的建设，居民逐渐享受到城镇化带来的生活便利。

（四）综合城镇化水平空间结构

综合城镇化水平的测度是一个系统的过程，从人口、经济、土地、生活方式 4 个方面选取 11 个指标对江西省综合城镇化水平进行测定，以期对各地区的城镇化水平有一个全面总体的认识。

1. 综合城市化水平空间分布

根据《江西省人口和建设用地》、《江西省统计年鉴》（2011）等数据，以及通过主成分分析方法确定的指标权重计算出江西省地区综合城镇化水平，并在 ArcGIS9.3 中使用自然断裂法分为 4 类，如图 5 - 13 所示。

江西省综合城镇化水平在从高到低 4 个等级的数量分别为 1、5、14 和 71，其中最低水平地区占全省 80% 左右，说明全省综合城镇化处于较低水平。南昌市是全省唯——个综合城镇化高水平地区，其人口、经济、土地、生活方式均为全省最高水平。综合城镇化属于中高水平的地区有九江市、景德镇市、萍乡市、赣州市、新余市，均为设区市，且分布较分散。其中萍乡市、赣州市的经济城市化水平，新余市、景德镇市的土地城镇化水平相对其他地区略显落后。综合城镇化中低水平地区的分布特点明显，主要集中在赣中赣北地区，在新建—丰城—樟树—宜春地区呈"⌐"状分布。

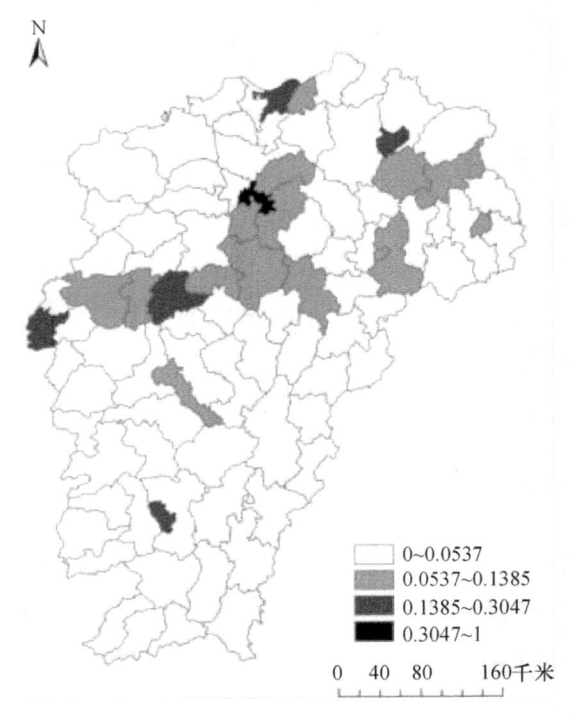

图 5 - 13 2010 年江西省综合城镇化水平

2. 综合城镇化水平空间自相关

为更好地体现综合城镇化水平的空间分布特征，采用 ESDA 方法对江西省综合城镇化水平进行分析。通过 Geoda095i 实现以上过程，结果如图 5 - 14 所示。得到 2010 年江西省综合城镇化水平 Moran's I 为 0.0564，说明这些区域存在弱正相关现象。出现这种情况的原因可能是全省的综合城镇化水平缺乏增长极城镇，各个城镇对周围较低水平地区难以形成带动作用，同时受到较高水平的城镇的影响也较弱。

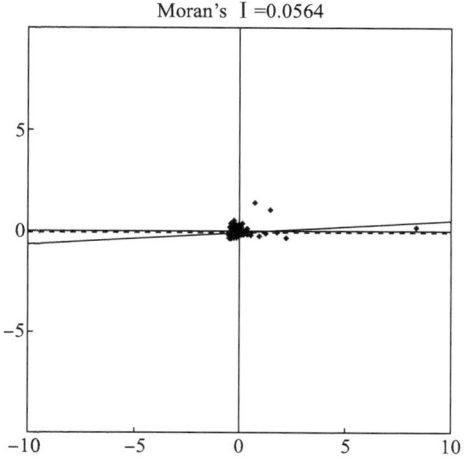

图 5-14 江西省综合城镇化 Moran 散点图

Moran's I 统计值是全局指标，只能反映江西省综合城镇化在整个研究范围内的空间关联，而局部自相关检验可以反映各个县市的空间集聚，为更直观地观察江西省综合城镇化水平在各县的分布情况，利用 Geoda 生成 LISA 聚集图，如图 5-15 所示。

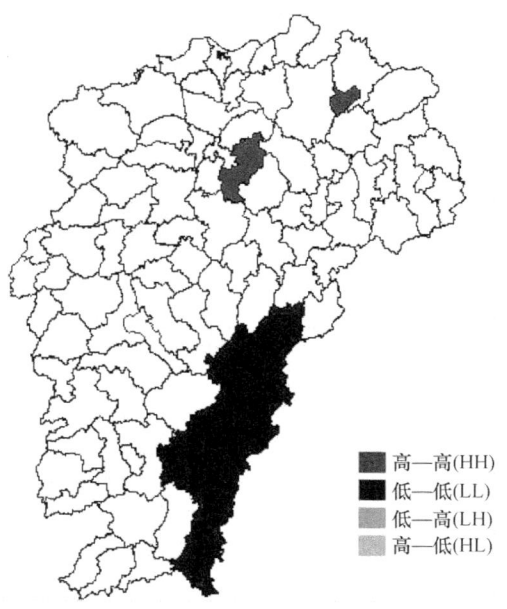

图 5-15 江西省综合城镇化 LISA 图

全省属于 HH 区域的有南昌县和景德镇市，这类地区自身综合城镇化水平较高，且周边地区的水平也较高，形成高高集聚。全省出现连续的 LL 地带，包括南丰县、宁都县、广昌县、石城县、瑞金市、于都县、会昌县、寻乌县 8 个地区，说明此类地区自身综合城镇化水平较低，且周边地区综合城镇化水平也较低，在赣东南区形成连片的城镇化低洼地带。

3. 综合城镇化水平动态变化

以 2000～2005 年、2006～2010 年为两个时间段，计算这两个时间段各地区的综合城镇化水平增长率，如图 5－16 所示。

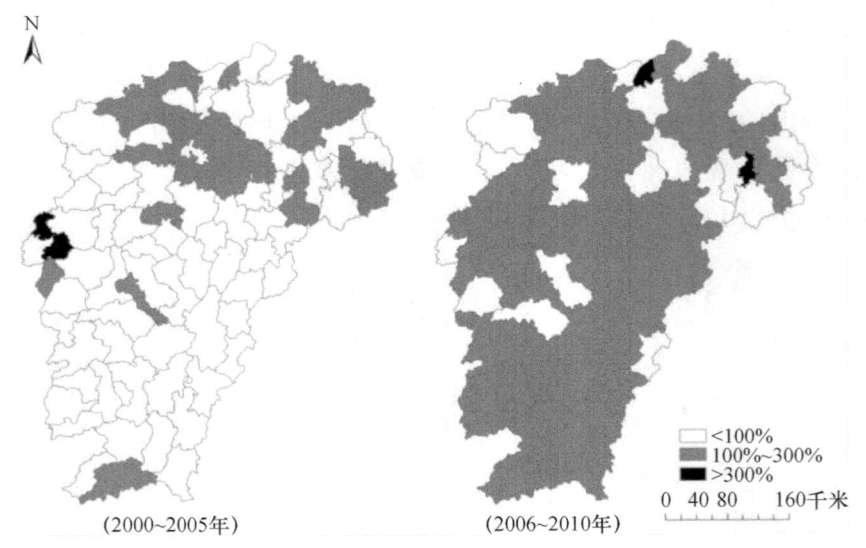

图 5－16　江西省综合城镇化水平动态变化

2000～2005 年，大部分地区的综合城镇化水平增长率介于 0～100%，增长率在 100%～300% 的地区数量为 23 个，有南昌县、九江县、武宁县、进贤县、樟树县、贵溪市、吉安县等地，从空间分布上可以看出，此类地区明显集中在赣北地区。增长率大于 300% 的地区为上栗县和芦溪县，这两个地区 2000 年的城镇化水平为全省最低，到

2005 年达到当年全省平均水平，增长率达到全省最高水平。

2006～2010 年，全省的综合城镇化水平普遍明显提高，绝大多数地区的城镇化水平增长率介于 100%～300%，增长率在 0～100% 的区域数量为 18 个，有九江县、都昌县、余干县、修水县、永新县等地，在全省均有分布。增长率大于 300% 的地区是横峰县和湖口县，横峰县在 2006 年的城镇化水平为 884，2010 年提高到 3916，从全省第 86 位提高至第 34 位，增长率较大。湖口县在 2006 年的城镇化水平为 1285，排全省第 58 位，到 2010 年提高到 5324，从全省第 58 位提高至第 20 位，增长率为 314%。

四、结论与建议

（一）研究结论

1. 江西省城镇规模分布不够合理

研究发现：①江西省城镇等级规模结构一直处于不合理的状态，大、中、小城镇比例严重失调，大城镇发展不足而小城镇过度发育。但随着十几年来的调整，大、中城镇发展较快以及小城镇不断压缩，城镇等级规模金字塔呈现优化趋势。②江西属典型的首位型城镇分布，从合理城镇等级规模结构考虑，九江市等次级城镇的发展应当加快；由分形分析结果可知，江西省城镇规模分布不够均衡，大城镇发展强于中、小城镇，总体处于城镇集聚效益显著阶段；江西省城镇基尼指数一直都处于低水准，且呈现出不断下降的趋势，大、中、小城镇间差距不断缩小，城镇发展日益均衡、合理；城镇人口中心度表现出显著的区域差异性，赣北大而赣中、赣南小。③城镇成长呈现出明显的区域分异特征，赣北最快，赣南其次，而赣中最慢；借助交通、通信的完善，江西省城镇发展从点状走向面状，逐渐形成以南昌、赣州为核心的两个面状的城镇密集区域；借助干线交通线路的纽带作用，形成"十"字形的城镇发展轴，城镇的成长不断向这条轴线靠拢。

2. 江西省综合城镇化水平差异明显

研究发现：①2000～2005 年，全省大部分地区的人口城镇化水平有所降低，经济城镇化区域差异较大。全省大部分地区进入城镇用地扩张阶段，由于生活方式城镇化与其他城镇化相比，有一定的时间滞后性，因此在此阶段的增幅不高。2006～2010 年，由于国家战略的实施，人口城镇化又普遍提高，经济城镇化发展达到平衡，并处于相对平缓增长阶段，土地城镇化中城镇盲目扩张现象受到控制，政府对公共服务设施的建设等提高生活城镇化投入的效果开始显现，生活方式城镇化有明显提高。②江西省综合城镇化整体处于较低水平，南昌市是全省唯一一个高水平地区，中高水平地区均为设区市，且分布较分散，中低水平地区主要集中在赣中、赣北地区，在新建—丰城—樟树—宜春一带呈"」"状分布。③江西省 2010 年综合城镇化水平的 Moran's I = 0.0564，说明各区域间存在弱正相关。全省 HH 区域数量仅有 2 个（南昌县、景德镇市），LL 区域有 8 个（南丰县、宁都县、广昌县、石城县、瑞金市、于都县、会昌县、寻乌县），在赣东南地区形成连片的城镇化低洼地带。④2000～2005 年，全省大部分地区综合城镇化水平增长率低于 100%，增长率在 100%～300% 的地区主要集中在赣北地区，增长率大于 300% 的地区为上栗县和芦溪县，其中芦溪县的增长率最高。2006～2010 年，全省大部分地区综合城镇化水平增长率在 100%～300%，增长率大于 300% 的是横峰县和湖口县，其中横峰县的城镇化水平增长最明显。

（二）对策建议

1. 改善城镇等级结构

江西省城镇总体规模小，区域内部差距大仍然是掩盖不了的矛盾，因此整合区域内部城镇的协调发展显得十分必要。总体来看，江西省小城镇过分堆积而大城市发育不足，要改变"头轻脚重"状的城市金字塔结构，健全城市规模等级结构，就要在重点发展实力强大城镇的同时，加大对低水平城镇的扶持力度，重点培育一批交通便利、与中心城镇联系紧密的中小城镇，将之建设成为大中城镇。江西省应抓住鄱阳湖生态经济区建设、赣南苏区振兴相继上升为国家级发展战略的时代契机，充分利用政策、投资优势，逆势而上，全面提升全省城镇发展水平。

2. 提高综合城镇化水平

虽然全省大部分地区城镇化水平在 2005～2010 年有较大提高，但江西省综合城镇化水平仍然偏低，区域差异较大，与其他省相比仍处于城镇化的初始阶段，其中出现的城镇化低洼地带可能是多山地的自然环境、以农业为主的传统产业结构、不太便利的交通条件等造成城镇化进程缓慢，加上邻近的抚州市、赣州市、吉安市城镇化水平较低，带动作用差。南昌市作为省会城市，加之人口、经济、土地、生活方式城镇化水平都在全省处于高水平，应在原有基础上继续加大对周边南昌县、新建县、安义县等地的扩散、影响通道，增加辐射范围。行政级别和城镇化水平相对较高的设区市作为各辖区中心，应提高综合城镇化水平，如萍乡市、赣州市以提高二、三产业比重，增加就业率等措施来提高经济城镇化水平，新余市、景德镇市以加速城市建设、合理增加建成区面积等，达到提高土地城镇化水平的目的。

3. 江西省城镇规模空间成长构想

在我国，城镇空间发展模式多由政府推动并实施，加之地方"行政区经济"特征突出，因此，在城镇规模成长上也往往表现出一定的行政色彩。城镇如何成长通常由政府决策群体从政治和宏观角度定性确定，过于注重行政区划单元的现实状况，缺少科学定量研究的严谨性。"行政力量"往往倾向于培育重点城镇，而这也难免会出现政策、资金的过度倾斜，客观上会增加对其他非重点城镇的发展成本并对其发展产生抑制作用，导致某些有潜力的城镇失去发展的时机。随着城际轨道交通、高等级公路、互联网信息技术等新兴事物的发展，城镇间时空距离不断被压缩，城镇间行政边界趋于模糊，人流、物流、信息流在更广的区域内流动、配置，传统的行政力量干预下的城镇发展模式弊端也将会越来越凸显。基于此，江西省城镇规模的成长应该更多地贴近实际，以定量研究为支撑，并结合现实层面的可操作性进行研究。

进入 21 世纪以来，江西省城镇规模迅速成长，城镇等级结构不断调整，已形成以南昌特大城镇为核心城镇，九江、赣州、抚州等大城镇为重要战略支撑城镇，其他地级市以及重点县级市为主要节点城镇，一般县城为一般节点城镇共同构成的完整城镇体系。结合江西省城镇规模的演变历程、发展现状以及相应的发展规划，未来江西省城镇体系应采取以下空间发展战略：首先，确立南昌市在江西城镇体系中的中心城镇地位。南昌市位于江西省中部偏北的位置，具有良好的居中性，有利于较好地向周边区域发挥涓滴和扩散作用。其作为政策和资金支持下的全省核心增长极的地位不可替代，因此应当把南昌市作为中心城镇进行培植发展，着力提高南昌市要素集聚、科技引领、综合服务和辐射带动能力，使之成为全省先进制造业和服务业发展的先导示范区，以带动全省城镇水平的总体提升。其次，以九江—南昌—吉安—赣州、上饶—抚州—新余—宜春—萍乡等省内实力最强的城镇构成的"十"字形交通走廊作为城镇一级发展轴，形成全省实力最强的交通经济集聚带，在这个相互关联的网络中，各个城镇都能积极主动参与发展，整体利益和局部利益在协同发展中能获得较好的调整，既有利于带动城镇体系的发展，同时又可以使昌九工业走廊得以向南、西、东三个方向延伸，有助于在全省范围内惠及更广区域。再次，以南昌—抚州—南城、九江—景德镇、景德镇—鹰潭—南城—瑞金等作为城镇二级发展轴，二级发展轴主要是南昌市、九江市、抚州市及鹰潭市等实力相对较强、行政级别较高的城镇依托其至周边县级城镇重要交通线（昌福铁路、九景高速、济广高速）所形成的经济发展带，有利于实现高等级城镇对周边低等级城镇的带动作用。最后，构建分别以昌—九、赣州为核心的环鄱阳湖生态城镇群以及赣南苏区城镇群两大圈层状城镇发展区域，充分利用两大国家级发展战略带来的政策、投资优势，探索符合自身特点的发展模式，积极承接东部沿海地区的产业转移。通过发挥南昌核心增长极以及九江、赣州重要增长极的涓滴效应，带动圈层内"边缘"城镇的发展，从而达到整体水平的提高。

第六章　江西省城镇化载体建设

一、江西省城镇化载体存在问题分析

自古以来，江西就有"吴头楚尾"的空间格局，甚至曾有吴、楚、越同时瓜分江西腹地的情况发生。时至今日，国家经济地理格局发生了巨大变化，江西周边尤其是南部、东南、东部出现了多个强有力的国家经济核心区，导致省内各子区域对外主导联系方向出现离散化，省内各子区域沦为相应周边经济核心区的腹地。对接长珠闽、建设长江中游城市群等战略，导致江西区域发展战略的对接方向众多，也造成了江西在打造城市群核心增长极的发展战略一直比较模糊，直接制约了江西区域发展。

（一）环鄱阳湖城市群效益低下

江西于 2006 年提出构建环鄱阳湖城市群的战略构想（见图 6－1），但到目前为止，外界对江西的城市群方案一直缺乏认同，环鄱阳湖城市群在国家层面并没有产生明显的影响力，这在一定程度上导致以南昌为核心的区域板块在国土空间开发中未受到足够的重视，同时，城市群板块的缺失也成为江西与其他省份进行区域间博弈的短板和伤痛。

图 6-1　环鄱阳湖城市群空间区位

本书认为，环鄱阳湖城市群方案受到争议主要有三个原因：

1. 城市群空间范围的中心性较差

城市群空间位置偏居于全省东北部，城市群内部不少区域远离全省经济重心和几何中心，这不仅增加了城市群与外界地区交流的时间与物流成本，同时也使全省的经济资源优势和人口资源优势未能得到充分发挥，并且影响了全省最优社会经济资源的中心集聚效应。

2. 城市群空间范围过大，南昌在城市群内部的居中性较差

城市群包含了整个赣东北的上饶和景德镇地区，致使城市群内部几何中心出现在万年、鄱阳、余干三县交界地带，与中心城市南昌的距离较大，使城市群内部交流需要较高的物流与时间成本。同时，城

市群中心南昌的居中性较差，势必影响其集聚效应与带动作用的发挥。

3. 城市群东部大片区域社会经济发育水平低

一方面制约了城市群整体的发展潜力；另一方面使城市群内部出现了比较大的区域差距，不利于内部统筹发展和整体效益的发挥。

（二）昌九双核在空间上的作用没有得到应有的发挥

核心增长极是区域发展的龙头，是区域生产力要素的集聚和扩散中心，在区域的发展中起着难以替代的引领和示范作用。20世纪90年代，昌九走廊成为全省经济最发达地区和全省发展的龙头。从空间发展的角度看，昌九走廊建设虽然取得了巨大成绩，但在江西区域发展过程中，并未得到坚守。随着国家经济地理格局的重塑，江西对外联系主导方向发生了改变，江西提出了从浙赣、京九、向莆三个方向对接长珠闽的外向型战略，将承接沿海产业转移作为区域发展的主战略，导致昌九走廊的建设一度停滞，昌九双核对省内区域发展的引领作用没有得到应有的发挥。

正是忽视了昌九双核的作用，长期以来，江西一直存在着核心增长极缺失现象。突出表现即省会南昌市综合实力不强，在中部省会城市中，南昌不论从城市人口，还是从建成区面积来看，都落后于其他城市，难以引领带动全省的发展。这种局面不仅影响了省内层面的发展，更影响了江西在国家空间开发中的地位，使江西在国家空间开发格局中处于边缘化的不利局面。

（三）赣中南区域发展长期落后

赣中南包括吉安、抚州和赣州3市，面积8.35平方千米，约占全省面积的50%。长期以来，赣中南地区因为自然和区位等因素，交通等基础设施投入不足，经济发展长期滞后，城市化水平普遍偏低。赣中南地区只有赣州、吉安、抚州3个地级市，井冈山、南康、瑞金3个县级市，并且城市规模偏小。作为生产力各要素发生集聚与扩散的交汇点，中心城市能力的不足导致赣中南区域发展中的"小马拉大车"现象尤为突出，在区域发展过程中难以起到集聚与示范带动作用。

二、打造南昌核心增长极

（一）打造南昌核心增长极的理论依据

"增长极"的概念和理论最早是由法国经济学家弗朗索瓦·佩鲁于1955年提出的。该理论认为，一个国家、一个地区要实现经济快速发展，必须建立增长极，并将增长极定位为在一定区域内具有发展优势、能够对这个区域经济发展起支配和推动作用的地区或产业。而"核心增长极"就是在若干增长极中最有发展优势、能够起到核心带动作用的地区或产业。这种理论实质是强调区域经济发展的不平衡性，主张尽可能把有限的稀缺资源集中投入到发展潜力大、规模经济和投资效益明显的少数地区或行业，使主导部门或有创新能力的企业或行业在一些地区或大城市聚集，形成高度集中、具有规模经济效益、自身增长迅速并能对邻近地区产生强大辐射作用的"增长极"，通过具有"增长极"的地区的优先增长带动相邻地区共同发展。增长极理论已成为许多国家用来解决区域发展和规划问题的重要理论依据。20世纪80年代，增长极理论开始进入我国，在增长极理论基础上演化出了众多区域发展理论，也成为构建南昌市核心增长极的一个重要理论依据。

（二）打造南昌核心增长极的内在优势

1. 区位优势

南昌地处长江中下游，濒临鄱阳湖西南岸，符合流域中心城市的一般区位特点，自古就有"粤户闽庭、吴头楚尾"之称，是唯一一个和我国经济发展最活跃的 3 个三角洲（区）——长江三角洲、珠江三角洲、海西经济区毗邻的省会城市，是京九、浙赣铁路的交会点，也是京九线上唯一的省会城市。南昌现辖 4 县（南昌、新建、进贤、安义），5 区（东湖、西湖、青云谱、湾里、青山湖）、2 个国家级开发区（高新产业开发区、经济技术开发区）、1 个省级开发区（桑海开发区）和 1 个新区（红谷滩），总面积 7402 平方千米，总人口 508.9 万人。随着城区路网的完善和进出城快速通道的建设，南昌承东启西、沟通南北的区位优势日益明显，6 小时可通达 8 个省会城市，区位交通优势得到很好的彰显。

2. 产业优势

南昌市在做强纺织服装、冶金、家电、机电制造、食品等传统产业的基础上，全力发展光伏光电、航空及零部件、汽车及零部件、服务外包、生物和新医药五大战略新兴产业，现代制造业重要基地初具成效。集聚了一大批大企业、大产业，已有 39 家世界 500 强企业、37 家国内 200 强企业落户，累计利用外资 94.7 亿美元，累计引进境内资金近 3000 亿元，初步形成了汽车航空、光伏光电、生物医药、软件与服务外包等一批主导产业集群。

3. 经济优势

近 10 年，南昌市 GDP 翻了两番多，年均增长 14.8%，财政总收入年均增长 21.9%。2011 年，地区生产总值 2688.88 亿元，增长 13%；规模以上工业增加值 761.23 亿元，增长 18%；500 万元以上固定资产投资 2002.66 亿元，增长 26.1%；社会消费品零售总额 950.74 亿元，增长 19.8%；财政总收入 411.19 亿元，增长 27.6%；地方财政一般预算收入 187.03 亿元，增长 27.7%；海关出口总额 56.57 亿美元，增长 53.9%；实际利用外资 22.87 亿美元，增长 13.3%。但是，纵向看成就、横向比差距，把南昌放到全省、全国层面考察，还存在不小的差距，更有较大的潜力。

4. 政策优势

2011 年 10 月 26 日，江西省第十三次党代会提出："鼓励支持省会南昌创新发展体制机制，大力提升综合实力和竞争力，成为带动全省发展的核心增长极。江西提出举全省之力把南昌建设成全国重要的先进制造基地、综合交通枢纽、宜居都市以及商贸物流中心，打造成带动全省发展的核心增长极。"这是南昌的一次战略发展机遇，南昌市聚集政策，针对产业发展、企业需求等，一方面向上积极争取政策，另一方面市里和有关县区陆续出台了相关的政策支持，包括重大发展政策、重大投资政策、重大基础设施建设政策、财税政策、金融政策以及产业政策等，通过各种政策效应的叠加，形成更具吸引力的优惠政策。

（三）打造南昌核心增长极的外部需求

1. 南昌在长江中游城市群当中的地位分析

长江中游城市群即"中三角"，是以武汉、长沙、南昌3个中心城市为核心，包括武汉城市圈、长株潭城市群、鄱阳湖经济圈等中部经济发展地区，以浙赣线、长江中游交通走廊为主轴，呼应长江三角洲和珠江三角洲，打造的国家规划重点地区和全国区域发展新的增长极。"中三角"包括湖北武汉城市圈（武汉、黄石、黄冈、鄂州、孝感、咸宁、仙桃、天门、潜江）、湖南长株潭城市群（长沙、岳阳、常德、益阳、株洲、湘潭、衡阳、娄底）、江西环鄱阳湖城市群（南昌、九江、景德镇、鹰潭、上饶、新余、抚州、宜春、吉安）。

构筑长沙—武汉—南昌大都市圈、打造中国经济增长第四极的"中三角"是中部崛起的一个重要选择。作为"中三角"的"一角"，南昌与武汉、长沙相比，其主要指标的绝对值和占全省的比重都处于落后位置。如2011年南昌市GDP为2688.87亿元，人均GDP为5.18万元；武汉市GDP为6536.81亿元，人均GDP为6.8万元；长沙市GDP为5619.3亿元，人均GDP为8万元。南昌市GDP占全省的比重是23%，武汉市GDP占全省的比重是33%，长沙市GDP占全省的比重是28%。从与武汉、长沙的对比看，南昌作为"中三角"的"一角"，是一个矮点。如果南昌不聚焦推动、加速发展，那么"中三角"

就不是一个平面，而是一个斜面，很可能因为南昌的矮化而导致这个斜面"塌陷"。因此，南昌必须努力打造成中部发展的战略支点，在长江中游经济区的发展中、在带动全省融入国家战略中发挥核心作用。

打造南昌核心增长极是提高江西省核心竞争力的迫切需要，也是大都市圈建设的需要。区域之间的竞争，首先是区域中心城市的竞争，南昌作为全省唯一的特大型城市，是全省竞争力最强、带动力最大、辐射力最广的中心城市，在全省经济社会发展中具有"龙头"地位。南昌兴则全省兴，南昌强则全省强，支持南昌加快发展，就是推动全省加快发展，把南昌打造成核心增长极也就是增强全省在全国区域竞争中的核心竞争力，为都市圈经济乃至全国经济发展做出更大的贡献。南昌应充分发挥省会城市要素集聚、经济带动、城市辐射、改革示范作用，着力打造带动全省发展的核心增长极。

2. 利用外部条件，建立先导区，打造南昌核心增长极

国内外城市发展及城市群崛起的经验证明，由于资源和社会经济结构的差异，经济增长不可能平均地出现在每一个地区，经济增长往往是在少数成长中心的龙头带动作用下开始的，经济圈的形成和圈内城市之间的分工、合作与竞争将主导区域发展新格局。2009 年 12 月 12 日，国务院批准《鄱阳湖生态经济区规划》，鄱阳湖生态经济区建设正式上升为国家战略。该规划指出，以省会城市为核心，区域其他 5 个中心城市（九江、景德镇、鹰潭、新余、抚州）为重点，加快构建鄱阳湖城市群，形成以点带轴、以轴促面的城镇集群发展模式。2011 年《"十二五"规划纲要》要求，加快构建"沿长江中游经济带"，加强与周边城市群的对接和联系，重点推进鄱阳湖生态经济区、武汉城市圈、环长株潭城市群等区域发展。武汉城市圈、长株潭城市群、环鄱阳湖生态经济区加强联系，建设以武汉、长沙、南昌为核心的长江中游城市集群成为必然。这意味着南昌必须承担起推动鄱阳湖生态经济区以及国家中部崛起战略的历史使命。

建立先导区，是国家重大区域发展战略实施的一条基本经验。

2010 年，由武汉城市圈、长株潭城市群和鄱阳湖生态经济区构成的"长江中游地区"被列为"国家层面的重点开发区域"。鄱阳湖生态经济区涉及 9 个设区市，共 38 个县（市、区），面积有 5.12 万平方千米。在这么大的区域内，必须有一个先导区，通过"先行先试，科学发展"的一系列积极的探索和实践，总结经验，展示成效，来实现快速发展，这正是增长极理论的实践和探索。南昌作为江西省的政治、经济、文化中心，打造南昌核心增长极，是建设鄱阳湖生态经济区先导核心的需要。切实增强南昌的要素集聚、经济带动、城市辐射、改革示范作用，才能引领鄱阳湖生态城市群的快速崛起，促进全省加速发展、加快转型、实现跨越。

（四）打造南昌核心增长极的意义

1. 是加快江西经济发展的必然选择

世界经济发展的规律表明，区域经济发展必须要有一个核心增长极，这个增长极就是大城市或核心城市。大城市或核心城市是区域发展的重要动力和引擎，能够对周边地区经济发展起到辐射和集聚作用，并带动区域经济快速发展。当前，江西正处于加快发展极为重要、极为关键的历史性关口，做大做强南昌这个核心增长极，对江西实现科学发展、进位赶超、绿色崛起目标具有重要的战略意义。

2. 是提升江西综合竞争力的重要途径

经济全球化、区域经济一体化态势表明，区域间的竞争已在很大程度上演化为核心增长极之间的竞争，核心城市的形成、崛起及其带动作用，已经成为推动一个国家或地区经济发展的强大动力。江西要实现科学发展、进位赶超、绿色崛起，就必须顺应区域经济发展规律，抓住机遇，集中优势资源，在一定范围内实现资源要素的整合，不失时机地发展、壮大区域中心城市，增强区域中心城市的综合竞争力，形成区域经济的增长极、集聚中心和辐射中心，以区域中心城市的大发展带动区域经济整体竞争力的提高，带动区域经济的共同发展。

3. 是实现江西区域协调发展的有效手段

区域经济发展的实践经验证明，加快区域发展必须遵循不平衡发展规律，坚持科学规划、分类指导，在条件好、潜力大、对全局和长远发展有重要影响的大城市，通过不平衡发展战略，促使其率先发展，尽快实现资本集聚、人口集聚、规模效应和辐射带动效应，成为区域经济发展的核心增长极，推动区域优势整合，形成区域内设施共建、产业互动、市场联动的新格局，促进区域经济协调发展。

4. 是实现江西经济发展方式转变的强大动力

加快转变经济发展方式是我国"十二五"规划的主线，构建核心增长极，有利于促进经济发展方式的转变。南昌市作为鄱阳湖生态经济区建设的"核心"城市，作为中部崛起战略"中三角"（武汉、长沙、南昌）的"支点"城市，作为江西省经济发展的"龙头"城市，它在促进区域经济协调发展中的地位与作用都是非常重要的。努力打造南昌市核心增长极对加快区域经济发展方式转变具有重要作用。

转变经济发展方式的一项主要内容就是扩大内需，包括投资需求和消费需求。培育和发展南昌市核心增长极是构建增长极的先期过程，是基础设施大规模建设的过程，大项目、大投入能迅速增加投资需求。作为投资增长的先导指标，新开工项目数和新开工项目计划总投资的高增长预示着未来投资高增长的可能性和持续性。由于投资的惯性作用，新开工项目数和新开工项目计划总投资的高增长，将会使未来一段时间内投资保持在较高水平。构建南昌市核心增长极除了能扩大固定资产的投资需求外，还能够创造对于原材料产品、制造业产品以及其他各类中间投入品的巨大需求，投资需求的增长最终会从投资领域流动到消费领域，进而加大消费需求的增长空间，其结果是区域范围内的投资与消费需求的整体增长。

优化产业结构是转变经济发展方式的核心内容。许多国家或地区通过优化产业结构，科学地选择主导产业，实现了经济发展方式的转变，提高了经济增长的质量。构建南昌市核心增长极首先要确立推动型产业（推动型产业是指规模较大、增长速度较快、与其他部门的相互关联效应较强的产业），它不仅能迅速增长，而且能通过乘数效应推动其他产业的增长。由于推动型产业或有创新能力的大企业在南昌市核心区内集聚，导致资本与技术的高度集中，容易形成规模经济和相关的外部经济。南昌市核心增长极通过自身迅速的增长会对周边地区产生强大扩散作用，带动相邻地区的共同发展。构建南昌市核心增长极实质上是为推进型产业（主导产业）的成长提供必要的地理空间。

技术创新是加快经济发展方式转变的科技支撑和核心推动力。由于各类创新资源的聚集和相互作用，产生新思想、新技术、新工艺和新产品，使增长极成为创新的源泉。在南昌市核心增长极内的企业或产业通过技术创新活动，使企业核心竞争力得到加强，当产出增长率、投资回报率远远高于周边地区同类企业时，会引起周围其他企业的学习和效仿。而企业之间的技术交流以及共同承担新产品开发的投资规模扩大，又可形成更大的原材料等市场需求和所生产产品的市场供给，增加了经济活动的活跃度。当某一技术成为一般技术时，又促使企业继续研发新技术、新产品，形成良性循环，最终达到区域范围内整体技术水平的提高和良性提升。

（五）构建南昌市核心增长极的发展策略

2009年12月12日，国务院批准《鄱阳湖生态经济区规划》，鄱阳湖生态经济区建设正式上升为国家战略。在这一规划中，"以省会城市为核心，区域其他5个中心城市为重点，加快构建鄱阳湖城市群，形成以点带轴、以轴促面的城镇集群发展模式"的清晰表述，意味着南昌迎来前所未有的发展机遇，同时也必须承担起推动鄱阳湖生态经济区乃至国家中部崛起战略的历史使命。

在江西省第十三次党代会上，江西确定把南昌打造成带动全省发展的核心增长极，提出要举全省之力，从各方面给予大力支持。一是在政策上要给予最大程度的支持。总的原则是进一步放权，只要有利于南昌发展，凡是能下放的权限全部放到位，为南昌提供更大的发展自主权和更大的发展空间。二是在资源配置上要尽力给予倾斜。力争把更多的重大项目、公共资源优先配置在南昌。三是在服务上要更加优质高效。省直各部门要增强全局意识、服务意识，把支持南昌做大做强作为自己义不容辞的重要职责，给予南昌发展更多、更有力的支持，提供更加优质高效的服务。在不违背大的原则的前提下，要敢于打破条条框框，切实做到有求必应、有难必帮，急事急办、特事特办、有困难的事想方设法办。

1. 培育南昌城市群

使用空间分析技术手段，从定量分析角度识别了以南昌为核心的城市群空间范围，提出了具体的南昌城市群方案。同时，以区域开发为导向，深入探讨了南昌城市群的空间结构。高铁时代，江西省应加速南昌城市群板块隆起，全力把南昌城市群打造成全省发展的核心增长极，实现对全省发展的整体带动。

（1）基于南昌市对外空间联系量的城市群空间范围。中心城市是城市群的龙头和核心增长极，在城市群的发展过程中发挥着不可替代的关键作用，而南昌市无疑是城市群的中心城市。研究中心城市与周边众多城市的空间联系程度，可为确定城市群空间范围提供重要参考。

通过引力公式计算得出南昌市与其周边大面积范围内县市的空间联系量，如图 6-2 所示。

由于南昌市与新建县及南昌县的空间联系量要远远大于其他城市，故将其联系量单独划出，作为联系量分级的第一部分，分别以南昌市与其他县市空间联系量平均值的 0.5 倍为界点，由高到低把经济联系量分为三部分。最终得到南昌市到其周围城市空间联系量的四个等级，即高度紧密联系、紧密联系、一般联系、薄弱联系。同时，周边城市也可以对应地划为高度紧密联系城市、紧密联系城市、一般联系城市、薄弱联系城市四个类别（见表 6-1）。

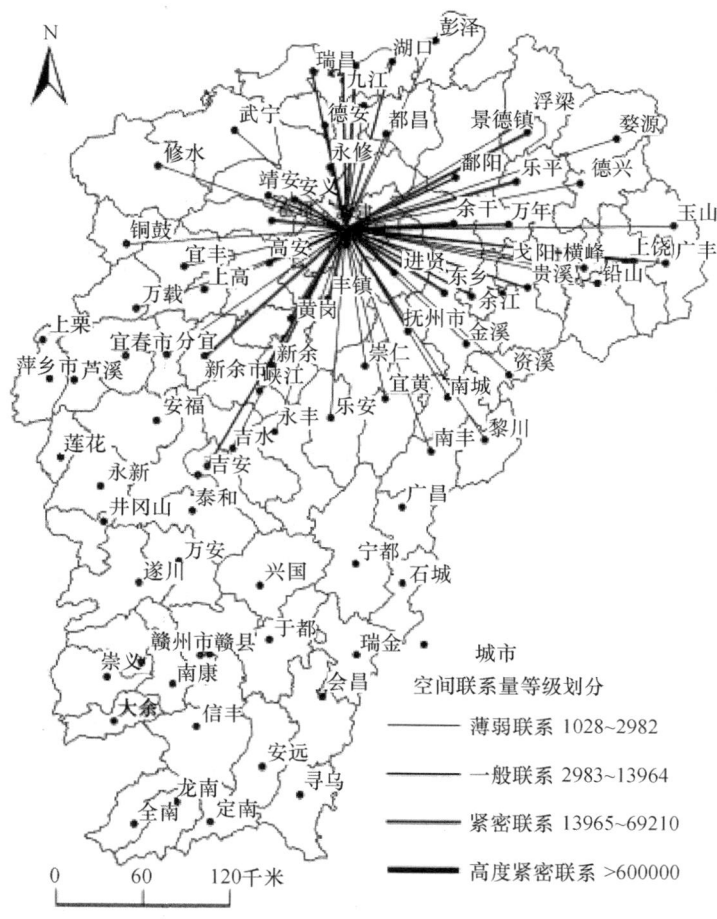

图6-2 南昌市对外空间联系量

表6-1 基于南昌市对外空间联系量的城市等级体系

等级	联系量	城市数（个）	城市名称
高度紧密联系城市	>600000	2	新建、南昌县
紧密联系城市	13965～69210	15	九江、进贤、丰城、永修、抚州、高安、樟树、新余、奉新、景德镇、安义、德安、东乡、乐平、余干
一般联系城市	2983～13964	12	鹰潭、共青城、贵溪、九江县、靖安、万年、鄱阳、上饶、余江、吉安、湖口、瑞昌

等级	联系量	城市数（个）	城市名称
薄弱联系城市	1028～2982	31	德兴、宜丰、上高、南城、新干、广丰、分宜、上饶县、弋阳、星子、吉水、南丰、浮梁、修水、铅山、彭泽、都昌、玉山、万载、金溪、横峰、崇仁、婺源、峡江、武宁、黎川、永丰、铜鼓、宜黄、乐安、资溪

以基于南昌市对外空间联系量的城市等级体系为依据，可初步认为，高度紧密联系城市和紧密联系城市基本上可进入南昌城市群的队列，一般联系城市则处于可进可不进的状态，薄弱联系城市原则上予以排除。这样，把一般联系城市也划入城市群队列，除南昌市外，共有29个城市将成为城市群成员。

（2）基于小时交流圈的城市群空间范围。依据方创琳等提出的中国城市群空间范围识别标准，即基本形成核心城市到外围区域的1小时与2小时经济圈，把中心城市至外围区域2小时交通距离作为城市群空间范围的识别标准。依据空间可达性评价方法，依托江西省2010年公路网数据库，在Arcgis软件的支持下，制作南昌市到省内周边区域的小时交流圈，如图6－3所示。

在利用南昌市小时圈范围及相关可达性属性值对城市群的空间范围进行识别时，判断某县域归属于城市群主要依据两个参考原则：一是该县域有一半面积以上区域位于2小时交流圈边界以内；二是该县域的中心城市位于2小时交流圈边界以内。由图6－3可知，经过识别得出以省会南昌市为中心的城市群的空间范围，包括南昌、新建、南昌县、安义、奉新、靖安、宜丰、丰城、樟树、高安、新余、新干、进贤、抚州、余江、东乡、鹰潭、余干、万年、德安、永修、九江、共青城、瑞昌、九江县、湖口、星子27个城市。

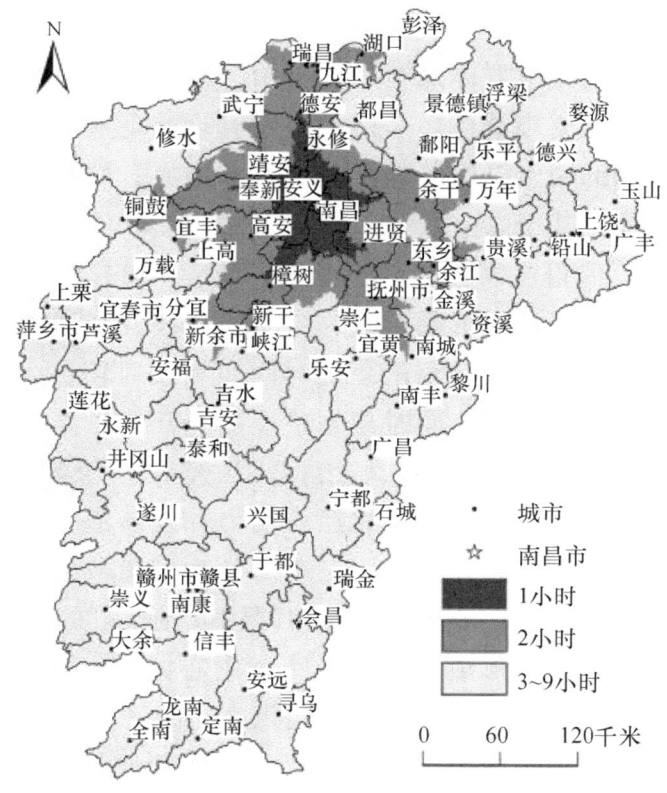

图 6-3　南昌市小时交流圈

（3）江西省城市群优化与培育方案。在中国，城市群方案多由政府推动并实施，加之地方"行政区经济"特征突出，在城市群范围及边界划定上往往表现出明显的行政色彩。城市群范围通常由政府决策群体从政治和宏观角度定性确定，城市群边界往往以行政区界线简单替换，过于注重行政区划单元的现实状况，缺少科学定量研究的严谨性。因此，本节对江西省城市群优化方案采用定量研究为支撑，并结合现实层面的可操作性进行确定。首先确立南昌市在城市群中的中心城市地位，接着从城市群空间联系效益的角度测算南昌市至广大周边地区的空间联系强度，并识别出与南昌市保持紧密联系的城市群体，进而从城市群距离效益的角度测算出中心城市至周边的 2 小时交流圈范围，识别出处于 2 小时交流圈影响范围内的城市群体。对以上两个研究角度所识别的城市群体进行叠加分析，符合共同条件的城市即组成新城市群方案的城市群体。考虑到政府管理的现实可行性，城市群边界采用所筛选的城市群体的外围县域行政边界，而非 2 小时圈所识别出的自然边界。基于以上原理和操作方法，有 24 个城市列入新的城市群备选方案。值得注意的是，星子县与南昌市的空间联系量较小，主要是因为受庐山区域地形的影响，星子县与昌九交通大动脉之间交通连接线等级较低，导致其至南昌的时间距离相对较长。考虑到星子县位于昌九工业走廊区域，同时规划建设的九江绕城高速和都马高速均经过星子，因此把星子县划入城市群。从经济实力及空间联系角度看，九江、新余及抚州具有较强的经济实力和发展潜力，同时和南昌形成了较紧密的空间联系。因此，三市可作为城市群的重要战略支撑城市，和南昌相互呼应，依托交通线共同构成城市群的"人"字形骨架。综上分析，江西省形成了以南昌市为中心城市，以九江、新余和抚州为重要支撑点，以九江、新余和抚州之间的"人"字形交通大通道为骨架，包含新建、南昌县、安义、进贤、永修、奉新、丰城、樟树、高安、东乡、鹰潭、瑞昌、余干、余江、九江、靖安、湖口、星子、德安、共青城及万年等节点城市在内的 25 个城市构成南昌城市群（见图 6-4）。

南昌城市群的空间结构如图 6-4 所示，南昌市位于城市群空间上的中央位置，居中性较好，有利于较好地向周边区域发挥极化和扩散作用。以南昌、九江、新余、抚州 4 个城市群内实力最强的城市构成的"人"字形交通走廊作为城市群一级发展轴，形成全省实力最强的交通经济集聚带，既有利于带动城市群的发展，同时又可以使昌九工业走廊得以向南、西、东三个方向延伸，有助于缓和昌九工业走廊偏于江西省北部从而长期无法有力带动昌九以外地区发展的不利局面。以南昌县、进贤、东乡、余江及鹰潭构成第一条二级发展轴，该发展轴是浙赣经济大动脉的一部分，是江西省的传统经济集聚区，具有优

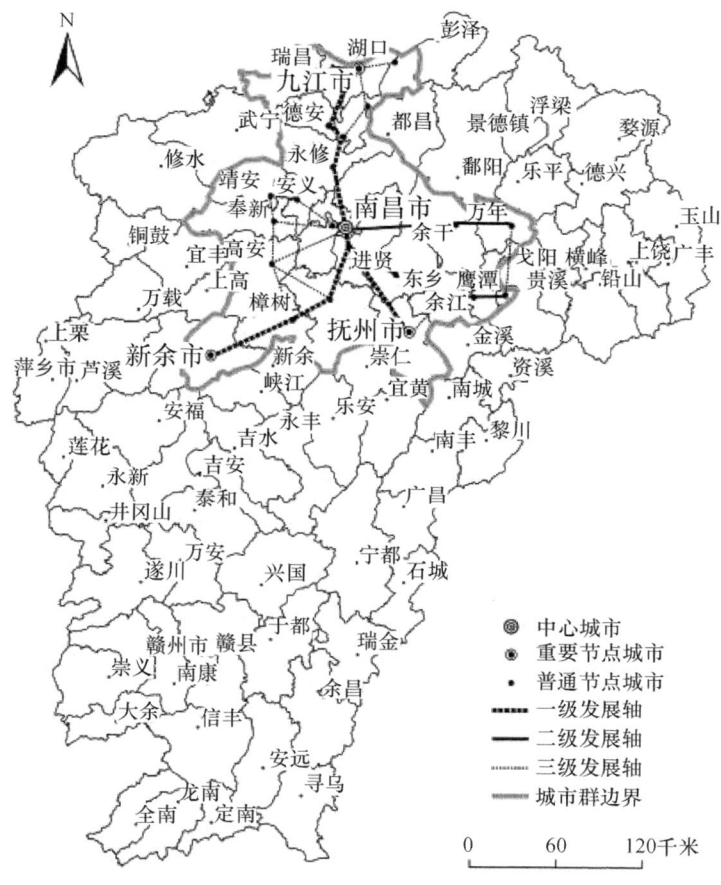

图6-4　南昌城市群空间结构

越的交通区位优势；以南昌、余干、万年构成第二条二级发展轴，受德昌高速通车的带动及未来南昌至景德镇城际铁路的牵引，该轴线有望成为城市群内乃至江西省内一条新兴的经济带，具有较大的成长潜力。三级发展轴一共有10条，即南昌—新建—安义—靖安发展轴；南昌—新建—奉新发展轴；南昌—高安发展轴；靖安—奉新—高安—樟树发展轴；高安—丰城发展轴；九江—瑞昌发展轴；九江—湖口发展轴；九江—星子—共青城发展轴；抚州—东乡发展轴；鹰潭市—万年发展轴。三级发展轴主要是南昌、九江、抚州及鹰潭等实力相对较强、行政级别较高的城市依托其至周边县级城市重要交通线所形成的经济发展带，有利于实现高等级城市对周边低等级城市的带动作用。另外，丰城、樟树、高安及安义县是省内经济实力较强的县域，加之空间距离较近，因此其相互之间的重要交通线路也作为三级发展轴带进行开发。值得注意的是，南昌以西地区已初步形成网络状的城市网络，九江附近形成了放射状的城市集聚带，说明南昌及九江附近区域是城市群内部紧凑度较高的两大"高地"，也是南昌城市群空间结构效益得以较好发挥的示范性区域。

2. 加大投入、做大总量，快速提升南昌的综合竞争力

（1）培育壮大制造业集群。以龙头企业为依托、以技术创新为动力、以集聚集群为路径，尽快实施一批重大项目，积极推进跨区域产业联合重组，建设一批具有较强影响力、竞争力的优势产业基地。切实加大支持力度，帮助解决土地、融资、劳动力、技术等要素问题，着力打造汽车、新材料、食品及生物医药三大千亿元产业和航空制造、纺织服装、电子信息、机电、新能源五大500亿元产业，形成一批在全国具有影响力的制造业基地。

（2）加快形成现代服务业集聚区。大力发展生产性和生活性服务业，提升服务业对国民经济的支撑水平。加快培育形成金融、服务外包、文化创意、总部经济、商贸流通、旅游、会展七大服务业集聚区，提升服务业对国民经济的支撑水平。

（3）做优做强农业特色基地。提升产业化经营水平，扶持、培育和引进龙头企业，建设特色农业示范区。重点建设一批产区型、地理标志型、城乡保障型、区域辐射型、都市休闲型农业特色基地，提升现代农业发展水平。

（4）加速构建现代综合交通运输枢纽。大力发展多式联运，促进铁路、公路、港口、机场、城市公共交通的有效衔接，形成南昌到省内设区市2小时、到周边省会城市3小时的交通格局，构建高效便捷的交通运输体系。

（5）着力建设现代化大都市。加快新城区建设和老城区改造，提升城市功能品位，完善城镇体系，把红谷滩新区打造成为现代大都市的标志性区域。加快昌东新区、昌南新区建设，有序推进瑶湖生态科技新城、昌南现代综合新城、九龙湖现代综合新城、乐化空港新城、梅岭休闲度假新城5个功能组团建设。

3. 改革创新、扩大开放，增强超常规发展内生动力

（1）建立鄱阳湖生态经济先导区。在南昌市九龙湖新城沿赣江下行到鄱阳湖区域设立鄱阳湖生态经济先导区，赋予区域内更大的改革发展权和先行先试权。以昌九工业走廊和赣江黄金水道为主轴，重点布局先进制造业集聚区、现代服务业发展集聚区、综合交通枢纽区、生态环境保护区、都市农业区和生态旅游区，构建先导区"一轴六区"发展格局。

（2）加快体制机制创新。深入推进资产资本化，开展体育、文化、人防等公共设施产权制度改革试点。稳步推进户籍制度改革，把有稳定劳动关系并在城镇居住一定年限的农村居民逐步转为城镇居民。深化行政管理体制改革，开展城市组团、产业集聚区和经济发达镇管理体制改革试点。加快投融资体制改革，做强做大市政控股、城投公司、水投集团、昌工控股、轨道交通等投融资平台，鼓励和支持民间资本进入公共事业、基础设施、社会事业、金融服务等领域。

（3）强化科技支撑。整合优化科技资源配置，集中力量把南昌国家高新技术产业开发区打造成全省科技创新的集聚地。鼓励和支持国家科研院所、高等院校设立分支机构、科研基地和技术转移中心，并与企业建立多种形式的战略联盟。加快科技集聚区建设，鼓励和引进具有一流水平的技术研发分支机构，培育壮大技术中心和技术交易市场，大力引进高层次科技人才。

（4）加强高校园区建设。进一步完善前湖、瑶湖两大高校园区基础设施和配套服务设施。不断提升高等教育质量，大力发展中等职业教育，加强学科、专业设置与产业发展对接，建设一批国内一流的重

点学科和紧缺型人才培养基地。深化与省内外知名高校合作，形成产学研集合优势，加快高新技术研发基地和产业孵化基地建设，提升教育服务产业发展的水平。

（5）提升对外开放水平。创新招商方式，搭建招商平台，加大招商引资力度，深化与各方合作。充分发挥南昌在鄱阳湖城市群中的龙头作用，进一步推进鄱阳湖城市群与武汉都市圈、长株潭城市群之间的经贸合作。加强与央企的合作，创新利益分配机制和管理机制，推动与发达地区合作共建产业转移园区。

（6）强化南昌辐射带动作用。充分发挥南昌市核心增长极作用，加强与省内其他地区联动，建立更加紧密的经济联系。充分发挥南昌市示范引领和辐射带动作用，加强与赣南城市群、吉泰工业走廊、信江河谷经济带、赣西城市群等江西省其他重点地区联动发展。开展工业园区和产业基地共建，促进上下游产业配套，实现优势互补、分工协作、多方共赢，带动周边地区加快发展，促进全省区域协调发展。

（7）加大政策支持力度。省有关部门统筹力量，在先行先试、财税、金融、产业发展、投资、土地、人才等方面给予倾斜支持，为打造核心增长极提供坚实保障。鼓励南昌先行先试，专项资金重点向南昌倾斜，搭建全方位融资担保平台；重大产业项目优先落户南昌，重大项目享受优先审批、优先申报、优先争取；省级新增建设用地年度计划指标向南昌倾斜，重点支持南昌申报引智等项目。建立人才引进绿色通道，设立高级人才创业支持基金，帮助企业引进高级人才。鼓励高等院校、科研机构的各类人才到南昌企业兼职，高层次人才带技术、带项目创业。建立高位推进机制、联席协作机制、考核督查机制的协调推进机制。举全省之力，根据南昌打造核心增长极所处的不同阶段，制定相应的扶持政策，形成政策叠加效应。

（六）打造核心增长极需正确处理好的几个问题

南昌紧紧围绕打造核心增长极这个主题，牢固树立"等不起"的发展意识、"慢不得"的危机意识、"坐不住"的责任意识，以更加开放的姿态聚焦产业、做大总量、提升质量，强力推进大投入、大建设、大发展，掀起了新一轮经济建设的热潮。但是，南昌作为江西的省会城市，在打造核心增长极的过程中，必须统揽全局，通盘考虑，以带动和引领全省的经济发展作为落脚点和归宿，正确处理好产业承接与产业转移、聚集核心与辐射周边、经济发展与生态环境保护之间的关系。

1. 正确处理好产业承接与产业转移的关系问题

产业发展是南昌打造核心增长极的重要支撑，通过聚焦产业，不断做大经济总量，提升经济质量，是南昌打造核心增长极必经的现实途径。在聚焦产业发展的过程中，产业结构的调整尤为重要。但是，随着土地、劳动力等要素成本上升压力增大，南昌在有限的城市空间内进行产业结构调整，实现产业的转型升级，无论是改造提升传统优势产业，还是大力发展战略性新兴产业，抑或是承接沿海发达城市产业转移，都需要对市区产能相对落后的传统产业尤其是加工制造业进行"腾笼换鸟"甚至是整体搬迁，为产业结构优化升级提供更广阔的空间。这就要求，南昌在加大招商引资力度、积极承接沿海发达城市产业梯度转移的同时，市区内产业同样也需要有计划地进行梯度转移，将市区内的部分企业转移到周边市辖县区，或者转移到外县市甚至到省外，发展"飞地经济"，以缓解城市中心区域的要素制约，实现市区产业结构的优化升级。

2. 正确处理好聚焦核心与辐射周边的关系问题

提升城市功能，增强辐射带动能力，是打造核心增长极的重要标志之一。打造核心增长极，需要大手笔，只有大投入，才有大产出，才能支撑大建设、大发展，才能实现城市功能的大提升。南昌采取"区域聚焦、产业聚焦、政策聚焦、资源聚焦"的办法，以集中力量主攻工业、服务业、城市建设、城市管理、社会事业、民生实事等重大重点项目为先导，加大投入，不断提升南昌的城市功能，推动南昌经济总量聚集。

只有核心聚集到一定能量才能形成辐射。南昌还处于产业聚集能量的发展过程，辐射区域范围还较小、辐射能级还较低、带动能力还不强。但是，当南昌打造核心增长极达到一定程度、产业集聚达到一定能量，其经济辐射带动就能完全覆盖和超出现有行政区划。这就要求，南昌在规划好、建设好、管理好城市的基础上，除了辐射带动市辖各县区的经济发展外，还要按照城乡统筹、区域发展的要求，站在省会城市的高度上，从全省角度出发，扩大辐射半径，把大周边带动起来，在鄱阳湖生态经济区城市群中强化自身的辐射带动作用，使南昌真正成为带动全省经济发展的辐射核心。其辐射带动作用可通过市区产业的转移或再转移、发展"飞地经济"、周边县市发展下游配套产业、延伸产业链条等方式，辐射和带动周边县区乃至整个江西经济的超常规、跨越式发展。

3. 正确处理好经济发展与生态环境保护的关系问题

南昌打造核心增长极必须在江西推进鄱阳湖生态经济区建设的框架下进行。然而，打造核心增长极，发挥产业的支撑作用，规模是基础，总量是前提。核心增长极中一个重要的指标就是要求经济规模上的增长和经济总量的扩张。从一定意义上说，南昌需要用无数个第一来支撑，才能成为核心增长极。但是，如果我们片面地追求规模增长和总量扩张，很容易陷入先污染后治理、重总量轻质量的发展误区。打造核心增长极，绝不能以牺牲环境为代价，换取一时的发展，而要在保护好生态环境的前提下，广泛调研、科学决策，在加快做大做强核心的同时，尽可能保护生态环境，实现可持续发展。

一方面，要牢固树立"在发展中保护、在保护中发展"的理念；另一方面，要在制度层面为承接产业转移铺就"绿色通道"。只有把承接产业转移与产业优化升级结合起来，把政绩考核与绿色 GDP 结合起来，在可持续发展的前提下，实现规模的增长和总量的扩张，才能真正保证南昌打造核心增长极符合鄱阳湖生态经济区建设的要求，才能真正推动鄱阳湖生态经济区建设良性、健康、快速发展，才能真正成为鄱阳湖生态经济区建设的"领头羊"。

三、积极培育赣中南区域中心城市

随着振兴原中央苏区上升为国家战略，江西省对苏区中心城市的重视程度明显提高，培育力度也明显增大。由于赣南原中央苏区空间范围较大，本节着重研究赣中南区域，选取包括赣州、吉安以及抚州部分县市在内的39个县市。受社会经济发展水平及行政区划等因素的影响，赣中南区域的发展长期存在"小马拉大车"的不良局面，吉安、赣州两中心城市在短期内实现带动区域大部分地区发展的难度很大。因此，实现中心城市扩容即增加中心城市的数量是解决"小马拉大车"问题的较好途径。高铁时代，赣中南区域的高速铁路网络基本成形。高铁作为重大基础设施对区域产生的影响较大，低等级城市的腹地归属必将发生改变，新的中心城市正在形成（见图6-5）。

基于ArcGIS空间分析技术，采用"自下而上"腹地划分方法，我们力求从定量角度完成对赣中南中心城市的识别和选取。

（一）赣中南区域中心城市选择的定量识别方法

钟业喜等在对城市等级及腹地范围划分的研究中提出了基于空间联系的"自下而上"划分方法。其理论基础如下：在空间层面，可把属于一个行政区划的区域属性赋值到该区域的中心城市上；在一个完整的区域中，各城市之间必然发生或多或少的空间联系，原则上每个城市都会跟区域内所有城市发生空间联系，但其中空间联系最大值只有一个；以最大值所形成的城市对作为互相隶属关系，则可形成低等级城市及其影响范围，然后再以低等级城市的最大联系强度城市互为

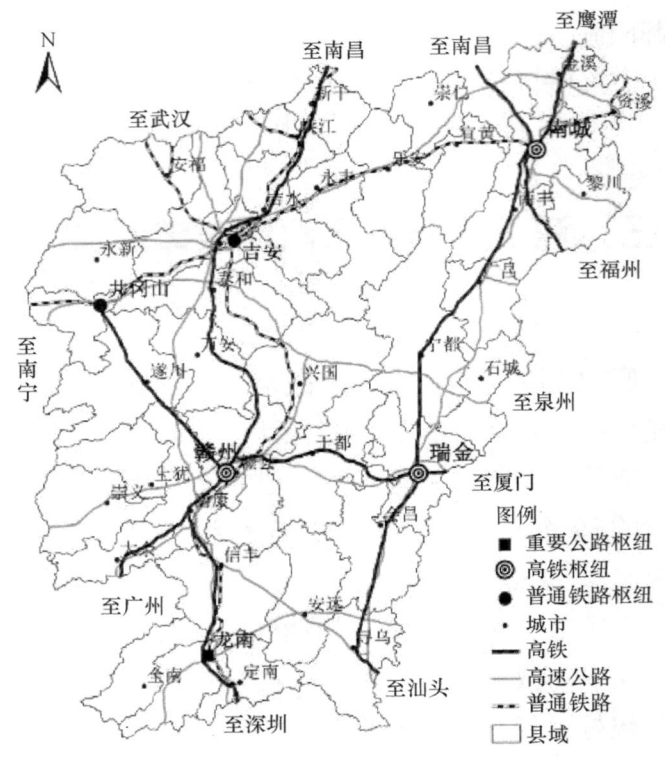

图 6-5　2020 年赣中南区域交通网络空间结构

隶属关系，便可形成更高一等级城市及其影响范围。按照这种"自下而上"方法，逐级归并，可形成不同等级的城市及其腹地，最后全部隶属于最高等级城市。该方法是基于完整的行政区划理念下实现的，结合实际情况，本节选定县域作为"自下而上"划分的基础单元。

　　计算获得各城市间空间联系强度数据可识别出各节点城市的最大空间联系强度。空间联系强度越大，表明城市间吸引力越强，互为腹地的可能性越大。

$$T_i^{\max} = \max\ (T_{ij})\ (j = 1,\ 2,\ \cdots,\ n) \tag{6-1}$$

　　式中，$T_i^{\max}$ 表示 i 城市的最大联系强度；T_{ij} 表示城市 i 与赣中南区域其他城市的联系强度。

对发生最大联系的城市区域进行归并，并将归并城市区域中规模最大的城市作为该区域的中心城市并晋升为高一等级城市，归并区域作为该中心城市的腹地。在归并过程中，若一些县域存在连续隶属关系，则最多考虑两级归入。如果两城市互为最强联系，则取社会经济规模较大的城市作为高一等级城市，规模较小的城市作为腹地。此外，若该城市没有新的腹地并入，则直接认为该城市隶属于高一等级城市。

（二）赣中南区域中心城市的确定

依托交通地理数据库，采用可达性评价方法，获取 2010 年和 2020 年两个年份区域内各县级城市及吉安、赣州 2 个设区市相互之间的最短时间距离。在可达性数据及社会经济数据的支持下，测算出两个研究年份 39 个城市的两两空间联系强度数据，每年 1482 个。通过式（6 - 1）筛选出各城市的最大联系强度，并标出其最大联系方向。

按照"自下而上"城市等级及其腹地划分方法，对发生最大联系的城市区域进行逐级归并，得到基于城市空间联系的赣中南区域城市体系（见表 6 - 2）。

表 6 - 2　基于城市空间联系的赣中南区域城市体系

年份	2010	2020
一级	赣州市（1 个）	赣州市（1 个）
二级	吉安市、瑞金、南城（3 个）	吉安市、瑞金、南城（3 个）
三级	龙南、新干、永丰、崇仁、宁都、南丰（6 个）	龙南、新干、永丰、崇仁、宁都（5 个）
四级	赣县、南康、信丰、大余、上犹、崇义、安远、于都、兴国、寻乌、遂川、万安、定南、全南、吉安、吉水、泰和、安福、永新、井冈山、峡江、乐安、宜黄、会昌、石城、广昌、金溪、资溪、黎川（29 个）	赣县、南康、信丰、大余、上犹、崇义、安远、于都、兴国、遂川、万安、永新、井冈山、定南、全南、吉安、吉水、泰和、安福、峡江、乐安、宜黄、寻乌、会昌、石城、广昌、金溪、资溪、黎川、南丰（30 个）

赣中南区域城市体系呈现显著的"金字塔"等级体系结构，其城市级别分为四级，即赣州为一级城市，吉安、瑞金、南城为二级城市，龙南、新干、永丰、崇仁、宁都等为三级城市，其余县市为四级城市。赣州、吉安、瑞金、南城4个城市成为高级别城市，显然与其交通区位有着密切关系。从空间上看，4个城市均位于该区域的综合性交通大通道上，主要依托京九、赣州至厦门、鹰潭至汕头、福州至南昌等交通大走廊实现与区域内各城市的便利联系。这说明赣中南区域城市体系的高级别城市群体表现出明显的交通指向型空间特征，与此同时，交通优势度相对较低的城市如安远、宜黄、乐安、安福、永新、全南等大多沦为四级城市。

　　2010～2020年，赣中南区域处于快速交通系统迅速扩张阶段，区域内城市的交通优势度将发生一定程度的改变，加之各城市社会经济规模的理论增长速度的差异，部分城市的最大空间联系方向发生了改变。对比2010年与2020年区域内城市一、二、三级归并结果可以发现，区域内的城市等级体系呈现比较清晰的演变趋势。首先，城镇体系的等级结构表现出较大的稳定性，表现为城市等级仍然划分为4级，一、二、三、四级城市的数量相差不大，高等级城市即一、二级城市仍然稳定在赣州、吉安、瑞金、南城4个城市。其次，快速铁路沿线部分三、四级城市的等级归属发生改变。由于2020年鹰潭至汕头高铁的开通，对高铁沿线城市至区域内其他城市的可达性影响较大，部分沿线城市的最大联系方向发生改变，致使南丰直接成为南城的腹地，广昌归属于宁都以及寻乌归属于瑞金。赣州至井冈山铁路的修建使井冈山直接成为赣州的腹地。最后，赣州的龙头城市地位逐步显现。在赣中南区域内部，仅有赣州、吉安2个地级城市，由于较强的社会经济实力以及相对便捷的对外交通条件，二者在同级归并中的腹地范围明显大于其他城市，二者之间的腹地竞争也相对激烈。但随着2020年赣州高铁枢纽地位的确立，以及以赣州为中心放射状高速铁路网的形成，赣州在与吉安的腹地争夺中表现出显著的优势，吉安的腹地范围明显收缩，而赣州的腹地则呈现向西北方向扩张的势头。

在赣中南区域 2010 年和 2020 年的城市体系中，赣州、吉安、瑞金及南城始终处于一、二级城市之列，其他城市均处于其腹地范围之内。赣州、吉安、瑞金及南城在区域内的空间分布上相对离散，其腹地分布使区域内形成西南、西北、东南、东北 4 个板块，有利于其发挥对区域内各子区域的服务功能和示范、带动作用。因此，确定赣州、吉安、瑞金及南城为赣中南区域的中心城市，中心城市的数量由 2 个增加到 4 个。

赣州一直是赣中南区域城市体系中的一级城市，在所有城市中社会经济实力最强，随着高铁时代的到来，其交通枢纽地位和对周围区域辐射力不断增强，龙头城市地位将逐步确立。鉴于此，可选择赣州作为赣中南区域的主中心城市，吉安、瑞金、南城作为次中心城市，形成"1 + 3"的主次中心城市群体。

（三）内部经济联系网络呈多中心放射状格局

在可达性数据及社会经济数据的支持下，通过引力模型测算出 2010 年和 2020 年两个研究年份 39 个城市的两两空间联系强度数据，每年 1482 个。筛选出各城市的最大联系强度，并标出其最大联系方向（见图 6 - 6）。各城市的最大联系方向可以在空间上反映出区域内部经济联系网络的总体格局。

赣中南区域各城市的最大空间联系呈现出显著的空间集聚特征，区域内经济联系网络呈多中心放射状格局。赣州、吉安、瑞金、南城成为空间联系的主要集聚方向。赣州成为其地级辖区内大多数城市以及吉安辖区内部分城市的最大联系城市，吉安则是吉安辖区内部分城市最大的联系城市。区域内东南部城市的最大联系集中在瑞金方向，而东北部区域大多数城市的最大联系则集中在南城方向。高铁时代，赣中南区域内部经济联系网络结构较之前发生了一定的变化。赣州的最大空间联系网络出现了扩张，与之产生最大空间联系的城市数

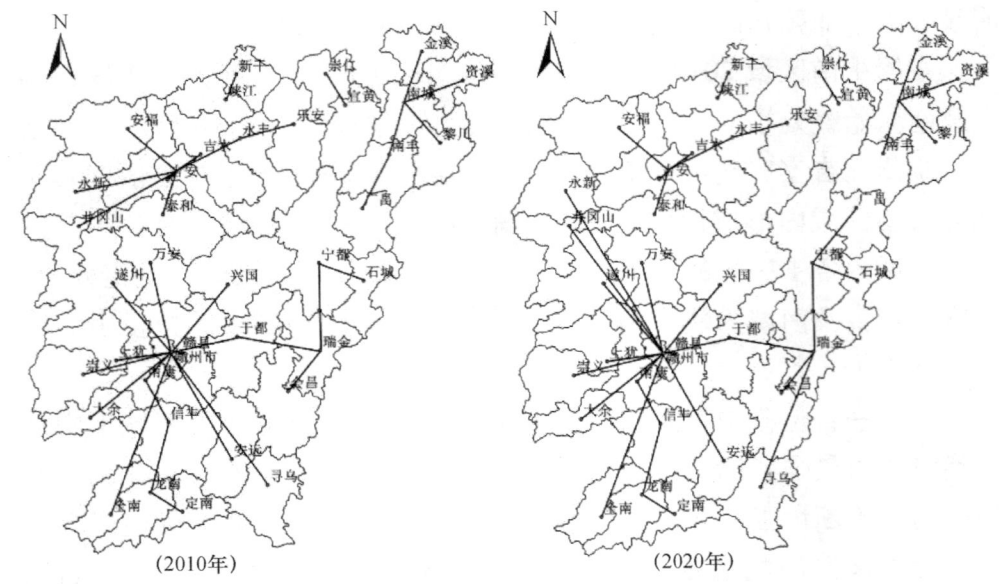

图 6-6 赣中南区域城市最大空间联系

量由 2010 年的 11 个增加到 2020 年的 12 个。同时，瑞金的最大空间联系网络也出现了扩张，与之产生最大空间联系的城市数量由 2010 年的 3 个增加到 2020 年的 4 个。与此相反的是，吉安的最大联系城市数量则出现了下降，由 2010 年的 7 个下降到 2020 年的 5 个。南城的最大联系城市数量则稳定在 4 个。从高铁时代赣中南区域内经济联系网络格局来看，赣州在 4 个空间联系中心城市中处于明显的优势地位，成为区域内部空间影响力最大的中心城市。而吉安的空间影响力范围位于区域北部，其影响范围难以与赣州相抗衡。瑞金的空间影响力主要沿鹰潭—梅州高铁一线扩散，南城的空间影响力则局限于东北部区域。

（四）对外经济联系网络空间分异明显

基于 2010 年赣中南区域至外部路网以及 2020 年的高铁规划路网，获取各年份赣中南区域中心城市至外部中心城市的可达性，并在社会经济数据的支持下测得区内外中心城市之间的经济联系强度。

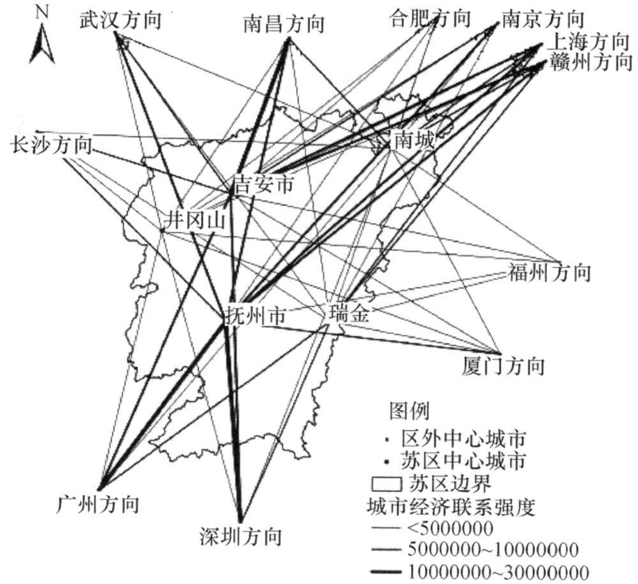

武汉方向　　南昌方向　　合肥方向　南京方向
上海方向
赣州方向

长沙方向
南城

吉安市
井冈山
福州方向

抚州市　瑞金

厦门方向

图例
· 区外中心城市
· 苏区中心城市
□ 苏区边界
城市经济联系强度
—— <5000000
—— 5000000~10000000
—— 10000000~30000000
—— >30000000

广州方向
深圳方向

（2020年）

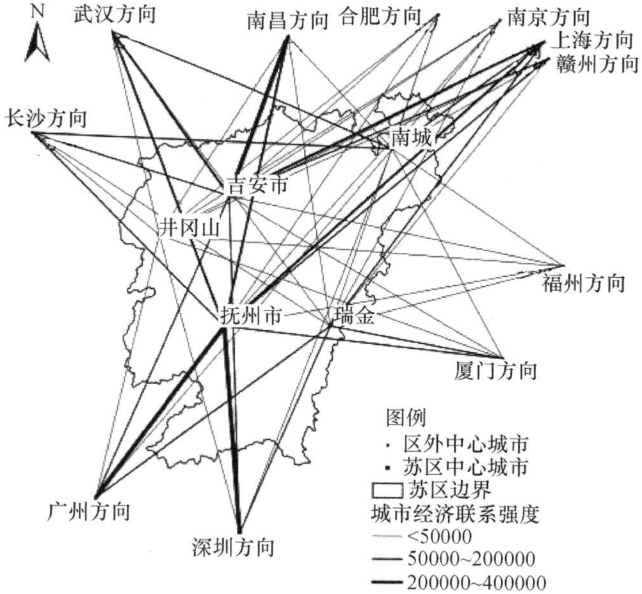

武汉方向　　南昌方向　合肥方向　南京方向
上海方向
赣州方向

长沙方向
南城

吉安市
井冈山
福州方向

抚州市　瑞金

厦门方向

图例
· 区外中心城市
· 苏区中心城市
□ 苏区边界
城市经济联系强度
—— <50000
—— 50000~200000
—— 200000~400000
—— >400000

广州方向
深圳方向

（2010年）

图6-7　赣中南区域中心城市对外经济联系网络

由图 6-7 可以看出，赣中南区域的对外经济联系网络已经形成，网络内部空间分异特征明显。网络内部空间分异特征主要体现在两个方面：一是网络对外联系的总体格局；二是各中心城市的对外主导联系方向各有不同。从总体格局上看，在 2010 年和 2020 年两个年份中，由于该区域位于长三角与珠三角两大发达经济区影响范围的交叠区域，其对外主要联系方向始终集中在上海、杭州、南京为代表的长三角方向，广州、深圳为代表的珠三角方向以及省会南昌方向。以赣州、瑞金为代表的南部区域的主要联系方向明显偏向于广州、深圳，而以吉安、南城为代表的北部区域则与上海、杭州及南昌保持着较紧密的联系。值得注意的是，高铁时代到来之后，得益于对外可达性的提高，长三角城市与赣中南区域的联系得到明显加强，南京与赣州、吉安、南城的经济联系强度都达到了 1000 万~3000 万度区间，长三角城市的影响力有南移趋势。从各中心城市的对外主导联系方向来看，南昌一直是吉安对外联系最密切的城市，高铁时代二者之间的联系进一步强化。随着向莆高铁的开通，南城与南昌、上海及杭州的联系显著加强，长三角及省会南昌成为南城的主要对外联系方向。瑞金的对外联系则一直集中在厦门及广州、深圳方向。井冈山由于自身人口经济规模偏小，其与外部各中心城市之间的联系并不密切，亦没有明确的主导联系方向。赣州作为赣中南区域人口经济规模最大的城市及最重要的高铁枢纽，与外界大多数中心城市保持着较密切的联系。在高铁时代，赣州至广州、深圳的联系强度均达到 3000 万度以上，珠三角无疑是赣州市的主导联系方向。同时，赣州与长三角城市的空间联系也相对加强，加之其至厦门方向的可达性提升，赣州将成为珠三角、长三角及海西经济区共同辐射的区域中心城市。

四、梯度化推进中心城镇对外开放与合作

（一）强力推进昌九一体化进程

在国家区域发展版图中，昌九的地位日益突出。一方面，昌九是国家众多铁路要道的交会点。京九、武九、池九、合九等铁路均会于九江，沪昆、浙赣、京九、向莆等铁路会于南昌，昌九沿线是现代交通基础设施的重要重合区域。另一方面，将长江中游城市群努力打造成中国经济增长"第四极"，已成为赣、鄂、皖、湘4省共识，也得到了国家层面的肯定。加上鄱阳湖生态经济区的叠合效应，昌九一体化的实现，将有力促进江西区域发展的"龙头昂起"。

要实现昌九一体化，其核心就是"做强南昌、做大九江"。核心增长极的缺失是造成江西在全国空间开发中地位不突出的重要原因之一，因此强力打造南昌核心增长极应成为江西空间发展长期坚持的重要战略之一。南昌核心增长极的打造可以南昌主城区建设、南昌1小时经济圈建设为着力点，同时大力推进南昌—抚州同城化和南昌—九江同城化。核心增长极的打造在空间上呈现两个清晰的发展圈层，即第一圈层以南昌市城市中心区为核心，着力拉大现代化大都市框架，增强南昌市核心竞争力。第二圈层是打破行政界线，充分融合区域发展要素，以临川区、丰城、樟树、高安、奉新、靖安、修水、余干8座城市为节点构成一个外部圈层。两个圈层合力发展，形成一个高经济密度、高城镇密度、高通勤密度的"三高"经济区域，形成江西全省发展的"心脏"和核心引擎。九江的发展则应充分发挥沿江独特优势，以岸线利用和港口建设为重点，着力推进沿江产业带建设，形成以九江市区为核心，沿江综合发展带为支撑的区域发展格局。

（二） 打造以合作为导向的江西省城镇发展轴

2009 年 9 月，国务院通过《促进中部地区崛起规划》，提出了中部地区建设"两横两纵"经济带以及培育 6 大城市群增长极的规划战略。"两横两纵"经济带从我国发展全局的角度明确了中部地区的生产力布局。江西的国土空间重点开发和生产力重点布局将围绕三条交通大廊道展开，即沿浙赣线通道，沿武汉—南昌—福州通道，沿京九通道。

江西省的对外开放与合作既要考虑自身的对外主要联系方向，又要考虑国家战略视角下的生产力布局。以上述两方面为导向，江西的中心城镇对外合作的生产力布局可划分为三个级别的发展轴线，在空间上梯度化推进。

高铁时代，应充分发挥高铁沿线所带来的时空压缩效应，应以高铁作为导向进行对外合作的生产力布局。南昌是全省的中心城市，同时也是最重要的高铁枢纽，对全省的发展发挥着重要的示范和带动效应，因此，一级发展轴线应重点考虑以南昌为中心向对外主要联系方向延伸。二级发展轴线应重点考虑数量较少的地方中心城市沿主要对外联系方向进行延伸，同时，应考虑对外联系方向的重点城市的发达程度。三级发展轴线则应侧重高铁对区域沿线城市交通的改善作用，即完成沿线城市高铁线路与其他高铁路网的对接以实现其对外可达性的提升，对外联系方向终点城市的发达程度则相对较低。高铁时代，江西省应采用依托中心城市及高铁所形成的"点轴系统"，梯度化推进中心城镇对外开放与合作（见图 6-8）。总体方案如下：

一级发展轴线：昌九城际及南昌至深圳高铁廊道、南昌至杭州高铁廊道、南昌至福州高铁廊道（向蒲高铁廊道）、赣州至厦门高铁廊道、赣州至广州高铁廊道（赣韶铁路廊道）、九江沿江廊道。南昌至上海方向、九江经南昌至深圳方向是江西省对外空间联系的传统重点方向，昌九城际及南昌至深圳高铁廊道、南昌至杭州高铁廊道使江西省核心区域与珠三角及长三角地区两个高度发达地区实现对接，二者毋庸置疑成为一级发展轴线。南昌至福州高铁大通道打通了福建至华中乃至西北地区的铁路交通瓶颈，同时，鉴于赣闽台战略合作的重要性，南昌至福州高铁廊道成为一级发展廊道。鉴于赣州市作为赣南原中央苏区最大的中心城市及高铁枢纽以及其与珠三角、厦漳泉同时毗邻的区位优势，将赣州至厦门高铁廊道及赣州至广州高铁廊道划为一级发展轴线。考虑到九江是江西省唯———个沿长江地市以及沿江开发的重要性，将九江沿江廊道归为一级发展轴线。

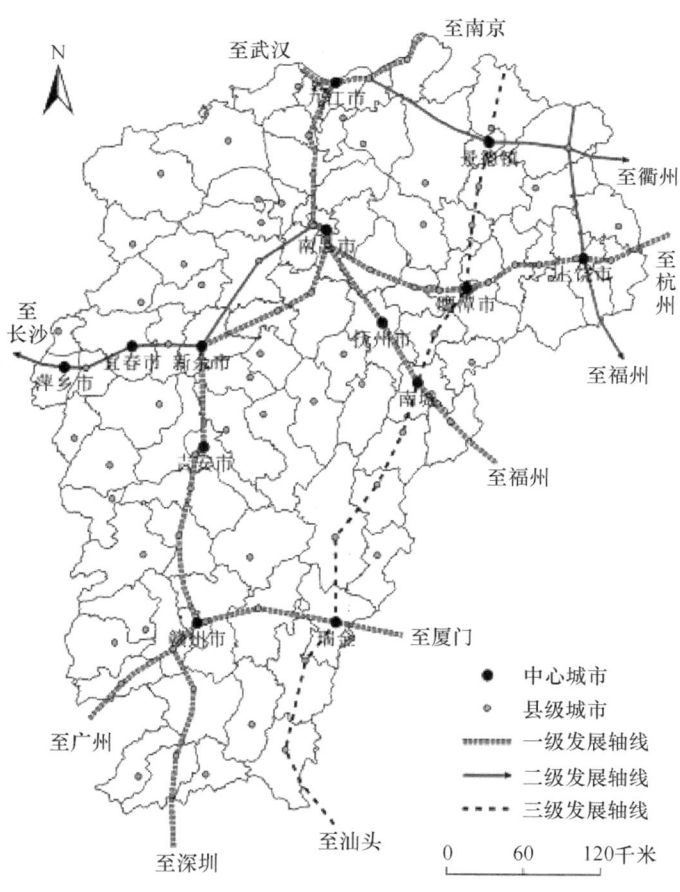

图6-8 以对外合作为导向的江西省城镇发展空间格局

二级发展轴线：南昌至长沙高铁廊道、九江—景德镇—衢州高铁廊道、上饶—福州高铁廊道（合福高铁廊道）。由于长沙与江西省大多数中心城市的空间联系紧密度不及长三角的上海、杭州及珠三角的广州、深圳，加之长沙的发达程度不如以上4城市，因此将南昌至长沙高铁廊道归为二级发展轴线。九江—景德镇—衢州高铁廊道仅经过两个地方中心城市，上饶—福州高铁廊道所经过的中心城市过少，因此二者均划为二级发展轴线。

三级发展轴线：景德镇—鹰潭—南城—瑞金—汕头高铁廊道。汕头自身的发展水平不高，其对江西并不具有较大的引力。景德镇至汕头高铁的突出作用在于使九景衢、向蒲、赣龙等时速200千米/小时的高铁实现了相互联网，极大地改善了沿线城市的对外可达性。同时，景德镇—鹰潭—南城—瑞金—汕头高铁廊道的形成使江西省出现第二条纵贯南北的发展开发轴线，这对于全省城镇空间格局的优化具有重要意义。因此，景德镇—鹰潭—南城—瑞金—汕头高铁廊道应设定为三级发展轴线。

第七章 江西省城镇化质量建设

一、江西城镇化特征

（一）城镇化率低于全国平均水平

近年来，随着江西经济社会步入快速发展轨道，其城镇化进程亦呈现出不断加速的良好态势。但若把江西城镇化发展放到全国发展的大格局中来审视，与发达地区或周边发展较快的邻省相比，江西城镇化水平仍然滞后。从江西城镇化历程来看，作为后发地区，其城镇化率一直低于全国平均水平，且与全国城镇化差距呈扩大趋势。如1978年江西城镇化率为16.8%，比全国城镇化率17.9%低1.1个百分点，到2011年江西城镇化率虽然提高到45.7%，但全国城镇化率为51.27%，与全国城镇化率的差距扩大到5.57个百分点。

（二）城镇化水平地域差异显著

江西城镇化水平在空间分布上处于不均衡状态，赣北和赣南地区的城镇化水平差异显著，突出表现为各设区市之间的城镇化发展极不平衡。南昌市作为省会，相对其他城市而言，由于其对流动人口有较大的吸引力，具有更强的吸收转移人口的能力，2011 年城镇化率为67.24%，比 2000 年提高 18.36%，比全省平均水平高 21.54%。城镇化水平最低的是宜春市，2011 年城镇化率仅为 38.19%，与城镇化率最高的南昌市相比，两者城镇化率竟相差 27.52 个百分点。2011 年与2000 年相比，城镇化率提高最快的是上饶市（城镇化率由 16.97% 提高到 41.74%，提高 24.77 个百分点），城镇化率提高最慢的是抚州市（城镇化率由 26.61% 提高到 38.82%，提高 12.21 个百分点），两者城镇化率提高幅度相差 12.56 个百分点。2011 年 11 个设区市中仅有南昌市、景德镇市、萍乡市、新余市、鹰潭市的城镇化率超过全省平均水平。同时，县域城镇化率差距较大、发展不平衡的矛盾依然突出，具有自身特色的城镇不多，县级城镇之间缺乏明确的分工和协作关系，造成许多同构性浪费和低水平的自我竞争局面，未能依托新兴产业形成先进的现代产业和较强的区域经济竞争力。全省城镇化地域差异，形成不均衡的区域经济格局，给整体推进江西现代化进程带来很大压力。

（三）城镇化发展滞后于经济发展水平

城镇是工业化的载体，按照城镇化、工业化发展规律，城镇化要与工业化发展相适应。从发达国家城镇化进程来看，其城镇化水平往往高于工业化水平，目前国际上多数发展中国家也是如此。根据钱纳里模型，当人均 GDP 达到 1000 美元时，城镇化率会领先工业化率近30 个百分点。江西城镇化建设在一定程度上促进了工业发展，但没有像多数国家和地区那样带来人口和产业的大规模集中，其结果是城镇化进程滞后于全省经济发展水平。2011 年全省实现地区生产总值11583.8 亿元，按当年全省年末常住人口 4488.4 万人计算，人均生产总值约合 3898 美元。当年江西工业化率为 48.5%，按城镇化率领先工业化率 30 个百分点计算，全省城镇化率应在 78.5% 左右。然而，当年江西城镇化率仅为 45.7%，不仅没有领先工业化率，反而低于工业化率 2.8 个百分点。城镇化发展滞后于全省经济发展水平，不仅不利于城镇吸纳农村人口，而且会阻碍工业现代化及其经济效益的提高，使科技、教育、文化、卫生、社会保障等社会各项事业的发展受到限制，人口素质难以提高，从而阻碍整个国民经济的健康发展。

（四）城镇辐射能力存在差异

城镇体系内部各个城镇之间都是相互联系、相互影响的。要保证城镇整体功能的正常发挥，该体系应具备规模结构的完整性和衔接性，形成由小到大、层次分明、各级城镇相互支撑的网络结构。在江西现有城镇体系中，缺少这种层次上的合理性。省会南昌市属于特大城市行列，但只有九江这个大城市与之相匹配，中等城市也仅有 8 个，综合性功能较明显的只有赣州市，大城市与小城镇之间缺少一个适当的联系纽带，结构很不合理，使省会南昌市处于鹤立鸡群、孤掌难鸣的境地。南昌市在全国省会城市中列第 21 位，辐射能力小，很难辐射到整个省域范围，而且在一定程度上形成了以省会为中心的核心边缘结构，即以省会城市为中心，其经济发展水平呈现随距离递减的规律，距离省会城市越远，其经济发展水平越低，在省的边缘地区，往往是全省经济最不发达的地区。

二、江西省城镇化质量测度

（一）基于人口中心度的城市化率

人口中心度是中心城市人口与市域总人口之比，主要用于反映市域内中心城市人口与劳动力集中在单一城市或遍布于多个城市的程度。

本节人口中心度的计算公式为：

人口中心度 = 各县市市区人口/各县市人口总数×100%

其中，各县市市区人口不包含乡镇的城镇人口，所以，人口中心度所表现出的是保守的城市化水平。表 7 - 1 为按人口中心度计算的结果。

参照世界银行的区域经济分类方法和标准，按省域中心度水平的50%、100%、150%，依次将各县（市）人口中心度划分为低水平区域、中低水平区域、中高水平区域、高水平区域。我们借助 Arcgis 的可视化表达功能制作成专题地图，如图 7 - 1 所示。

表 7 - 1　江西省人口中心度演变　　　　　单位:%

城市	2001 年中心度	2005 年中心度	2010 年中心度	2012 年中心度	城市	2001 年中心度	2005 年中心度	2010 年中心度	2012 年中心度
南昌县	7.12	15.27	19.61	17.43	余干县	5.47	5.59	14.51	14.85
新建县	17.41	10.75	14.72	18.21	波阳县	6.08	6.98	12.72	13.21
安义县	17.65	27.17	25.57	25.32	万年县	11.08	12.30	23.06	26.66
进贤县	9.65	12.89	22.56	22.05	婺源县	9.70	15.73	24.36	25.75
浮梁县	3.56	5.64	10.67	11.20	吉安县	9.03	11.56	17.98	19.36
莲花县	9.05	8.78	15.69	15.45	吉水县	16.43	18.79	25.24	26.20
上栗县	3.35	4.90	10.13	11.29	峡江县	12.41	12.78	19.02	18.81
芦溪县	7.33	9.39	12.52	13.16	新干县	16.44	18.95	25.91	26.91
九江县	14.18	15.00	19.97	22.23	永丰县	11.31	12.72	23.49	23.25
武宁县	12.79	13.70	21.96	22.20	泰和县	11.18	13.66	27.58	31.82
修水县	7.42	8.43	13.62	14.64	遂川县	5.74	7.55	21.13	20.78
永修县	16.69	13.27	20.51	22.03	万安县	11.80	11.22	27.01	29.20
德安县	25.06	31.54	39.53	39.43	安福县	10.58	11.78	21.09	21.25
星子县	11.11	17.01	19.54	20.76	永新县	8.47	15.57	20.95	16.63
都昌县	9.38	11.00	14.28	14.98	南城县	18.62	22.44	38.08	39.81
湖口县	17.10	18.86	27.63	27.48	黎川县	15.21	24.82	34.00	35.90
彭泽县	10.50	11.20	19.07	19.08	南丰县	19.19	29.57	28.75	29.38
分宜县	16.47	20.06	31.55	32.68	崇仁县	15.10	17.56	34.80	41.30

续表

城市	2001 年中心度	2005 年中心度	2010 年中心度	2012 年中心度	城市	2001 年中心度	2005 年中心度	2010 年中心度	2012 年中心度
余江县	9.59	10.99	14.51	15.45	乐安县	9.82	14.23	22.34	25.67
赣县	7.87	10.75	20.19	21.12	宜黄县	12.39	21.96	29.17	37.56
信丰县	12.27	19.44	28.74	28.77	金溪县	11.86	23.38	32.03	32.21
大余县	17.91	23.06	32.63	29.83	资溪县	20.00	21.43	29.22	29.03
上犹县	7.99	9.83	24.97	31.01	东乡县	13.56	29.45	39.57	39.80
崇义县	13.08	14.87	24.04	24.76	广昌县	10.31	16.65	26.00	32.20
安远县	9.41	12.56	20.94	20.08	南昌市	79.37	77.39	95.29	95.59
龙南县	13.66	14.81	44.90	39.55	景德镇	77.88	81.24	98.39	96.62
定南县	11.83	16.41	33.98	34.67	乐平市	15.65	15.36	18.78	18.78
全南县	11.88	15.72	27.54	29.43	萍乡市	46.66	51.65	55.33	56.31
宁都县	9.67	12.84	22.48	24.62	九江市	74.87	78.20	96.62	93.75
于都县	6.89	10.25	22.40	19.10	瑞昌市	18.57	21.38	34.11	36.31
兴国县	7.61	9.48	21.07	24.59	新余市	35.96	39.06	42.35	49.65
会昌县	7.57	12.29	18.38	18.96	鹰潭市	67.74	69.57	64.77	92.29
寻乌县	11.97	14.46	19.22	22.71	贵溪市	15.78	22.47	19.17	19.49
石城县	10.51	13.06	20.78	20.90	赣州市	64.71	65.70	76.80	80.00
奉新县	15.68	19.74	22.35	30.93	瑞金市	9.97	14.50	41.00	44.93
万载县	8.79	13.83	18.38	18.98	南康市	7.36	11.95	24.82	24.90
上高县	18.56	23.24	47.10	49.10	宜春市	20.71	22.14	33.61	38.37
宜丰县	14.20	26.04	26.28	27.26	丰城市	9.69	12.63	22.64	24.25
靖安县	17.41	25.68	33.79	33.78	樟树市	19.63	27.19	38.47	38.57
铜鼓县	17.74	20.31	28.24	28.60	高安市	10.45	14.17	23.25	25.66
上饶县	3.08	6.42	12.37	16.06	上饶市	51.27	51.64	77.93	76.67
广丰县	4.71	12.25	18.85	21.86	德兴市	12.79	15.79	19.75	19.47
玉山县	11.73	14.62	16.80	27.80	吉安市	42.31	47.41	54.88	60.04
铅山县	8.87	12.20	19.10	22.75	井冈山	8.73	10.07	14.98	16.42
横峰县	18.65	20.92	38.14	40.38	抚州市	25.19	25.24	43.06	43.72
弋阳县	17.17	20.16	29.49	27.24	全省	18.58	22.12	31.21	32.95

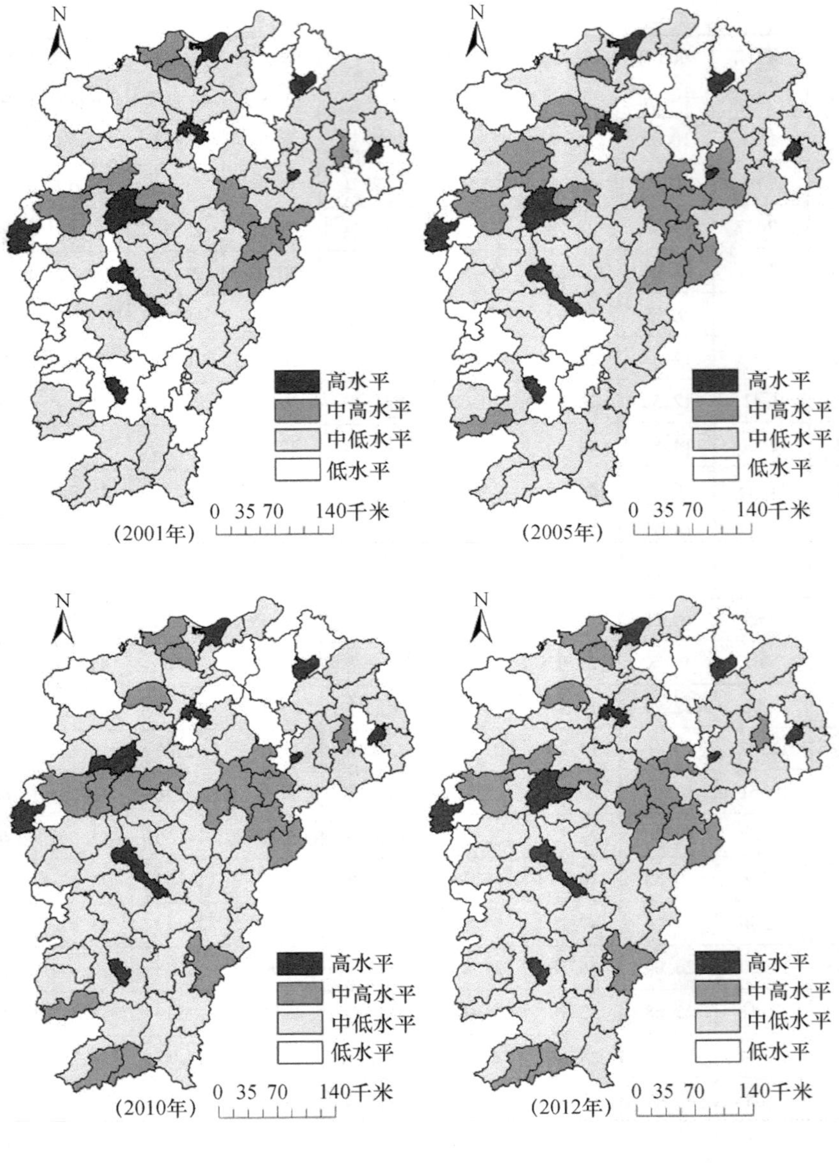

图7-1 江西省人口中心度空间格局

图7-1显示了2001~2012年江西省人口中心度的空间分布格局。可以发现，人口中心度与经济发展水平呈显著的正相关关系，经济发展水平高的区域，人口中心度趋大；反之，经济发展水平低的区域则

人口中心度趋小。高水平区域数量较少，每年都有 10 个县市入选高水平区域，总体呈均匀分布的态势。其中，除了 2010 年的上高县外，其他入选单位都为地级城市的市区，如南昌市、九江市、景德镇市、鹰潭市、赣州市、上饶市、萍乡市、吉安市 4 度入选，新余市入选 3 次，而县域经济较发达的上高县作为仅有的非地级城市在 2010 年跻身人口中心度高水平区域。高水平区域主要为地级城市的市区可以从以下几个方面得到合理解释：首先，地级城市市区作为省域各子区域的中心地带，是第二、第三产业的基地，其本身就能支撑较多的人口数量；其次，地级城市可以提供比县级城市更多的工作机会以及更高的工资报酬，从而吸引周围地区人口向城市迁移。此外，地级城市市区面积较小，所管辖的乡镇数量少，乡村人口少也是一方面原因。在 4 个考察年度，中高水平区域数量为 10～18 个不等，分布总体较零散，仅在抚州市辖的赣东南区域集中分布。中高水平区域多为县域经济相对发达的区域，县域中心城镇发育较好，集中的人口数量也较多。中低水平区域数量最多，分布最广，多为经济发展处于起步或者加速阶段的县域，中心城镇尚不能从周围地区吸纳更多的人口。低水平区域数量由 2001 年的 22 个减少为 2012 年的 11 个，2001 年主要在赣西—赣南以及赣东北两片区域集中分布，到 2012 年，赣南片区的低水平区域基本消除，只在赣西以及赣东北两处集中分布，可以看出，赣州市作为赣南地区的核心增长极已经改变其极化效应为主的局面，开始更多地向周边县域发挥扩散带动作用。到 2012 年，中心度依然为低水平的区域有浮梁县、上栗县、芦溪县、波阳县、修水县、余干县、都昌县、余江县、莲花县、上饶县以及井冈山市，这些地区或是处于省域边界地区，或是处于鄱阳湖湖区，离经济中心地带较远，加之交通不便，导致县域经济较弱，中心城镇发育不足。

（二）基于土地承载度的城市土地利用效率

随着工业化、城镇化和现代化的迅速发展，城市土地利用与城市经济社会发展系统的矛盾和冲突日益显现，表现为土地资源短缺，土地资源低效率利用等，而这些问题也会对城镇化质量造成影响。本节基于土地承载度这一概念对江西省城市土地利用效率做出定量评价，土地承载度反映的是城市每平方千米建成区所容纳的城市人口数量，是评价城市土地利用效率的一个重要方面。土地承载度的计算公式为：土地承载度 = 城市人口/城市建成区面积。在某种程度上，土地承载度越高，反映出城市土地利用越集约、高效，越低则反映出城市土地利用越粗放。表7-2为江西省近年来城市土地承载度计算结果。

仍然按照省域城市土地承载度的50%、100%、150%，依次将各县（市）建成区的人口承载度划分为低承载区、中低承载区、中高承载区、高承载区。我们借助Arcgis的可视化表达功能制作成专题地图，如图7-2所示。

表7-2　江西省城市土地承载度　　　　单位:%

城市	2001 年承载度	2005 年承载度	2010 年承载度	2012 年承载度	城市	2001 年承载度	2005 年承载度	2010 年承载度	2012 年承载度
南昌县	0.556	0.519	0.576	0.462	余干县	0.859	0.556	1.123	0.872
新建县	0.700	0.415	0.677	0.494	波阳县	0.670	0.500	0.980	0.930
安义县	0.786	0.841	1.187	1.122	万年县	0.549	0.624	0.908	0.723
进贤县	0.652	0.338	0.754	0.745	婺源县	0.505	0.609	0.915	0.764
浮梁县	0.308	0.283	0.552	0.580	吉安县	0.557	0.637	1.050	0.930
莲花县	0.532	0.179	0.887	0.772	吉水县	1.244	1.125	1.186	1.067
上栗县	0.343	0.313	0.627	0.658	峡江县	0.392	0.414	0.767	0.701
芦溪县	0.624	0.619	0.673	0.430	新干县	0.510	0.588	0.810	0.689
九江县	0.433	0.472	0.497	0.505	永丰县	0.720	0.673	1.091	0.959
武宁县	0.503	0.673	1.110	1.059	泰和县	0.612	0.524	1.018	0.992
修水县	1.269	0.949	0.906	0.872	遂川县	0.481	0.523	1.302	1.178
永修县	0.549	0.594	0.755	0.659	万安县	0.500	0.463	0.850	0.848
德安县	0.489	0.482	0.702	0.654	安福县	0.455	0.526	0.911	0.812
星子县	0.665	0.802	0.767	0.550	永新县	0.541	0.881	1.116	0.736

续表

城市	2001 年承载度	2005 年承载度	2010 年承载度	2012 年承载度	城市	2001 年承载度	2005 年承载度	2010 年承载度	2012 年承载度
都昌县	0.801	0.829	0.962	0.871	南城县	0.650	0.805	0.953	0.849
湖口县	0.330	0.636	0.788	0.768	黎川县	0.445	0.943	0.944	0.857
彭泽县	0.655	0.611	0.968	0.877	南丰县	0.562	0.673	0.767	0.718
分宜县	0.748	0.886	1.058	0.928	崇仁县	0.515	0.608	0.963	0.987
余江县	0.647	0.704	0.624	0.656	乐安县	0.399	0.623	0.966	1.069
赣县	0.715	0.822	0.818	0.737	宜黄县	0.438	0.664	1.167	0.800
信丰县	0.727	0.791	1.054	0.887	金溪县	0.545	0.650	0.780	0.755
大余县	0.891	0.744	0.965	0.835	资溪县	0.663	0.674	1.060	0.932
上犹县	0.398	0.461	0.830	0.947	东乡县	0.400	0.871	0.919	0.682
崇义县	1.159	0.879	1.020	0.934	广昌县	0.501	0.719	0.929	1.082
安远县	0.528	0.575	0.874	0.853	南昌市	1.651	1.236	1.005	1.001
龙南县	0.469	0.437	0.934	0.793	景德镇	0.925	0.739	0.620	0.618
定南县	0.330	0.615	0.897	0.840	乐平市	0.898	0.819	0.901	0.880
全南县	0.672	0.543	0.683	0.670	萍乡市	1.069	1.112	1.144	1.118
宁都县	0.850	0.832	1.214	1.162	九江市	0.812	0.939	0.694	0.624
于都县	0.871	1.113	0.798	0.706	瑞昌市	0.780	0.720	1.015	0.960
兴国县	0.577	0.447	0.749	0.844	新余市	1.037	0.780	0.681	0.634
会昌县	0.640	0.756	0.978	0.852	鹰潭市	0.813	0.606	0.606	0.625
寻乌县	0.890	0.820	0.712	0.735	贵溪市	0.486	0.632	0.516	0.440
石城县	0.886	0.882	0.994	0.947	赣州市	1.090	0.977	0.652	0.583
奉新县	0.938	0.766	0.653	0.677	瑞金市	0.536	0.553	1.337	1.268
万载县	0.674	0.926	0.895	0.840	南康市	0.519	0.637	0.789	0.690
上高县	0.752	0.614	1.004	1.020	宜春市	0.866	0.751	0.704	0.698
宜丰县	0.659	1.008	0.789	0.719	丰城市	1.052	0.776	0.795	0.770
靖安县	0.671	0.808	0.713	0.652	樟树市	0.875	0.811	1.000	0.878
铜鼓县	0.506	0.554	0.804	0.718	高安市	0.876	0.682	0.884	0.879
上饶县	0.328	0.451	0.770	1.008	上饶市	0.947	0.836	0.812	0.810
广丰县	0.335	0.754	1.000	0.952	德兴市	0.798	0.600	0.636	0.604
玉山县	0.947	0.810	0.753	0.999	吉安市	1.163	0.714	0.822	0.696
铅山县	1.091	0.920	0.863	0.875	井冈山	0.238	0.204	0.329	0.302
横峰县	0.465	0.471	0.712	0.715	抚州市	0.824	0.785	0.981	0.928
弋阳县	0.525	0.716	0.771	0.755	全省	0.806	0.761	0.848	0.795

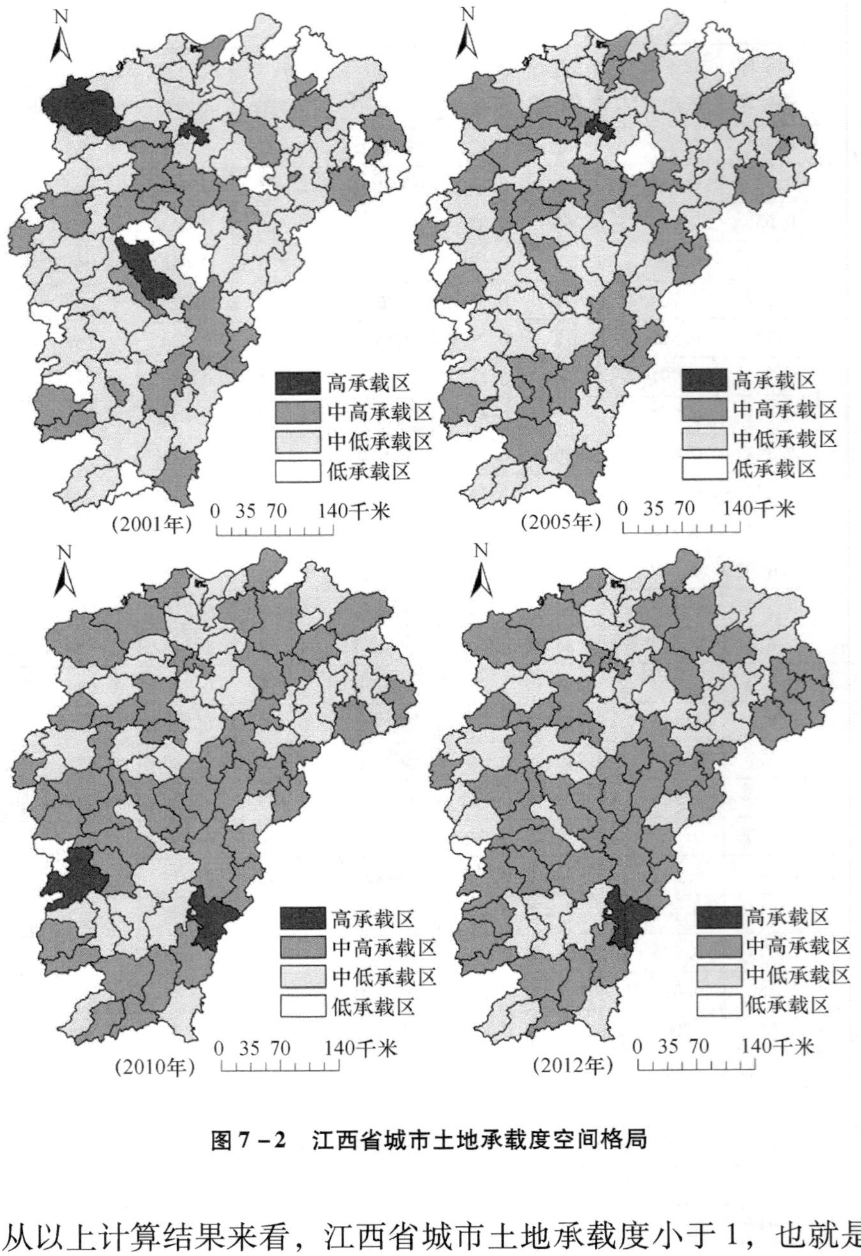

图 7-2 江西省城市土地承载度空间格局

从以上计算结果来看，江西省城市土地承载度小于1，也就是说，城市每平方千米建成区面积所承载的城市人口数量不足1万人，土地利用不够集约，城市土地利用呈现出"人少地多"的现象。高承载区以及低承载区数量较少，中高承载区以及中低承载区占绝对比重。其中，高承载区域仅有南昌市、吉安市、修水县、瑞金市、遂川县入选，表明这些区域城市土地利用集约。城市土地集约利用受经济发展水平的影响，一些经济发展较好的城市产业链发达，城市空间呈集聚、紧凑态势发展，土地利用率也较高。当然，地形因素也是影响城市建成区面积的一个重要因素，丘陵地区或者山地地区，受地形起伏影响，城市扩大困难，修水县、瑞金市、遂川县处于山地、丘陵地区，城市土地承载度会受到地形的影响。中高承载区以及中低承载区数量多，在省域内呈集群分布。低水平区域数量少，零星分布，而且呈不断减少的趋势，到2012年，仅有井冈山市属于低水平区域，该市为全国著名的革命圣地和5A级旅游景区，其土地利用具有特殊性。总体而言，土地承载度是评价城市土地利用效率的重要指标，土地承载度过高，有利于土地充分利用，但也易造成城市拥堵而最终导致效率不高；土地承载度过低，则易造成城市土地资源的浪费。各县市在注重通过产业结构升级提升经济发展水平的同时，还应当重视引导人口的合理集聚，合理控制城市人口，规划控制城市范围，优化土地利用结构，提高城市土地利用效率，使城市土地承载度维持在合理范围之内。

（三）基于产业比重的城市经济发展质量

人口城市学认为，由人口增长压力所带来的社会分工的发展和生产力的提升是推动城市化的根本力量，其中第一产业是城市化的前提，第二产业是城市化的基础，第三产业是城市化的后续动力。而城市产业结构是指城市社会再生产过程中形成的各产业之间及其内部各行业之间的比例关系的整体表现。江西省目前还处于工业化中级阶段，城镇化也处于加速阶段，第二、第三产业应当占主导地位。以下从产业比重的视角来进一步考察江西省城市经济发展质量。按照省域三大产业平均水平的50%、100%、150%，依次将各县（市）划分为低水平区、中低水平区、中高水平区、高水平区，并通过Arcgis进行可视化表达。

1. 第一产业

从图7-3可以看出，第一产业低比重区较少，主要为地级城市的市辖区。中低比重区主要在浙赣铁路、昌九工业走廊沿线呈点状分布。中高比重区数量多于中低比重区，较多地分布于除浙赣铁路、昌九走廊以及赣西地区外的其他地区，呈带状分布。高比重区占绝对比重，广泛分布于除浙赣铁路、昌九走廊外的其他地区，尤其在赣中南、赣西北呈大片集聚状分布。第一产业低比重区以及中低比重区数量较少，而中高比重区以及高比重区数量多反映出，一方面，江西省大部分县（市）第一产业依旧占据一定地位；另一方面，江西省区域经济发展差距较大，位于浙赣铁路、昌九走廊地带的区域经济发展水平更高，第二、第三产业比重更大，而除此之外的更广大区域，第一产业比重大。

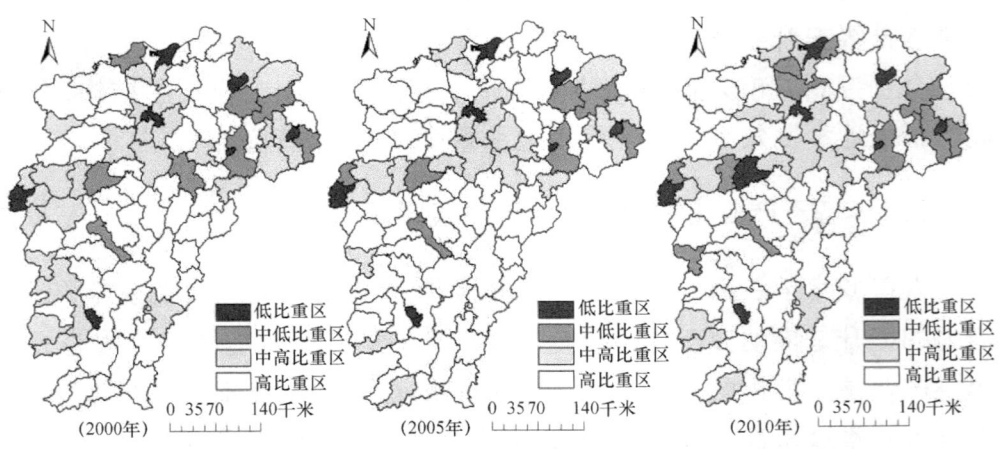

图7-3 江西省第一产业比重空间格局

2. 第二产业

从图7-4可以看出，江西省第二产业发展较快，中高及以上比例区域原本仅分布于赣北地区，尤其是浙赣铁路沿线地区。随着工业化进程的加快，到2010年，中高比重区域数量显著增加，分布也更加广泛，向周边区域呈传染型扩散态势，但仍主要分布于赣北地区。从具体县市来看，第二产业比重较高的地区主要为各地级城市市区以及县域经济发达的县级城市，如贵溪市、德兴市、湖口县等，这些县（市）交通较便利，矿产资源相对丰富，工业体系完善。第二产业比重较低的区域主要分布于赣中、赣南以及省域边界地区，这些区域远离经济中心地区，受其辐射带动作用不明显，交通不便，且发展经济的自然条件不佳。

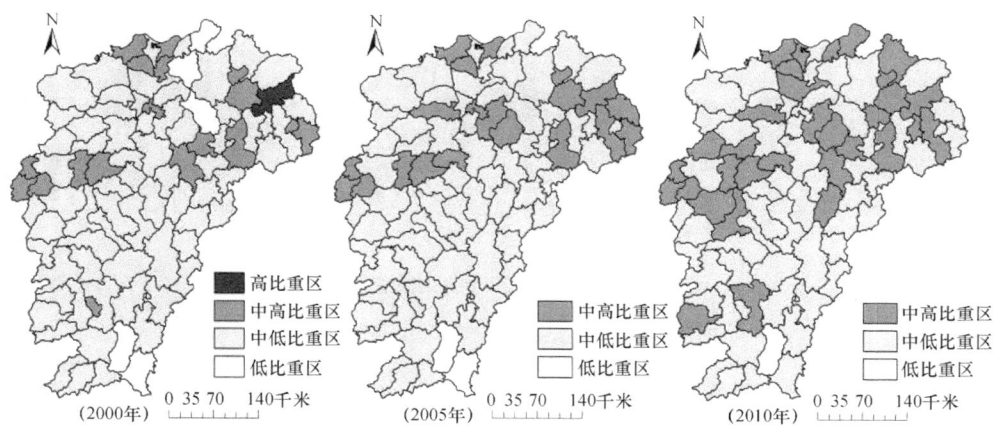

图7-4　江西省第二产业比重空间格局

3. 第三产业

第三产业的加快发展是生产力提高和社会进步的必然结果，其兴旺发达与否也只是现代化经济发达与否的一个关键指标。大力发展第三产业有利于增强农业生产的后劲，促进工农业生产的社会化和专业化水平的提高，有利于优化生产结构，促进市场充分发育，缓解就业压力，从而促进整个经济持续、快速健康发展。从图7-5可以看出，江西省第三产业发展较快，高比重区域以及中高比重区域数量有所增长，且在省域范围内分布较均匀。这些区域主要为地级城市市区，同时，得益于优越的自然环境和丰厚的历史文化，一些旅游业发达的县域，如瑞金市、井冈山市、婺源县等第三产业也比较发达。但总体而言，江西省仍处于工业化进程加速阶段，第三产业发展相对薄弱，产业比重低，靠旅游业驱动的特征较明显。

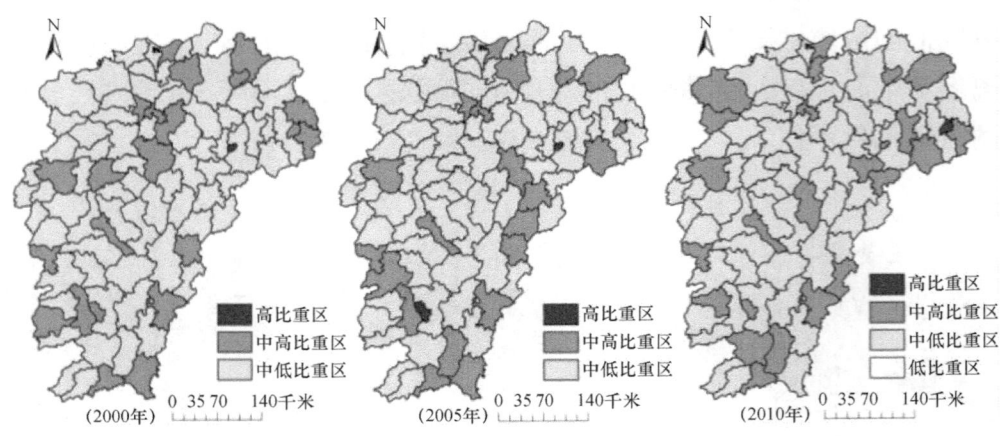

图7-5　江西省第三产业比重空间格局

三、江西城市化发展存在的问题

（一）城镇整体质量偏低

尽管近年来江西城镇数量不断增加，规模也不断扩大，但基本属于外延式扩张，内涵式扩张相对缓慢，整体质量不高。根据系统论的观点，城镇体系内部各个城镇之间都是相互联系、相互影响的。内部结构合理，它们之间的相互作用可以使系统的整体功能大于部分之和；反之，也可以使其功能小于部分之和。因此，要保证城镇整体功能的正常发挥，该体系应具备规模结构的完整性和衔接性，整个体系形成由小到大、层次分明、各级城镇相互支持的网络结构，实现各种经济作用的正常传递。在江西城镇体系中，缺少这种层次上的连续性。在现有城镇中，省会南昌进入了特大城市行列，但却缺少大城市与之相匹配，使得特大城市与中等城市无法链接。在中等城市中，综合性功能较明显的只有九江市和赣州市，而萍乡、景德镇和新余3市基本上还属于工矿型城市，对地区经济的综合影响力不大。城镇规模构成存在明显的衔接缺陷，南昌作为特大城市，在与省际经济的交往中获得的大量的社会经济信息和能量不能有效地辐射到省内城镇网络中并转化为效益，阻碍了特大城市中心作用功能的正常发挥。江西城镇群体的空间结构具有南北差距明显，呈南稀北密的特点。以浙赣铁路线为界，综观全省的城市空间分布，该线以北的地区，城市有15座，而土地面积却不到40%，在该线以南占60%的土地面积上却只有6座城市，南北差异十分明显。从城镇化水平来看，北中部城镇化水平为40.71%，南部为34.29%，北中部比南部高出6.42个百分点。

（二）小城镇发育不充分

江西省小城镇发展能力不足，经济特色不突出，人口聚集程度不高。全省建制镇平均建成区面积0.67平方千米，平均镇区人口5630人，镇域人口在2万人以下的建制镇占全省全部建制镇的一半左右，镇区人口1万人以上的建制镇仅133个。全省70个县城，人口规模在5万人以下的占67%。这就表明，江西省小城镇的发育很不充分，即便是县城，规模也偏小。原因是长期以来形成了小生产的经济格局，同时，由于交通、通信等条件的限制，小城镇经济实力弱。此外小城镇的功能建设倾向于朝"小而全"的方向发展，结果不能形成代表本镇经济发展的鲜明特色，不能形成小城镇之间明确的分工和协作关系。这不仅分散了发展力量，造成许多同构性浪费，而且形成了低水平的自我竞争局面，未能形成较强的辐射能力和较高水平的专业化分工，更难形成较先进的现代产业和较强的区域经济整体竞争能力。

（三） 城镇化存在体制障碍

城镇化是一个经济社会运行的过程，与国家的政治经济体制息息相关。改革开放以来，对原来高度集中的计划经济体制进行全面改革，初步建立了社会主义市场经济体制，但相对城镇化快速发展的形势，仍然存在一些体制障碍。主要表现在：一是财政"分灶吃饭"体制的建立，提高了农民进城的门槛。地方政府不仅成为独立的行政主体，也是独立的经济主体，不仅拥有自身的财产和收益目标，也有扩张财产收益的明确动机和行为。农村改革后，地方政府为了开辟新的资金积累渠道和财政收入来源，尽快完成地方政府财政积累过程，掀起了"征地热"。在城镇建设用地的"征用—出让"中，地方政府可从成几倍乃至十几倍增值的地价中获取 40%～60% 的留成，导致城镇房价猛涨，农民进城的成本提高。二是行政区划的限制与政绩考核的约束，制约了小城镇做强做大。目前，自上而下的政绩考核制度，是衡量各级政府与部门及其领导政绩的标准。作为乡镇领导，出于满足"政绩"考核和自己"升迁"的需要，往往被迫制订一些不切实际的发展计划，其行政行为及发展目标，具有短期性和极强的本位色彩。每个乡镇政府都意欲将本乡镇发展成为小城镇，以满足其追求地方城镇化、现代化的欲望，导致小城镇数量过多、布局密度过大、管理范围过小的问题严重存在。

（四） 部门利益降低了对小城镇的管理能力

小城镇的机构，除镇党委、政府的内设机构外，还有县（市）直部门在小城镇的派出机构和企事业单位，而且大部分派出机构的人、财、物管理权限都在县（市）级主管部门（虽然个别单位属于双重管理，但以执行部门政策和接受上级部门业务指导为主），它们不仅实际控制着小城镇建设中的各种要素资源，而且掌握着小城镇各领域的调控权力和执法手段。这些机构，对小城镇政府来说，看得见、管不着，在处理具体事务时，反而会受其权力和手段的制约，降低了镇政府有效、灵活、独立地处理行政事务的能力。

（五）城乡二元结构比较严重

江西城镇化水平低，发展缓慢，一个重要原因是农村发展缓慢，突出地表现在农村人口比重过大，大量的劳动力滞留在劳动生产率相对较低的农村和农业，城乡居民收入水平、消费水平、生活质量等各方面差距都还比较大，城乡之间发展不平衡还很严重。这种城乡二元经济结构是阻碍江西城镇化发展的重要原因。农村人多，素质不高，农民收入低，没有消费能力，与此同时，城市也就没有大量高素质的劳动力、消费品市场和优质的资源，所以城乡间不能快速协调发展起来。

（六）环境污染比较严重

江西城市污水和垃圾处理率低，严重影响城镇化发展和城镇居民的生产和生活水平。主要表现在：①城市排水管网不配套，已建污水处理厂不能很好地发挥污染治理作用；②污水处理厂建设没有考虑污泥的出路问题，正逐步成为二次污染隐患；③全省大部分垃圾填埋场是简易填埋场或堆放场，方式单一，技术落后，收集转运能力不足，造成严重的土壤污染和水污染；④污水处理费和垃圾收费不足以处理城市污水和生活垃圾，地方财政负担沉重。另外，随着工业、交通运输等事业的迅速发展，向空气中排放的有害废气日渐增多，城镇地区空气质量下降。南昌日益严重的城市大气污染问题已引起国家环保部门的关注，2003年，南昌等城市被列为全国城市大气污染防治重点。与此同时，城镇是能源资源消耗最多的地区，无论是可再生资源能源还是不可再生资源能源，绝大部分都被城镇地区消费。城镇能源浪费现象也很普遍，许多建筑物没有采用节能设计，内部能耗巨大。道路的建设也没有考虑便利的原则，加剧了机动车的能耗。城市景观设计忽视自然生态的调节作用，过多引入人为的干预，不仅浪费了水等资源，还不能有效地改善人居环境。

四、江西省城市化质量提升对策及建议

（一）走紧凑型城市发展道路

21世纪以来，江西省进入快速工业化和城市化时期，城市建设逐步进入稳步增长阶段，城市建成区面积不断扩张，居住在城市中的人口也不断增多，其中，城市建成区面积从2001年的945平方千米增加到2012年的1977平方千米，城市常住人口从2001年的761万人增加到2012年的1571万人。但整体来看，江西省城市土地的人口承载度偏低，城市土地利用不够集约，单位平方千米建成区面积所承载城市人口数不足1万人，在一定程度上造成了城市土地资源的浪费。今后在加快城镇化步伐的同时，应注重协调城市人口与城市建成区面积之间的关系，引导城市化保持合理的增长速度与适度的发展规模。加快制定各级城市全面发展的城镇化战略，重点加强城镇基础设施建设，集约高效利用城市土地。因地制宜，制定符合各地实际的发展目标，推行一系列城镇化发展的高人口密度政策措施，走紧凑型城镇化道路，实现城镇化速度和质量的双赢。

（二）调整优化产业结构

近10余年来，江西省城市产业结构发生了明显变化，第一产业比重连续下降，第二产业比重得到相应提高。但是总体来说，产业结构调整、优化、升级相对滞后，同城市发展不完全适应。今后江西省城市发展应该从单纯的经济扩张型增长向结构优化型发展转变，正确处理经济增长与结构优化的关系，更加重视城市发展的质量和效率，改变外延发展和粗放经营模式。结合昌九工业走廊等优势地区，加快南昌、九江、赣州等市发展，鼓励支持其发展现代服务业、文化创意产业，优化城市产业结构，转变城市功能。萍乡、景德镇等市作为资源枯竭型城市鼓励转变产业结构，发展新的优势产业，加强城市发展活力。各县域城市加强道路、园区等基础设施建设，积极承接东部地区产业转移，激活县域经济。

（三）推进农村人口合理转移转化

坚定不移地推进城市化，适时适度转移农村人口，缓解农村人口压力。改革城乡管理体制，尤其是改革户籍制度，降低农村地区人口转移限制，增强各级城市对农村剩余劳动力的吸引力，有序推进农村人口的转移转化，确保本地人口和外来人口共同宜居，共同分享城市建设成果、城市文明和美好的城市人居环境。江西省目前正处于农村人口向城市快速转移时期，改革不合理的户籍制度，促进农村地区人口向各级城市的转移有利于城市经济的发展，也有利于提高全省城镇化水平。

（四）促进大中小城市协调发展

江西城市结构方面的问题，突出表现在大城市不大、中小城市不强、小城镇不"特"。要保证城市协调健康发展，就必须关注城市结构问题。通过编制科学合理的省域城镇体系规划，引导省内各大中小城市协调发展，形成规模结构上大、中、小城市比例合理，在城市职能分工上各有侧重、优势互补的有机城镇体系，充分发挥城市群体的综合发展优势，带动全省实现全面小康社会的战略目标。

（五）大力推进都市圈（群）建设

大城市对吸纳人口不仅具有可能性，而且对于提高资源配置效率，增强江西国民经济综合竞争力具有长远的战略意义。江西要精心打造城市圈群，着力调整城市行政区划，提高城市规模效益与积聚效益，增强城市的竞争能力，推动农业结构调整和农业产业化经营，以促进劳动力的转移。

（六）深化户籍及其配套制度改革

建议对省会以下的城市取消原有的户籍管理制度，放开对农民进城的落户限制，实行新的按居住地划分城乡人口、按职业确定农业与非农业身份的户籍登记制度，并最终用身份证管理制度代替户籍管理制度。同时，还应该对如进城农民的医疗、福利、商业保障、子女在城市的就学问题等相关的配套制度进行改革。

（七）加快基础设施和生态环境建设

要把基础设施的重要性放在一个十分突出的位置。城市要亮化、绿化、美化，但关键是基础要夯实。加快城市基础设施建设和生态环境建设，是提高城市发展水平，实现城市可持续发展的可靠保证。应特别关注城市的交通问题、污水处理问题、垃圾处理问题、供水问题和绿化问题。

（八）深化城市建设投融资体制改革

积极探索多元化的城镇投资建设方式。一是改革城市财政支出结构，减少和取消竞争性项目的投资建设，把财政支出的重点放在基础设施、公用事业及公益性项目上。二是实行基础设施和公用事业项目投融资方式多元化，包括财政投资、银行融资（特别是政策性银行的低息贷款）、证券融资、项目融资、利用外资和吸收民间资本投资（关键是扩大对外商和民营企业的开放）等。三是通过土地批租、拍卖经营许可权等城市有价资源和无形资产的经营，使城市在经营中发展。但值得注意的是，过度依赖出让土地和征收各种费用，将导致房价上涨，提高了农民进城的门槛，这与加快城镇化是背道而驰的。四是加快投融资体制改革和金融体制改革，允许城市发行市政建设债券，并建立相应的偿付机制和加强管理监督。

（九）创新就业机制和社会保障制度

要深化城镇就业制度改革，打破城乡就业壁垒，实行城乡统筹的就业制度。要取消各地针对农民工和外地人口制定的限制性就业政策，还农民工的合法权利，实行同工同酬（包括各种应有的社会保障和福利）；要建立统一开放、竞争有序、城乡一体的劳动力市场，实行城乡、本外地人员平等的用工政策，规范企业用工行为，取消不合理的招工前置条件，可在城镇普遍执行劳动预备制度，加强农村剩余劳动力进城就业的职业培训和职业教育，积极推行非全日制工、季节工、短期工、临时工以及弹性工作制度等灵活多样的就业形式。深化社会保障制度改革，将进城农民纳入社保范围。建立全社会统一的社会保障制度。

（十）大力发展城市经济

在扩大城市规模的同时，更加注重做强做大城市经济，吸纳农村人口向城镇有序转移。城镇化的进程主要依赖经济发展，没有经济大发展作为支撑，城镇化加速发展是不可持续的。对此，必须坚持把做强做大城市经济作为加速城镇化的主要动力，通过城镇经济的总量做大、质量提高、实力增强，积极创造就业岗位，扩大城镇就业容量，引导、吸纳农村人口向城镇有序转移。

一要加快壮大产业规模。加强城镇产业战略规划研究，以区位优势和资源优势为依托，培育发展各个城镇的主导产业、支柱产业、骨干龙头企业和产业集群，避免趋同发展、低水平竞争。积极争取在新一轮产业分工中，全面提高城镇经济发展的规模效应和集聚效应，努力壮大中心城市经济实力。完善房地产业相关政策，促进房地产业健康发展。

二要加快工业园区建设。把工业园区作为城市的新区来建设，加强城市与园区基础设施的对接。按照集中、集约、集聚的原则，引导工业企业向园区集中，使园区成为城镇空间拓展和经济发展的增长极。完善公共服务体系，强化产业的资本、信息、技术、人才等配套支撑，充分发挥工业园区作为吸纳农村转移人口重要载体的作用。

三要大力发展现代服务业。既要继续大力发展现代物流、科技服务、金融保险、信息服务、商务服务等生产性服务业，又要大力发展商贸流通、交通运输、文教卫生、旅游休闲、餐饮住宿、娱乐健身、家政服务等生活性服务业；进一步完善鼓励支持创业的政策，以创业带动就业。

第八章　有序推进农业转移人口市民化

一、国际经验借鉴

（一）相关理论梳理

1. 刘易斯—拉尼斯—费景汉模型（Lewis – Ranis – Fei）

刘易斯构建了一个发展中国家的两部门劳动力迁移模型，认为在发展中国家的工业化过程中，存在农业部门和工业部门并存的二元经济结构，由于工业部门在生产方式、劳动生产率、收入水平上有较大优势，导致农业部门过剩劳动力对于城市工业部门存在一个类似无限供给的情况，一直到农业过剩劳动力不存在为止。费景汉（Fei C. H.）和拉尼斯（Ranis Gustav）对刘易斯模型进行了修正，强调在二元经济结构中农业对工业扩张的作用不仅是提供劳动力，而且还提供农业剩余。农业技术的进步率、工业部门资本存量的增长和人口的增长率决定了农业剩余劳动力的转移速度。从而形成了刘易斯—费景汉—拉尼斯模式。

2. 乔根森模型（Dale Weldeau Jorgenson）

乔根森在刘易斯—拉尼斯—费景汉模型基础上从二元经济的剩余

劳动研究转向农业剩余研究，着重从农业剩余研究的角度，强调农业自身发展和技术进步，注重市场机制在劳动力转移过程中的作用。他认为在二元经济条件下，农业剩余是农村剩余劳动力转移的前提条件，农村剩余劳动力转移速度取决于农业剩余的增长速度以及工业部门的技术进步状况。

3. 托达罗模型（Michael P. Todaro）

托达罗针对20世纪60年代后期以来在发展中国家广泛出现的人口过度迁移导致的失业问题，集大成地提出了劳动力迁移的二元经济结构模型。从定性和定量分析相结合的角度，充分论述了农村剩余劳动力迁移的过程、决定因素及其相应政策选择。建立了人口迁移量同城市就业率和城乡收入差距之间的关联关系，强调决定城乡迁移的因素是预期收入的差异。

4. 推拉理论（Push and Pull Theory）

推拉理论是研究流动人口和移民的重要理论之一，该理论认为，在市场经济和人口自由流动的情况下，人口迁移和移民搬迁的原因是人们可以通过搬迁改善生活条件。于是，在流入地中那些使移民生活条件改善的因素就成为拉力，而流出地中那些不利的社会经济条件就成为推力。人口迁移就是在这两种力量的共同作用下完成的。

5. 新劳动力迁移经济学理论

20世纪80年代以来在发展中国家存在一个矛盾，农村人口大量流入城市，城市中失业问题越来越严重。新劳动力迁移经济学认为，迁移的动机不仅来自城乡两地之间的收入差距，而且也来自其他个人或家庭的因素，家庭成员的个人迁移可以被视为家庭为了应付收入的不稳定而采取的一种自我保护行动。该理论引入相对贫困的概念，认为迁移可以被视为人们对相对贫困的一种回应。

6. 终身收益理论

卢卡斯在《终身收益与农村——城市人口流动》一文中把人口流动与经济发展的关系研究推进到了一个新阶段，即把人口流动与内生经济增长相联系，进行规范的跨时分析阶段。提出终身收益观念，认为人们配置资源、配置时间以及做出工作、学习和流动的决定时，所考虑的不是短期的收益，而是终身收益，或者说是这些决定所带来的所有未来收益的贴现值。城乡工资差异始终会存在，农村人口流向城市是因为城市部门为积累人力资本提供了很好的场所，正是这些使人力资本积累活动的收益（而不是在城市工作的工资）与农业收入达到均等。

（二）发达国家农业转移人口市民化模式

发达国家城市化起步早，农业转移人口市民化有许多选择模式可以借鉴。在深入研究国外农业转移人口市民化模式的基础上，具有代表性的是以英国为代表的强制性非农化模式，以美国为代表的自由迁移的非农化转移模式，以日本为代表的"跳跃式转移"和"农村非农化转移"相结合的非农化模式。

1. 英国城乡关系演变及其农民市民化过程

英国城乡关系的演变速度明显超越了同时期的其他欧洲国家。11～15世纪是其城乡关系演变的初期阶段，这一阶段主要表现为城乡联系松散，国民经济以农业为主，但是农民存在兼业行为。城乡关系演变中期阶段是指15～18世纪，其间城乡之间人口的流动加深了城乡之间的联系，这些来到城市的乡村移民就像一条纽带，把城市的工商业组织与乡村的新兴工业联系在了一起。城乡关系演变的后期阶段是18世纪工业革命以后，开始于18世纪70年代的英国工业革命，一直发展到19世纪40年代。它不仅促进了英国经济的迅速发展，而且引起了英国社会的全面变革，进入成熟的高度工业化阶段，城乡关系的紧密程度进一步加大。

英国农村人口非农化的过程最早开始于11～12世纪大规模的农村劳动力转移，这是世界上出现的第一次农村人口向城市持续转移的浪潮。这一时期迁移的对象主要是穷人，迁移的目的是为了生存，迁移的距离也比较长。在 15～17 世纪，英国又出现了第二次劳动力快速向城市转移的浪潮。这一时期迁移的对象主要是商人、工匠和青年女性，迁移的目的是为了更好的前途和获得丰富的生活资料，迁移的距离比较短。但是，英国劳动力流动最稳定、规模最大的时期是从 18 世纪下半叶的工业革命开始的。因为此前的两阶段虽然劳动力转移规模比较大，但到工业革命前的 18 世纪 60 年代，英国的农业人口仍占总人口的 80% 以上，而到工业革命后的 19 世纪中叶，英国的农业人口急剧下降到总人口的 25%，而这正是圈地运动的直接结果。所以，从转移的模式来看，英国农村人口非农化主要是选择了以圈地运动为代表的以暴力为核心内容的强制性转移模式。英国城镇非农产业所需要的劳动力主要也是通过暴力的方式从本国农村强制性转移出去的。当然，英国是当时世界上最大的殖民主义国家，因而，殖民地国家也就成为英国农村剩余劳动力的主要流入地之一，所以，英国非农化的进程在其依赖于国内市场的同时，也得益于出口市场的规模和效率。

英国城乡关系演变过程中农村人口向城市转移的特点：其一，生产方式的变革与社会经济结构的大变动是推动农村劳动力向城市流动的决定性因素；其二，圈地运动、农业革命以及农村手工业的衰落迫使农民离开农村到城市谋生；其三，阻碍人口流动政策的消除；其四，国际移民是英国农村人口比例减少的重要条件。

2. 美国城乡关系演变及其农民市民化过程

美国农村人口的非农化走了一条与英国截然不同的以自由迁移为主的道路。1870 年之前，美国是一个以农业为主的国家，3/4 的人口生活在农村，乡村社会是美国社会的主要特征。1870 年以后，英国第二次产业革命的成果随着移民浪潮大量转移到美国，使美国开始了以电力、钢铁等先导产业为主的工业革命，把工业建立在很高的起点上，并带动了整个国民经济的起飞。工业化带动了城市经济的发展，造成了城市劳动力的稀缺，进一步吸引了农村劳动力向城市的流动，从而形成了"棘轮效应"，使城镇化的步伐不断加快。同时，工业化推动了近代交通的迅速发展，有力地加速了农村劳动力的转移，并推动了大城市的崛起。此外，工业化还推动了农业机械化程度的迅速提高，农业的发展不仅为城镇化提供了足够的食物，而且使大批农业劳动力从土地上解放出来，为城镇化提供了大量廉价劳动力。

上述三方面的合力导致了 19 世纪末期在美国出现了大规模的移民浪潮。这次移民浪潮主要是指农村人口向城市的转移流动。1920 年，美国城市人口由 1870 年的 990 万人增加到 5430 万人，城镇化水平达到了 51.2%，基本实现了城镇化。从时间上看，美国从农村社会向城市社会的转变仅用了 50 年。这么短的时间内完成了整个社会结构的转型，而社会组织和管理手段不可能随之发生相应改变，从而导致了大量诸如"交通拥挤和住房紧张、社会不稳定和犯罪率上升"等"城市病"，从而又推动了美国郊区化和小城镇化的过程。

美国城乡关系演变过程中农村人口向城市转移的特点：其一，高速发展的城市工业，工厂、企业对劳动力产生很大需求；其二，传统农业向现代化大农业转化，农业劳动生产率提高，从农业中解放出大量过剩人口，成为城市劳动力的来源；其三，工业化推动了以铁路为主的近代交通的迅速发展，为大规模的农村劳动力的转移提供了条件，并推动了大城市的崛起。

3. 日本城乡关系演变及其农民市民化过程

日本是一个山地多、耕地少、土地贫瘠、资源缺乏，但劳动力资源十分丰富的国家。1947 年，日本农村就业人口占总就业人口的比重为 54.2%，属于典型的"传统型"产业结构国家。此后，随着日本经济的高速发展，日本农村就业人口占总就业人口的比重急剧下降，1955 年为 40.2%，1975 年为 13.9%，1998 年为 5.2%。日本农村人口非农化是发达国家农民市民化成功模式的又一典范。日本政府针对本国人多地少、资源短缺的特点，对农村剩余劳动力转移进行了有效干预，走出了一条有别于欧美的"跳跃式转移"和"农村非农化转移"相结合的道路。日本农村劳动力能够顺利转移出去，首先得益于其就业容量较大的非农产业和人口条件。以工业地区主导产业迅速发展所带来的就业机会的扩大是其根本原因。同时，1945年以后的近10年间，日本异乎寻常地迅速降低了出生率，这使其有效避开了其他发展中国家在实现现代化过程中所遇到的人口压力和就业压力，减轻了农村劳动力转移的难度。

其次，迅速发展的工业大量吸纳了从农业中分离出来的剩余劳动力。1960～1969年的10年间，日本的机械工业增长了5倍，钢铁工业增长了3.2倍，化学工业增长了2.6倍。工业的不断扩张为农业富余劳动力提供了大量的就业机会，致使一段时间内出现了劳动力供给不足的现象。1968年，这种情况更严重，当年工业需要吸纳的劳动力是初中毕业生117.9万人，高中毕业生441.8万人，而求职者分别只有24.6万人和77.5万人，从而有力地推动了农村劳动力的减少。1960～1968年，日本农业劳动力由1228万人下降到878万人。

最后，日本政府在农村人口非农化过程中发挥了重要作用。1961年，政府制定了《农业基本法》和《农业现代化资金筹措法》，规定在10年内要将农村中农户总数的60%转移到非农领域，同时由国家贴息向农户提供长期贷款，促使农业现代化，改变原有农业结构。这一措施收到了明显的效果，使农业人口占全国总人口的比重，由1960年的37.1%下降到1970年的25.6%。此后，日本政府又利用"农协"组织，引导农业生产形式向"龙头企业＋基地"、"农协（市场）＋基地"转变，使农业逐步融入工业循环的大体系之中。

日本城乡关系演变过程中农村人口向城市转移的特点：其一，废除劳动力自由迁徙的限制，大力提高国民受教育水平；其二，非农产业飞速发展导致对农村劳动力的稳定吸纳；其三，政府积极的劳动力转移政策为农民非农化过程创造了有利条件。

（三）农民市民化进程的中外比较与分析

1. 农民非农化与工业化的同步性差异

城市化源于工业革命，与工业化同步。农村人口非农化过程与农业劳动力向工业转移、向城市转移的过程是紧密联系在一起的。英美等发达国家的经验证明，工业化是农民脱离农村的加速器，工业化直接推动农村人口向城镇的集中，而且工业化与农村人口的转移几乎是同步的。与英美等工业化早发国家相比，我国农村劳动力大规模转移的起步时间明显滞后，改革开放以前，我们一直采取严格控制城镇化发展的政策，甚至一度采取"反城镇化"措施（即疏散城市人口）。改革开放以后，中国的城镇化发展速度也一直滞后于工业发展，走了一条农民非农化与工业化脱节、不同步的道路。

2. 农民非农化内生机制的差异性

城市在其发展过程中需要大量劳动力，另外，城市所能够提供的功能和服务优于农村，对农村劳动力也构成了强大的吸力，这是推动农村劳动力非农化的第一动力。美国和日本是依靠城市工业化扩张的强大吸力完成农村人口城市化的典型国家。与此相比，我国农村劳动力非农化的道路却有其特殊性，一方面，城市化进程的相对缓慢造成了现有城市容纳农村劳动力的容积不足；另一方面，在农村从事农业生产的较低的比较利益又迫使农村劳动力不得不寻求生存和发展的道路。一方面吸力不足，另一方面大量农村剩余劳动力寻求出路，从而造成了我国特有的挤压式的农村劳动力转移方式，也造就了具有多元性的农民工这一特殊的社会群体。

3. 农民非农化进程的差异性

对于大多数欧美国家来讲，农村人口转化为城市人口时，一般不存在许多限制，农民都是比较直接和快速地转化为城市人口。而我国农村劳动力的转移却受到诸多限制，从户籍管理制度到社会歧视等非制度性限制，几道闸门将农村人口与城市人口彻底隔离。人口从乡到城，经历了一个离土不离乡，若即若离的阶段，并向离土又离乡，完全成为市民的方向转变（朱信凯，2005）。

二、国内政策梳理与评估

（一）国家人口市民化相关政策

城镇化是我国向现代化转型的必然选择，农业转移人口市民化是城镇化过程中的核心内容。有序推进农业转移人口市民化，是缩小城乡差距，提高社会综合效益的关键所在。

国家发改委宏观经济研究院完成的《城镇化专题调研报告》指出，重物轻人、高代价、粗放型的传统城镇化发展模式已难以为继，必须积极探索新型城镇化战略。我国城镇化将从以前过度追求"量"的增长向"质"的提高转变，更加注重解决已经转移到城镇的农民工市民化的问题。

为进一步推进新型城镇化的发展，中共十八大报告明确指出，要"加快改革户籍制度，有序推进农业转移人口市民化"。有序推进农业转移人口市民化已成为现阶段转变经济增长方式、促进中国二元经济转型的有效途径。

中共十八大报告还指出："加快改革户籍制度，有序推进农业转移人口市民化。努力实现城镇基本公共服务常住人口全覆盖。"

2013 年 2 月，国务院常务会议提出，全国 300 多个地级市在 2013 年底前把符合条件的外来务工人员纳入当地住房保障范围。我国还逐步推动教育、医疗、养老等社会保障制度改革，努力让进城农民实现住有所居，幼有所教，老有所养，病有所医。全国已有 18 个省份出台了户籍制度改革具体实施意见，14 个省份建立了城乡统一的户口登记制度。

2013 年 5 月，国务院常务会议提出"围绕提高城镇化质量、推进人的城镇化，研究新型城镇化中长期发展规划。出台居住证管理办法，分类推进户籍制度改革，完善相关公共服务及社会保障制度。保护农民合法权益"。

2013年6月，在第十二届全国人大常委会第三次会议上，国家发改委主任徐绍史做了《国务院关于城镇化建设工作情况的报告》。报告中称，我国将全面放开小城镇和小城市落户限制，有序放开中等城市落户限制，逐步放宽大城市落户条件，合理设定特大城市落户条件，逐步把符合条件的农业转移人口转为城镇居民。这是我国第一次明确提出各类城市具体的城镇化路径。

2013年11月，中共十八届三中全会召开，《中共中央关于全面深化改革若干重大问题的决定》中提出，完善城镇化健康发展体制机制。坚持走中国特色新型城镇化道路，推进以人为核心的城镇化，推动大中小城市和小城镇协调发展、产业和城镇融合发展，促进城镇化和新农村建设协调推进。优化城市空间结构和管理格局，增强城市综合承载能力。

2013年12月召开的中央城镇化工作会议，明确了推进城镇化的重点任务，从战略和全局上做出了一系列重大部署，对于推动城镇化沿着正确方向发展，具有重要的战略意义和指导作用。会议提出要推进农业转移人口市民化。主要任务是解决已经转移到城镇就业的农业转移人口落户问题，努力提高农民工融入城镇的素质和能力。要发展各具特色的城市产业体系，强化城市间专业化分工协作，增强中小城市产业承接能力。全面放开建制镇和小城市落户限制，有序开放中等城市落户限制，合理确定大城市落户条件，严格控制特大城市人口规模。推进农业转移人口市民化要坚持自愿、分类、有序。

2013年12月召开的中央农村工作会议指出，到2020年，要解决约1亿进城常住的农业转移人口落户城镇，约1亿人口的城镇棚户区和城中村改造，约1亿人口在中西部地区的城镇化。

2014年7月，国务院《关于进一步推进户籍制度改革的意见》正式公布。该意见明确，要进一步调整户口迁移政策，统一城乡户口登记制度，全面实施居住证制度。同时，该意见提出了一个更为清晰的目标：到 2020 年，基本建立与全面建成小康社会相适应，有效支撑社会管理和公共服务，依法保障公民权利，以人为本、科学高效、规范有序的新型户籍制度，努力实现 1 亿左右农业转移人口和其他常住人口在城镇落户。

2014 年 12 月，国家发改委印发了《国家新型城镇化综合试点方案》，将江苏、安徽两省和宁波等 62 个城市（镇）列为国家新型城镇化综合试点地区。明确了包含建立农业转移人口市民化成本分担机制、建立多元可持续的城镇化投融资机制、改革完善农村宅基地制度、探索建立行政管理创新和行政成本降低的新型管理模式、综合推进体制机制改革创新五项试点主要任务。

2015 年中央经济工作会议也提出，要落实户籍制度改革方案，允许农业转移人口等非户籍人口在就业地落户，使他们形成在就业地买房或长期租房的预期和需求。

国家"十三五"规划纲要提出，2020 年，户籍人口城镇化率要达到 45%，比 2015 年的 39.9% 提高 5.1 个百分点。要加快农业转移人口市民化，统筹推进户籍制度改革和基本公共服务均等化，健全常住人口市民化激励机制，推动更多人口融入城镇。深化户籍制度改革，实施居住证制度，健全促进农业转移人口市民化的机制。

2016 年 2 月，国务院出台《关于深入推进新型城镇化建设的若干意见》指出，加快建立农业转移人口市民化激励机制，要切实维护进城落户农民在农村的合法权益，实施财政转移支付同农业转移人口市民化挂钩政策，实施城镇建设用地增加规模与吸纳农业转移人口落户数量挂钩政策，中央预算内投资安排向吸纳农业转移人口落户数量较多的城镇倾斜。

2016 年 4 月召开的全国经济体制改革工作会议指出，推动实施 1 亿非户籍人口在城市落户方案，加快建立农业转移人口市民化激励机制，推进住房制度改革，把符合条件的外来人口逐步纳入公租房供给范围，深入推进新型城镇化综合试点和中小城市综合改革试点。

（二）相关部门人口市民化建议

截至 2012 年底，我国农民工总量为 26261 万人，比上年增加了 983 万人，增长了 3.9%。国研中心课题组模拟预测显示，预计 2020 年农业转移人口总规模在 3.2 亿人左右。农业转移人口市民化是未来相当长一段时期内我国经济社会生活至关重要的问题。

农业转移人口市民化是指农业转移人口在实现职业转变的基础上，获得与城镇户籍居民均等一致的社会身份和权利，能公平公正地享受城镇公共资源和社会福利，全面参与政治、经济、社会和文化生活，实现经济立足、社会接纳、身份认同和文化交融。该过程可以概括为四个基本阶段：一是转移就业，即完成职业身份转换；二是均享服务，即自身和家庭融入就业城镇公共服务体系；三是获得户籍资格，即取得完整的市民权利，实现社会身份转换；四是心理和文化完全融入城镇，即成为真正意义上的市民。总体来看，中国农业转移人口市民化已进入第二阶段，即均享公共服务阶段，并在加快进入第三阶段。

通过资料收集与整理，我国相关部门及学者对农业转移人口市民化所提出的政策、建议主要如下：

《2011 年中国农村政策执行报告》提出建议，从制度上淡化农民工与城镇居民身份的差别，从政府公共投入导向上缩小城乡公共服务供给的差距。一是深化户籍管理制度改革。加快落实放宽中等城市、小城市和小城镇落户条件的政策，逐步推进省会城市和大城市户籍制度改革。二是加快建立城乡统一的人力资源市场，形成城乡劳动者平等就业制度，在农民工中开展建立登记失业制度试点。三是扩大城镇住房保障覆盖范围，鼓励有条件的城市将有稳定职业并在城市居住一定年限的农民工逐步纳入城镇住房保障体系。四是扩大农民工工伤、医疗、养老保险覆盖面，落实农民工养老保险关系转移接续政策。同时加大中小城市教育资源统筹力度，重点落实农民工子女享受务工所在城市平等义务教育的机会。

中国社会科学院发布《城市蓝皮书》（2013）从政府财政支出角度，认为通过分阶段稳步推进市民化进程，到2025年前基本解决农业转移人口的市民化问题是可能也是可行的；并明确提出城镇化时间表：到2015年，分类剥离现有户籍制度中内含的各种福利，在全国推行居住证制度，对城镇常住外来人口统一发放居住证，持证人可享受本地基本公共服务和部分公共福利。到2020年，通过强化综合配套改革，完全剥离户籍内含的各种权利和福利，逐步建立城乡统一的户籍登记管理制度、社会保障制度和均等化的基本公共服务制度，初步形成市民化长效机制，基本实现公共服务城乡常住人口全覆盖。到2030年，建立市民化与城镇化同步推进机制，推动形成全国统一的社会保障制度和均等化的基本公共服务制度，在全国范围内实现社会保障一体化和基本公共服务常住人口全覆盖。

中国农村财政研究会课题组认为，农民进入城镇务工是城镇化和农业现代化相互协调的纽带，积极稳妥地推进农业转移人口市民化需要：第一，贯彻"城乡要素平等交换"政策，推进农民进入城镇务工。包括重视农民工的劳动报酬、改善农民工的居住条件、解决农民工的居住问题。第二，解决农民工子女在城镇接受义务教育的问题。第三，准确理解和执行"城乡要素平等交换"政策，推进户籍、社会保障等制度改革，使农民工融入城镇，推动农业现代化建设。第四，城镇化要坚持以人为本，重点是以农民工为本的原则。

《人民日报》载文《加强农民工市民化制度创新的协调》中提出，由于城乡二元结构等因素导致一些制度协调性不够，影响了农民工市民化制度创新的成效。农民工市民化过程中的制度协调性不够主要表现在两个方面：一是户籍制度与附着其上的就业和社会福利制度的不协调。二是社会保障制度与土地制度、就业制度的不协调。随着来自土地的收入占农村家庭收入比重下降以及"铁饭碗"和"大锅饭"就业制度的打破，土地制度和就业制度的社会保障功能呈现下降趋势，而农民工社会保障制度仍不完善，这就造成了农民工市民化过程中社会保障不足与土地和就业保障功能下降的矛盾。推进制度创新，加快农民工市民化进程，需要加强制度协调。具体来说，应在以下方面努力：一是制度创新目标选择的协调。建立利益冲突协调机制，包括利益表达机制、协商机制、获取机制和补偿机制等，缩小不同利益主体的利益差别；进一步发挥政府作为全局利益代表者、协调者的作用，统筹兼顾各方利益；发展壮大新经济组织、社会组织，增加农民和农民工的话语权。二是制度创新进程快慢的协调。缩短制度创新的过程，需要政府发挥组织和引导作用，如加强利益引导，积极推动新的制度创新方案的提出、评估、选择和实施，并推动各个过程的转换和衔接。三是制度创新阶段性重点定位的协调。根据社会经济发展状况、农民工市民化所面临的主要制度障碍、相关制度涉及利益关系的复杂程度等因素，明确不同阶段的制度创新重点；处理好重点制度创新与其他制度创新的关系，促进各项制度创新整体设计、协调推进、相互配套、相得益彰；根据社会经济状况特别是劳动力转移的变化，加强阶段性重点制度创新的转换和衔接。四是地区差异的协调。加强对地区利益差异的协调。通过整体性设计，尽量从制度上协调各地的利益诉求，促进利益的基本平衡；加强统一规划、指导和监督；加快欠发达地区经济发展，缩小地区发展差距。

　　浙江大学公共管理学院的一份调查发现，新生代农民工的社会融合存在着收入、保障、身份及公共服务的四大现实困境。这四大困境背后是群体自身与制度建设层面的矛盾：一是群体人力资本水平与收入预期间的矛盾，导致他们缺乏社会融合的基础，这也是其他困境的根源；二是基本公共服务城乡差异与群体日益增长的生活需求间的矛盾，导致群体在社会融合过程中缺乏外力帮助，出现生活结构断裂。调查者认为，推动新生代农民工社会融合的根本出路在于以城乡户籍制度改革为核心，深化与户籍制度密切相关的制度改革，最终完成城乡综合配套改革，实现农民工利益与权益的城乡均衡。

辽宁省人民政府发展研究中心课题组（2013）在《推进辽宁省农业转移人口市民化的政策设想》中认为，城镇化的核心在于农业转移人口市民化，难点是农村土地制度的调整和改革。为此，农村土地的流转、城镇化着力点的选择、社保及户籍制度的城乡有效衔接与统一，包括城镇化理念上的创新至关重要。具体措施为：一是实行政府土地集中收储，推动农民身份整体转换；二是广开土地流转渠道，为农民转为产业工人或从事其他产业拓展空间；三是坚持以县城为重点的城镇化思路，鼓励农业转移人口向县城集聚；四是着力实现城乡基本社会保障有序衔接，着力实现城乡统一户籍制度。

2010年8月，重庆启动了以推动符合条件的农民工特别是新生代农民工转户进城为突破口的农民工户籍制度改革并取得较大成效。重庆农民工户籍制度改革总体政策设计上有四个核心理念：一是坚持自愿原则，以就业为转户前提；二是转户居民就业、养老、医疗、住房、教育等城镇保障一步到位；三是保留转户居民在农村的相关权益；四是保障自愿退地者的相关权益。

（三）国内学者研究观点

辜胜阻认为，新型城镇化是发展的新红利和稳增长的最大新引擎，最突出特点是要推进人的城镇化，实现转移人口的市民化。他认为积极推进和实现农业转移人口市民化需要：第一，深化公共服务体制的改革，促进基本公共服务和公共产品方面均等化；第二，深化住房制度，尤其是保障房制度的改革；第三，推动户籍制度改革，重点解决举家迁徙的新生代农民工的落户问题，实行全国的统一居住证制度；第四，深化土地制度的改革，通过立法保障农民的土地财产权；第五，构建农民工的职业培训体系，提高农民工融入城市能力；第六，构建进城人口的创业扶持体系；第七，深化财税体制改革，促进城市政府财力和市场相匹配；第八，深化投融资体制的改革，引导民间资本参与城镇化建设；第九，深化县市管理体制改革；第十，构建区域的协调机制，推动城市群的建设，实现城市群内部的一体化。

辜胜阻认为，市民化＝就业＋安居＋公共服务均等。市民化不仅仅是户籍问题，关键是要让进城人口有稳定就业、能安居和享受基本公共服务，让他们融得进、留得住、住得下、能就业、可创业。我国的转移人口市民化主要面临着"面大量广任务艰巨、高成本、缺乏稳定的就业机会"三大矛盾。农民工市民化是一个长期而又艰巨的任务，不能一蹴而就。当前应通过多渠道分流的办法有序稳步推进，可实现"三个一批"：一是通过基本公共服务均等化和属地化，使一批进城农民工享受基本公共服务。二是采取"分类指导，因城而异，因群而异"的原则，通过户籍制度的改革，让长期工作生活在城市而又有稳定工作的农民工进城落户一批。对于大城市，应优先把有稳定劳动关系，长期举家工作、生活在城市，有稳定住所、工作和收入，并基本融入城市的"沉淀型"流动人口逐步转为城镇居民，对于中小城市，要向进城农民工打开城门，鼓励其进城落户。对于县城和县城中心镇，则要敞开城门，让农民自由进城。三是引导沿海和东部大城市打工的农民工回流一批，推动产业与劳动力向中西部城市"双转移"。要完善农民工创业的政策扶持体系，通过减税、减费，降低创业企业的交易成本和经营成本；通过金融制度创新，让农民工能用土地使用权抵押融资，解决其创业和置业所需资金。探索建立农民工返乡创业基地和园区，营造良好的创业和就业环境。

邹农俭从公共产品供给的角度认为，公共产品供给的不均等是农民工融入城市的最大难点。农民工市民化，最关键的是要将一套成熟的、具有现代化理念的体制覆盖到农民工。第一，必须对农民工，特别是对新生代农民工的社会保障制度建设予以战略性的安排；第二，设计新型的公共产品供给体制，为农民工真正融入城镇成为新型市民、为从农民工中涌现一批中等收入者提供制度保障；第三，增加劳动收入在总收入中的比重，探索建立现代社会不同利益主体之间的利益协调制度；第四，重视农民工的职业培训工作，增强其在就业市场的竞争能力；第五，处理好农民转移过程中的利益关系，使农民离开土地、转化为市民的过程成为农民得益的过程，而不是受损的过程，这样也就必然造就出一部分中等收入的农民工群体；第六，对中小企业特别是自主创业的企业减税，实行真正的民富优先。

林家彬将农民工市民化的主要障碍归结于三个方面的权利缺失：一是作为城镇居民的权利缺失，农民工基本上享受不到市民所享有的权利。二是作为劳动者的权利缺失，大部分农民工都没有与雇主之间建立稳定的劳动关系。三是现行土地制度之下土地财产权利的缺失。合理、有序推动农民工市民化必须进行多领域统筹推进的、大胆细致的制度创新，为一部分农民工成为中等收入群体创造条件。第一，应对农村土地产权制度进行改革，以形成产权清晰、权利平等、成果共享的城乡一体化新格局；第二，应当把构建稳定的劳动关系作为重要抓手；第三，可以考虑对现行生育政策进行调整。

韩俊认为"市民权"不能与土地挂钩，要依法保障农民工土地财产权利。适应农民工进城落户和城镇化发展的需要，就需赋予农民对承包土地、宅基地更大的处置权。要在健全法制和发育土地市场的基础上，按照依法、自愿、有偿的原则，探索建立农民工承包地和宅基地的流转或退出机制。

巴曙松从土地改革的角度认为，土地增值收益改革是实现农村人口市民化的突破口。若能适度调整现有土地增值收益的分配结构，可基本填补农村转移人口市民化过程中的人均每年的成本缺口。土地增值收益改革潜在的方向有两个：第一，一次收益环节，提高农民在土地增值收益中的占比。第二，二次收益环节，改革土地出让金的用途，将更大的比例用于城市转移人口的公共支出。

苏海南认为，需要增强转移人口的归属感。首先，积极引导农村剩余劳动力进入城市，进一步打破城乡分割的管理体制，为其进城务工提供更多的需求信息、职业培训。其次，为农民工建立人事档案，解决农民工的户籍问题，使农民工真正成为城市的一员，使他们在就业、医疗、住宅、教育等方面拥有和城市群体同等的福利，以增强他们的归属感。

李铁认为，在现行户籍管理体制、土地管理体制框架下，中国走出的独特的城镇化道路虽然可以实现经济的高速增长，但也带来了潜在的诸多经济和社会隐患，主要表现为农民工基本无法享受与城镇居民平等的公共服务待遇。城镇化改革中，要放开户籍管理体制，包括从解决长期举家迁徙的外来人口入手，重点提高农村征地补偿，逐步实现农村集体土地同权、同价参与城镇开发。

袁钢明认为，今后推进城镇化主要面临两大门槛：一是需要财政加大投入，保障农民进城后享受到平等的公共服务；二是要考虑为城市化人口提供廉价的住房，政府要向开发商提供低价土地建保障房。

金三林认为，实现农业转移人口市民化要完善公共服务制度，深化户籍制度改革，畅通农业转移人口利益表达渠道，建立适应农业转移人口市民化趋势的公共财政分担机制。

宋洪远认为，随着新生代农民工数量的增加和比例的上升，城镇化过程中的劳动力流动模式正在由"候鸟式"向"移民式"变化，新生代农民工对定居城市生活和在城市稳定就业的要求越来越迫切，中小城市与小城镇将成为新生代农民工定居和就业的主要地点。与新生代农民工市民化的迫切要求相比，城市仍然存在着农民工工资偏低、居住条件恶劣、社保制度不健全等一系列突出问题。"必须关注新生代农民工的诉求，不能从制度上导致他们成为城市的边缘化群体"。

曾文鸿（2013）从户籍改革的角度出发，主张消除户口待遇差别，为农村转移人口市民化创造条件。具体包括：第一，突出人本原则，统一思想认识，积极稳妥推进户籍制度改革。第二，打造产业支撑，鼓励创业兴业，工业化、城镇化相互促进发展。第三，打破二元结构，综合配套改革，建立城乡统一的户籍社保制度。第四，根据城市类别，科学设置门槛，促进农业人口合理有序流动。第五，整合各方资源，解决资金难题，按照市场化原则推进城镇化。第六，加强服务管理，提高素质技能，建立农村剩余劳动力市场体系。第七，创新改革思路，盘活土地资源，实行户籍土地制度联动改革。

李兵弟认为，农民"市民化"将有利于逐步实现农民工在劳动报酬、子女就学、公共卫生、住房租购以及社会保障等方面享有与当地城镇居民同等的权益。要加强保护农村转移人口权益的制度建设，可将农民工纳入人均 GDP、各项公共服务统计范畴，将农民工公共服务支出纳入预算，此外还要深化相关领域改革，包括稳妥有序地改革户籍管理制度、推进农村土地制度改革、完善多元化住房供给制度等。

黎智洪（2013）认为，我国农业转移人口市民化过程中遭遇到了户籍及其相关制度的困局，破解这些困局，需要进行策略选择：第一，进行户籍制度改革，建立一元化的户籍管理制度，消除户口歧视。具体包括降低进城门槛，放宽户口迁移政策、取消户口分类、放开城市接纳人才、重申户籍登记功能等。第二，进行与户籍相关配套制度的改革，建立农业转移人口与城镇人口相同的社会保障制度、社会福利制度等。包括建立健全农业转移人口受教育制度、完善农业转移人口的就业制度、完善社会保障制度和社会福利制度等方面。

魏后凯（2013）认为，当前户籍制度改革严重滞后，已经成为制约农业转移人口市民化和城镇化质量提升的重要障碍。推进农业转移人口市民化是提升城镇化质量的核心，而加快户籍制度改革则是推进农业转移人口市民化的前提条件。为此，要按照"统一户籍、普惠权利、区别对待、逐步推进"的思路，标本兼治、长短结合，加快户籍制度改革步伐，逐步建立城乡统一的户籍登记管理制度和均等化的公共服务制度，为有序推进农业转移人口市民化，着力提高城镇化质量创造有利条件。推进户籍制度改革的政策措施包括：①合理引导农业人口有序转移；②建立全国统一的居住证制度；③清理与户籍挂钩的各项政策；④加快推进各项相关配套改革；⑤建立多元化成本分担机制。

曹鲁峰（2013）认为，农业转移人口的市民化是新型城镇化的核心。推进新型城镇化必须坚持以市场为主导、以人为本、以产业为支撑的原则。加快户籍制度、农村土地制度、财税体制等制度的改革以破除新型城镇化进程中的制度障碍。当前推进新型城镇化的重点工作包括培育壮大具有区域特色的产业、抓好城镇化配套基础设施和公共服务建设、推进现代农业大发展、推进城市基本公共服务均等化、建立农村土地资源或权属交易市场五个方面。

朱信凯（2005）认为，较低的农民素质与不断减弱的县域经济承载力、制度缺失与不断强化的农村劳动力转移的市场拉力以及社会歧视与过高的劳动力转移成本是当前我国农民市民化进程中存在的核心问题。针对我国现实国情，确立以政府为引导，以农民为主体，以市场为导向，以多元城镇化发展为依托，以土地制度改革、户籍制度改革和社会保障制度改革为制度保障，通过建立和完善统一开放、竞争有序、城乡一体化、平等竞争的劳动力市场，大力发展劳动密集型产业和第三产业等劳动力大容量转移的政策方针，是积极、稳妥、有序地实现农民市民化的战略保障。具体包括：第一，政府作为是农民工能否发挥社会"稳定器"作用的前提。第二，消除障碍性制度，包括户籍制度和社会歧视转化而来的更深层次的区域制度性歧视，加速农民工融入城市的社会进程。第三，大力发展工业化，拉动农村劳动力向城市转移，形成完整的人口流动的"推—拉"机制，促进人口合理、良性流动。第四，大力发展乡镇企业，缓解城市化与工业化压力。第五，建立健全社会保障体系，降低城市化的社会成本。主要为失业救济、养老保险、劳动技能培训和医疗服务等。

章剑卫（2013）认为，随着我国人口结构发生历史性、趋势性的变化，劳动力已经开始从近乎无限供给向短缺转变并且导致劳动力成本持续上涨，这也预示着"刘易斯拐点"正在临近。他在分析浙江经济发展方式与农业转移人口的交织影响的基础上，提出要抓住"刘易斯拐点"这一契机，倒逼企业转型升级，降低对低素质劳动力的过度依赖，并通过建立平等向上流动通道、加强在职技能培训、推进公共服务均等化等途径，逐步实现农业转移人口市民化。

周天勇认为，城市化是政府管理下的一个市场化过程，劳动力流动迁移的方向由收入和工作机会自动调节；要尽快取消户籍制度，放宽人口流动的各种限制；积极发展城镇和大中小城市，注重城镇和城市的体系格局和经济规模；放弃分散和成本很高的发展农村和扶贫的模式，将其大部分资金用来支持剩余劳动力转移和使乡村在地理上逐步集中；利用城市化过程中家庭成本和机会成本核算经济机制以控制人口增长，并保护和恢复生态环境；修改《土地法》，放松一些限制性条款，使土地资源能适应城市化和企业发展的需要，在城市和企业用地中顺利得到配置；加快提高劳动生产率的速度，重视和放宽政策发展第三产业和中小企业，使其能够吸纳更多农村剩余劳动力。

李强（2003）运用推拉理论模型对影响中国城市农民工流动的因素进行分析，认为中国的推拉模式与国际上相比存在着巨大差异，其中最主要的差异在于户籍制度。户籍是影响中国城乡流动的最突出的制度障碍，它不仅对推拉产生一般的影响，而且还使得推拉失去效力。这样，中国的人口流动将不再遵循一般的推拉规律。推力和拉力之所以失去效力，是因为流动农民工在长期户籍制度的影响下心理发生了变形。

三、江西省农业转移人口市民化建议

与国际比较，中国农业转移人口市民化具有三个鲜明的特征：一是就业带动，在农业转移人口实现基本稳定就业的基础上推进市民化进程。二是保障地权，依法保障农业转移人口的土地承包经营权，让农业转移人口既进得了城，又回得了乡，能够在城乡间双向流动，进退有据。三是渐进转移，从允许离土到允许离乡，再到公共服务均等化、开始放宽落户条件，分阶段促进农业转移人口市民化。结合国际比较和江西地域特色，笔者认为江西应该因地制宜开展农业转移人口市民化。

（一）因地制宜开展农业转移人口市民化

立足于江西基本省情，推进江西农业转移人口市民化，应坚持两个政策并行的原则：一方面，要加快户籍制度改革，放宽落户条件，让有意愿、有能力的农业转移人口在城镇落户定居成为市民；另一方面，要持续推进公共服务均等化，让不能落户、不想落户的常住农业转移人口能享有基本公共服务。其发展模式可以简单概括为：一条主线、两条路径、三种类型，分类有序推进。

一条主线：以保障农业转移人口市民权益为主线，坚持放宽落户条件和推进公共服务均等化并行，实现农业转移人口享有与城市户籍居民均等的权益。

两条路径：一是实施差别化落户政策，以合法稳定就业和合法稳定住所（含租赁）为前置条件，以长期进城务工经商的农业转移人口为重点，有序放开南昌市中心城区落户限制，积极放开其他设区市中心城区落户限制，全面放开县级城市和建制镇落户限制，重点引导农业转移人口及其家庭向中小城市和小城镇落户定居。二是按照"体系完善，制度对接，水平适度，覆盖广泛，重点突出"的基本要求，大力推动基本公共服务均等化，将农业转移人口纳入城镇公共服务体系，推进城镇基本公共服务由主要对本地户籍人口提供向对常住人口提供转变。

三种类型：根据三类农业转移人口的意愿，分类指导农业转移人口市民化，并以不同政策重点支持各类农业转移人口市民化。第一类是基本融入城市的农业转移人口，以举家外出农业转移人口为主，在城市有固定住所和工作。政策重点是放宽落户条件，优先解决城市落户问题，促进其融入城市。第二类是常年在城市打工，但有一定流动性的农业转移人口，以新生代农业转移人口为主，在城里有相对稳定的职业和收入。政策重点是改善公共服务，使其逐步与城镇居民享有同等待遇。第三类是中年以上的第一代农业转移人口，未来 10 年将逐步退出城市劳动力市场，应鼓励其返乡创业和再就业，引导其在家乡城市（城镇）落户定居，就近、就地实现市民化。

（二）拓展农业转移人口市民化渠道

城镇化是社会向现代化转型的必然选择，农业转移人口市民化是城镇化过程中的核心内容。江西省城镇化的基础和条件存在独特性，城镇化进程中产生了多元化的推进模式，主要包括建立开发区、建设新区和新城、城市扩展、旧城改造、建设中央商务区、乡镇产业化和村庄产业化。

多元化的推进模式中会涉及一系列农业转移人口市民化问题，如由于城市建立开发区、建设新区和新城、城市扩展过程中被征用土地农民的市民化问题，由于乡镇产业化和村庄产业化的发展对周边农村劳动力的吸引而带来的就地市民化问题等。据此，农业转移人口市民化除考虑已经在城市就业的那部分转移人口的市民化问题外，还应考虑在不同城镇化推进模式中产生的农业转移人口的市民化问题，视不同情况采取不同的政策（李强等，2012）。

1. 建立开发区、建设新区和新城、城市扩展城镇化推进模式

在空间上主要表现为外延式扩展，在动力机制上主要以政府为主导。这种政府主导下的外延式扩展必定会产生征用农地的现象，失去农地这一赖以生存的生产资料的农民变成了农业转移人口，面临市民化问题。针对这类农业转移人口应当采取的政策主要包括：一是深化户籍管理制度改革，降低落户门槛，放宽人口流动的各种限制，进一步畅通农业转移人口进城落户的通道。二是建立利益冲突协调机制，提高农村征地补偿以增加农民在土地增值收益中的占比，逐步实现农

村集体土地同权同价参与城镇开发。三是为城市化人口提供廉价的住房，政府向开发商提供低价土地建保障房解决农业失地人口住房问题。四是广开土地流转渠道，为农民转变产业工人或从事其他产业拓展空间。五是加大投入财政力度，进行与户籍相关配套制度的改革，建立农业转移人口与城镇人口相同的社会保障制度、社会福利制度等，包括完善农业转移人口的就业制度、完善社会保障制度和社会福利制度等。六是建立健全农业转移人口受教育制度，重视农民工的职业培训工作，增强其在就业市场的竞争能力，提高其融入城市的能力。七是增强转移人口的归属感，从制度上淡化农民工与城镇居民身份的差别，消除社会歧视及更深层次的区域制度性歧视，加速农业转移人口融入城市的社会进程，实现社会接纳、身份认同和文化交融。

2. 乡镇产业化和村庄产业化城镇化推进模式

在空间上主要表现为就地发展，用地多为农村集体土地，在动力机制上以市场引导为主，同时伴以一定的政府行政力量。针对这类农业转移人口应当采取的政策主要包括：一是以科学性与可持续性为原则，依靠小城镇建设规划保障农民就地市民化。二是提高公共服务水平，推进城乡基础设施和社会管理一体化。三是培育壮大具有区域特色的乡镇产业或者村庄产业以增强其农业转移人口的消化能力。四是深化税收体制改革，对乡镇产业或者村庄企业减税，实行真正的民富优先。五是着力实现城乡基本社会保障有序衔接。六是探索建立农民工返乡创业基地和园区，营造良好的创业和就业环境。七是重视城镇文明建设，促进农民生活方式现代化。

（三）健全农业转移人口市民化推进机制

推进农业转移人口市民化需要充分调动各方力量，构建由政府主导、多方参与、成本共担、协同推进的农业转移人口市民化机制。

1. 建立政府、企业、个人成本分担机制

建立财政转移支付同农业转移人口市民化挂钩机制。根据农业转移人口市民化成本性质，确定农业转移人口市民化的成本承担主体和支出责任。各级政府主要承担农业转移人口市民化在义务教育、基本养老、就业服务、基本医疗卫生、保障性住房以及市政设施等方面的公共成本。企业要落实农民工与城镇职工同工同酬制度，加大职工技能培训投入，依法为农民工缴纳职工养老、医疗、工伤、失业、生育等社会保险费用。农民工要积极参加城镇社会保险和技能培训，按时缴纳保费并连年参保，提升职业技能。

2. 合理确定各级政府职责

省政府根据中央的制度安排和配套政策，负责制定全省农业转移人口市民化总体规划和配套政策。市县政府负责制定本行政区城市和建制镇农业转移人口市民化的具体方案和实施细则。各级政府根据基本公共服务的事权划分，承担相应的财政支出责任，增强农业转移人口落户较多地区政府的公共服务保障能力。

3. 提高农业转移人口社会参与程度

推进农民工融入企业、子女融入学校、家庭融入社区、群体融入社会，建设包容性城市。提高各级党代会代表、人大代表、政协委员中农民工的比例，积极引导农民工参加党组织、工会和社团组织，引导农业转移人口有序参政议政和参加社会管理。积极营造农业转移人口参加社区活动、参与社区建设和管理的良好氛围，培养农业转移人口的市民意识。城市政府和用工企业要举办形式多样、丰富多彩的文艺活动，丰富农业转移人口精神文化生活，增添人文情怀。

第九章　江西推进新型城镇化建设策略与对策建议

　　自新中国成立以来，国家和地方层面城镇化的路径问题争议不断。但改革开放以来，不同地区的城镇化进程显示，城镇化进程往往受到市场发展和政府引导调控的双重牵引，在具体的城镇化推进上并没有十分严格的模式限制，国内不同地区的城镇化模式已经走向多元化。

　　江西的城镇化水平虽然处于全国中游层次，但随着社会经济的加速发展，江西已经迎来城镇化进程的加速期。如何选择合理的城镇化模式，对江西新型城镇化的推进尤为重要。面对加速期的到来，江西应不被固化的城镇化模式所束缚，勇于探索，走出既有量上的增加又有质上的提升，充满生态和人文特色的新型城镇化之路。

一、江西推进新型城镇化建设目标

　　全面贯彻中共十八大关于"坚持走中国特色新型城镇化道路，推动工业化和城镇化良性互动、城镇化和农业现代化相互协调，促进工业化、信息化、城镇化、农业现代化同步发展"，"加快改革户籍制度，有序推进农业转移人口市民化。努力实现城镇基本公共服务常住人口全覆盖"精神,全面落实中共十八届三中全会《中共中央关于全面深化改革若干重大问题的决定》中提出的"完善城镇化健康发展体制机制。坚持走中国特色新型城镇化道路,推进以人为核心的城镇化,推动大中小城市和小城镇协调发展、产业和城镇融合发展,促进城镇化和新农村建设协调推进。优化城市空间结构和管理格局,增强城市综合承载能力"。结合江西省第十三次党代会提出的"坚定不移实施加速城镇化发展战略"的总体要求,进一步加速全省城镇化进程,提升城镇化发展质量和水平。

紧紧围绕建设富裕、和谐、秀美江西的奋斗目标,以体制机制创新为动力,以加快产业和人口向中心城市集聚为重点,以提高中心城市辐射带动能力为核心,以统筹大中小城市和小城镇、城市与农村协调发展为手段,进一步推进城镇化加速发展。到 2020 年,全省城镇化率达到 60% 左右,城镇化水平年均提高约 1.6 个百分点,接近或达到全国平均水平。南昌市城区常住人口达到 300 万人以上;赣州市、九江市城区常住人口达到 100 万人以上,进入特大城市行列;上饶市、吉安市、新余市、萍乡市、景德镇市、抚州市、宜春市、鹰潭市 8 个设区市城区常住人口超过 50 万人,进入大城市行列;南康市、瑞金市、乐平市、丰城市、高安市、樟树市、共青城市、龙南县、南城县、鄱阳县、兴国县、于都县、信丰县、上高县、进贤县 15 个城市城区常住人口达到 20 万～50 万人的中等城市规模,全省县城平均城市人口达到 12 万人以上;示范镇和重点镇人口吸纳能力显著增强,城市和小城镇发展质量明显提升,初步构建起结构合理、布局协调、功能互补、集约高效的城镇体系。实现城镇功能更加完善,城镇质量明显提高,公共服务基本均等,人居环境显著改善,城镇化对经济的拉动作用进一步增强的新型城镇化目标。

二、江西推进新型城镇化总体思路

全面贯彻中共十八大、十八届三中全会精神，以邓小平理论和"三个代表"重要思想为指导，深入贯彻落实科学发展观，以实现伟大复兴"中国梦"为引领，坚持集约节约原则、均衡均等原则、城乡统筹原则、可持续发展原则，稳步推进江西省新型城镇化，保障和改善民生，促进和谐城镇化；积极提升城镇化发展的质量，实现"量"的增长与"质"的提高相统一。坚持工业化、信息化、城镇化、农业现代化同步发展，以工业化和信息化为主要动力，全面提升城镇化发展水平，使新型城镇化发展战略成为促进江西新一轮社会经济发展的重要支撑和强劲动力。

（一）推进创新型江西建设，以创新型经济带动新型城镇化

强卫在学习贯彻省委十三届七次全体（扩大）会议精神专题研讨班讲话中指出，"必须进一步解放思想，以新一轮思想大解放推动江西新一轮大发展"。创新型经济是经济转型升级的核心内涵所在，加快向创新型经济转型是江西重大而紧迫的战略任务，是新型工业化的活力源泉所在，更是新型城镇化发展的新驱动力。要以高素质人才为支撑，促进投资拉动向创新驱动、资源依赖向科技依托、江西制造向江西创造转变，大力发展创新型经济，以产业结构的调整带动高质量的城镇化。推动城市经济从制造业为主向服务业为主转变，城市建设从规模扩张为主向提升水平为主转变，城市功能从生产型为主向科技型、文化型、适宜人居转变。同时提高城市集约发展水平，建设特色产业基地，着力培育大企业大集团，继续推动工业向园区集中、人口向城镇集中、住宅向社区集中。

（二）注重分类指导，协调全省区域城镇化

江西赣北、赣中、赣南经济基础不同，所处的发展阶段也有差异，发展模式的多元化既是江西的重要特点，也为其区域发展升级拓展了广阔的空间。依据"龙头昂起，两翼齐飞，苏区振兴，绿色崛起"发展战略，结合江西实际，实现分类指导。

首先，赣北特别是鄱阳湖生态经济区板块要充分利用沪昆高铁、昌九城际、合福高铁的建设，积极提升特大城市和大城市功能，有潜力的中小城市要积极做大做强。充分发挥服务业的带动作用，引导南昌核心增长极加快经济转型、产业升级和体制创新，提升区域竞争力和抗风险能力，引领江西区域发展。其次，赣中在更高层次上承接产业转移，增强产业集聚效应，促进中心城市集聚发展，着力培育大城市，以抚州、吉安为核心积极融入南昌板块。最后，赣南借助苏区振兴各项政策，大力推进行政区划调整，着力构建赣州都市区和瑞金、龙南区域中心城市，充分利用地缘优势，主动对接珠三角和海西经济区，加快承接产业转移，推动区域城镇化健康发展。

（三）加大城乡统筹力度，优化城乡空间布局

完善城乡协调发展机制和城乡社会保障体系，着力提高城乡居民的收入水平，努力实现全省城市与农村在社会、经济、文化、生态、空间等要素上的交融与协同，积极促进城乡一体建设。通过城市现代化进程，扩大城市市场、产业、文化等要素向周边地区和广大农村扩散、辐射的范围，从而使城乡都得到合理、持续和健康发展。着手解决农民进城问题，破除户籍身份等体制障碍，增加城市吸纳农村剩余劳动力的能力，将城市化作为拉动城乡统筹的重要动力；致力解决"三农"问题，促使农村生产方式现代化、生活方式城市化，市场运行开放化。对城乡土地资源、城乡基础设施、城乡劳动力就业、城乡社会保障事业、城乡旅游、城乡文化体育等方面，提出合适的统筹途

径和模式，维护农民合法权益，改善农民的生活质量，共享改革开放所带来的成果。

（四）全面提升城镇化质量，完善城市功能

江西省城镇人口已过半，现阶段应更加重视城镇化质量的提升，通过建立科学的城镇化质量评价指标体系来指导城镇化健康发展。城镇化发展应从规模拓展为主逐渐向功能完善转变，注重城市功能的提升，走功能型城镇化道路，提高城镇服务能力。优化提升城市整体功能，增强辐射带动力。尤其应促进南昌、九江、赣州等特大城市的培育及其在区域甚至国家经济、社会生活中集聚和辐射功能的发挥。加快城市基础设施与各种配套设施建设，完善城市功能的支持体系，构建良好人居环境。关注民生，保持社会稳定，加快发展社会事业，优先发展教育，推进医药卫生事业改革，不断完善社会保障，按照常住人口配置城市公共资源，让包括农民工在内的城市新移民享有均等化的公共服务。加强节能减排和生态环保工作，提升城市生态功能和服务功能，促进人与自然的和谐发展。强调城市在经济、社会、文化、环境等各个方面的协调发展，提高人们的生活满意度。

（五）以高铁建设为契机，优化提升城镇空间布局

城市化与经济发展相互促进，江西应紧紧抓住国家发展战略机遇，注重区域性交通条件完善和历史文化特色的挖掘，全面优化提升全省城市化空间格局。淡化行政区划意识，强化市场与区域观念，促进城市与区域之间、城市之间、城乡之间的合作和交流，对城市空间进行重新整合，促进城市群和区域联动发展。着力培育和发展以南昌市为核心的南昌大都市区，加快发展赣州都市区、九江都市区，构建"一群、两带、三区"为主骨架的省域城镇空间结构体系，促进大中小城市和小城镇协调发展。通过节点、城市带、城市群、都市圈等多种形式的空间组织模式，使全省的城镇空间布局更加合理。

（六） 加快制度创新，为新型城镇化提供制度保障

制度创新有助于从根本上解决新型城镇发展的矛盾，在江西省新型城镇化发展中应完善土地、住房、社保及户籍改革等制度，保障新型城镇化发展的速度和质量，降低阻隔城乡人员往来的体制性障碍。坚持把深化改革开放作为促进科学发展的根本动力，用改革的办法破解难题，以创新的举措应对挑战，加快构建更加开放有序、更富效率活力的体制机制。积极稳定和促进就业。充分发挥扩大内需、拉动就业的积极效应，加大就业再就业援助力度，开发更多的公益性就业岗位。

三、江西推进新型城镇化实施路径

（一） 大中小城市的协调发展路径

城镇化路径所面对的问题之一即是该优先发展大城市，还是重点发展中等城市，或是注重培育小城镇？

1. 各类型城市对江西城镇化进程的贡献率

我们将 2 万～20 万人口城市划定为小城市，20 万～50 万人口城市划定为中等城市，50 万～100 万人口城市划定为大城市，100 万以上人口划定为特大城市，统计各类型城市总人口数量，并做比较分析。如图 9－1 和图 9－2 所示，2001～2010 年全省小城市人口数量由 400 万人左右增加到 700 万人左右，中等城市由 200 万人左右升至 450 万人左右，二者构成了 2001～2010 年 10 年间城市人口增长的主力。大城市一直是江西城市化的薄弱环节，2001～2005 年未有大城市发育，2010 年仅有九江进入大城市行列，非农人口达 62 万人，2010～2012 年，随着赣州和抚州步入大城市行列，大城市总人口突破 160 万人，

表现出强劲的增长势头。一直以来特大城市唯有南昌一个城市，因此特大城市人口的增加实际上是依托南昌市的扩张来完成的，2000 ~ 2012 年其人口数量由 138 万人左右增加到 215 万人，为全省贡献了将近 80 万的城市非农人口。

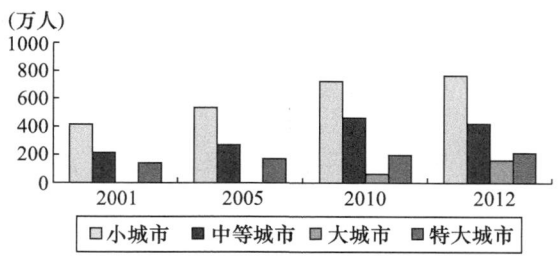

图 9 - 1　各类型城市的非农人口数量增长

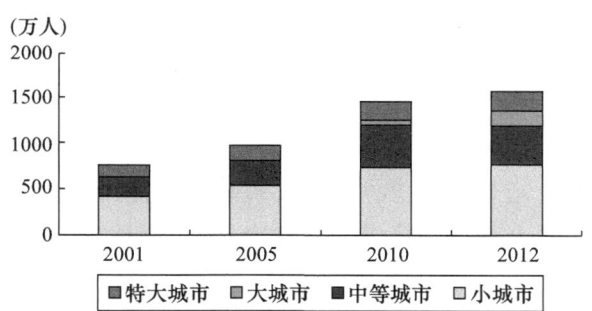

图 9 - 2　各类型城市人口数量比例关系演变

如图 9 - 3 所示，从各类型人口的增长速度来看，中等城市在 2001 ~ 2010 年的 10 年间保持了最快的增长率，且增长率由 25% 左右逐步增长到 75% 左右。中等城市人口数量的快速增加在很大程度上是部分小城市快速发育进而升级为中等城市的结果，因此在此 10 年间小城市人口的增长速度受到了一定的影响。当然小城市人口的增长率在 10 年间一直稳定在 25% 左右，特大城市在此 10 年间保持了稳定的中低速增长。2010 年成为各类型城市增长状况的转折点，最突出的是大城市的人口总量在 2010 ~ 2012 年出现了 166% 的超速增长。而同时中等城市的人口增长出现了将近 10% 的负增长，一方面固然是部分中等城市晋升为大城市的原因，另一方面也暴露了小城市人口的增长速度并不够理想，不少小城市人口增长仍然过慢，实现人口快速增长的小城市数量有限。

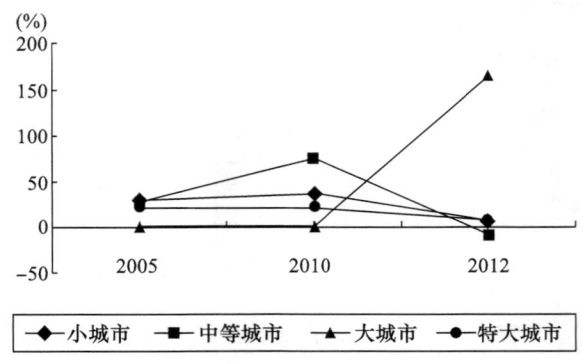

图9-3　各类型城市非农人口增长率

2. 大中小城市的协调发展策略

从城市地理学角度来看，大中小城市均是城市体系的重要组成部分，本身就是一个完整的系统。在城市化加速阶段，小城市发育到一定程度必然成长为中等城市，而中等城市也逐步壮大为大城市，部分区位条件较好或城市等级较高的大城市则有可能进一步晋升为特大城市。江西目前处于工业化中期阶段，其城镇化进程正处于加速期，因此大中小城市的规模扩张整体上都是比较明显的。

从省际大区域和国家层面来看，江西应积极培育特大城市，特大城市具有较强的集聚带动作用，有利于释放较强的社会影响力，能够提升整个江西在国家层面竞争中的地位。从2000~2012年的城市发展情况来看，中等城市在江西的城镇化进程中具有较大的贡献率，大城市在最近几年间则表现出强劲的势头，同时得益于城市等级和规模的优势，二者在地方上往往具有较大的社会影响力和人口吸引力，因此应加大大城市与中等城市的培育力度，增加其城市数量，释放其人口吸引力和示范效应。

小城市虽然个体规模不大但数量多，并且小城市往往是广大乡村地区的经济中心，加上近年来县域经济发展如火如荼，小城市建设的活力已经显现，因此小城市的发展不能忽略。由于数量众多，小城市所承载的人口总量在短期内仍然是最大的。按照此发展速度，江西省有望在2020年左右进入以大中城市、特大城市和都市圈为主导的、以城市现代化为特征的城镇化新阶段。

综上所述，江西省的新型城镇化道路应坚持大中小城市协调发展的策略，但其重点首先应放在着力培育特大城市，以吸引和集聚外部资源，带动江西区域经济快速发展。

（二）重点城市片区培育的空间路径

为了更加直观地表达城市规模结构在空间上的连续变化趋势，可采用Kernel城市空间密度分析方法对江西省城市规模结构时空演化过程进行解释。Kernel分析属于密度制图，是指根据输入的要素数据计算整个区域的数据集聚状况，从而产生一个连续的密度表面。该表面主要是基于点数据生成的，以每个待计算格网点为中心，进行圆形区域的搜寻，进而计算每个格网点的密度值。从本质上说，是一个通过离散采样点进行表面内插的过程。Kernel密度估计作为非参数估计方法，适用于随机变量的概率密度估计。在Kernel密度估计中可用连续的密度曲线描述随机变量的分布形态。运用等值线形式表示城市规模分布的连续空间变化趋势，即以峰值区代表城市人口密集分布地区，反之则为稀疏地区。基于城市人口规模的Kernel分析的一项重要作用是可以识别区域重点城市片区的空间位置及其集聚与扩散的动态过程，为确定该区域最具发展实力的城市片区提供可视化支撑。

1.21世纪以来重点城市片区成长的空间特征

以江西省91个县域单元（不包含共青城市）为对象，运用Arc-GIS空间分析模块中的Kernel Density工具，选取2001年、2005年、2010年、2012年四个时间截面的城区非农业人口数据进行Kernel空间密度分析。

（1）基于 25 千米搜索半径的 Kernel 密度演化。首先定义 25 千米为搜索半径，并覆盖到 91 个研究对象所在的空间点。Kernel 密度对城市集聚区的空间边界和形态进行搜索的结果，如图 9 - 4 所示。

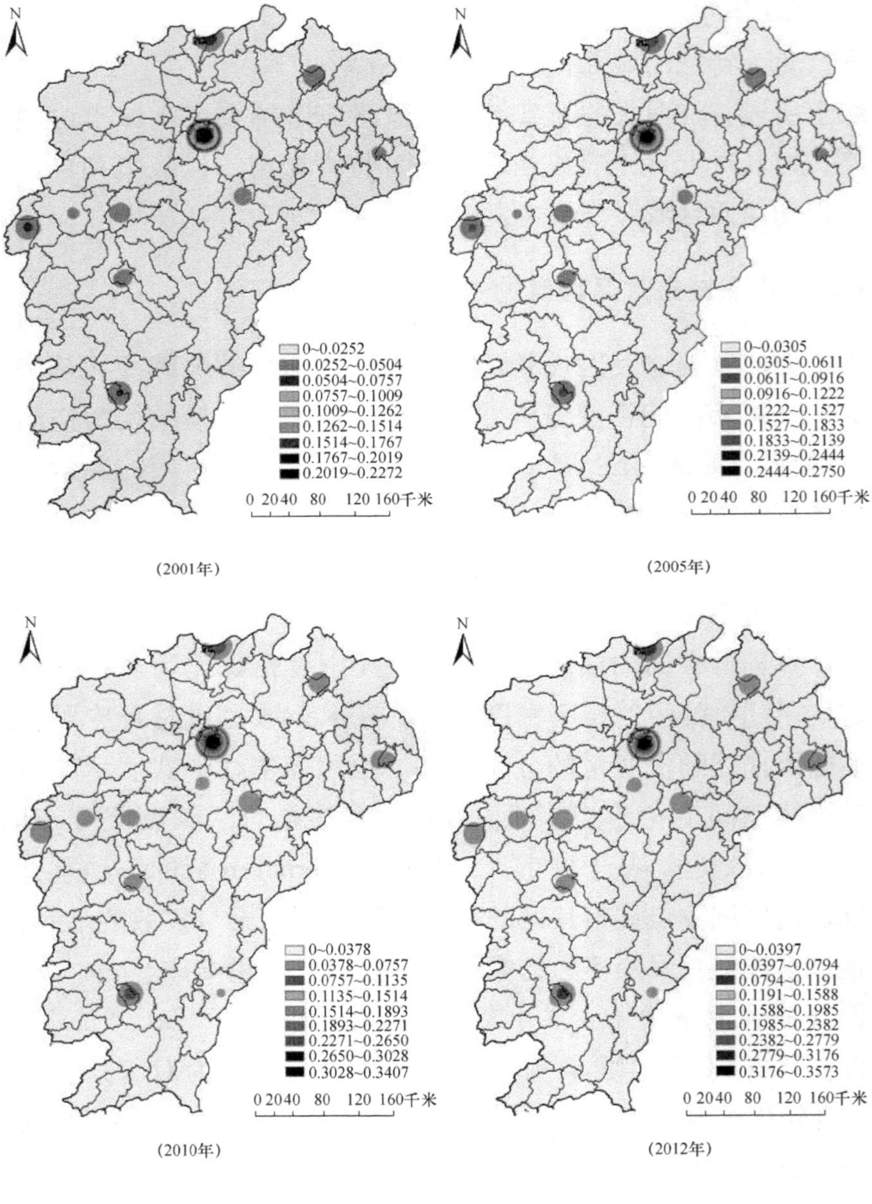

0~0.0252
0.0252~0.0504
0.0504~0.0757
0.0757~0.1009
0.1009~0.1262
0.1262~0.1514
0.1514~0.1767
0.1767~0.2019
0.2019~0.2272

0 20 40 80 120 160 千米

（2001年）

0~0.0305
0.0305~0.0611
0.0611~0.0916
0.0916~0.1222
0.1222~0.1527
0.1527~0.1833
0.1833~0.2139
0.2139~0.2444
0.2444~0.2750

0 20 40 80 120 160 千米

（2005年）

0~0.0378
0.0378~0.0757
0.0757~0.1135
0.1135~0.1514
0.1514~0.1893
0.1893~0.2271
0.2271~0.2650
0.2650~0.3028
0.3028~0.3407

0 20 40 80 120 160 千米

（2010年）

0~0.0397
0.0397~0.0794
0.0794~0.1191
0.1191~0.1588
0.1588~0.1985
0.1985~0.2382
0.2382~0.2779
0.2779~0.3176
0.3176~0.3573

0 20 40 80 120 160 千米

（2012年）

图 9 - 4 基于 25 千米搜索半径的城市规模空间分布 Kernel 密度演化

分析结果包括以下几个方面：

南昌市的城市空间密度要远远大于其他城市，体现了其在江西省较高的城市首位度。

1）2001 年，九江、萍乡、赣州共同组成第二梯队的较高密度城市，3 个城市在全省的城市人口规模仅次于南昌。2010 年之后，萍乡退出第二梯队。除九江、赣州外，抚州和上饶成为未来第二梯队新的后备城市。

2）赣州的城市空间密度稳步增大，在一定程度上得益于其地级辖区内人口规模庞大，中心城市新增人口供应充足。而城市发展基础较好的萍乡在全省格局中的地位却出现了相对下降，这暴露了萍乡由于地市级辖区内人口规模有限而难以支撑其城市规模持续快速扩张的不利现实，其城市发展的后劲受到制约。

3）2010 年，全省城市空间密度格局出现了较大改变，最突出的是丰城与瑞金进入较高空间密度城市行列，二者在众多县级城市中率先"出线"，表明了二者具有强劲的城镇化势头和发展潜力。

4）抚州、上饶、宜春城市空间密度均出现了显著增大，呈现出良好的发展势头，三者成为拥有较大城镇化潜力的地级中心城市。

5）2005 年，全省城市空间密度稍有增加，但其格局并未发生较大变化。2010 年成为城镇空间密度格局的转折点，2012 年的状况则延续了 2010 年的格局，全省在格局稳定的情况下城市空间密度整体上稍有增大。这表明 2010 年之后，江西的城镇化进程进入了大城市快速发展的新阶段。

（2）为了 50 千米搜索半径的 Kernel 密度演化与 –525 千米搜索半径进行比较，以 50 千米为搜索半径再次进行 Kernel 密度分析，结果如图 9 – 5 所示。由于 50 千米半径相对较大，因此全省高城市空间密度区域以城市片区的形式被识别，即以中心城市为核心，依据其周围地区城市空间密度的高低逐步由高值区向低值区蔓延。

分析结果包括以下几个方面：

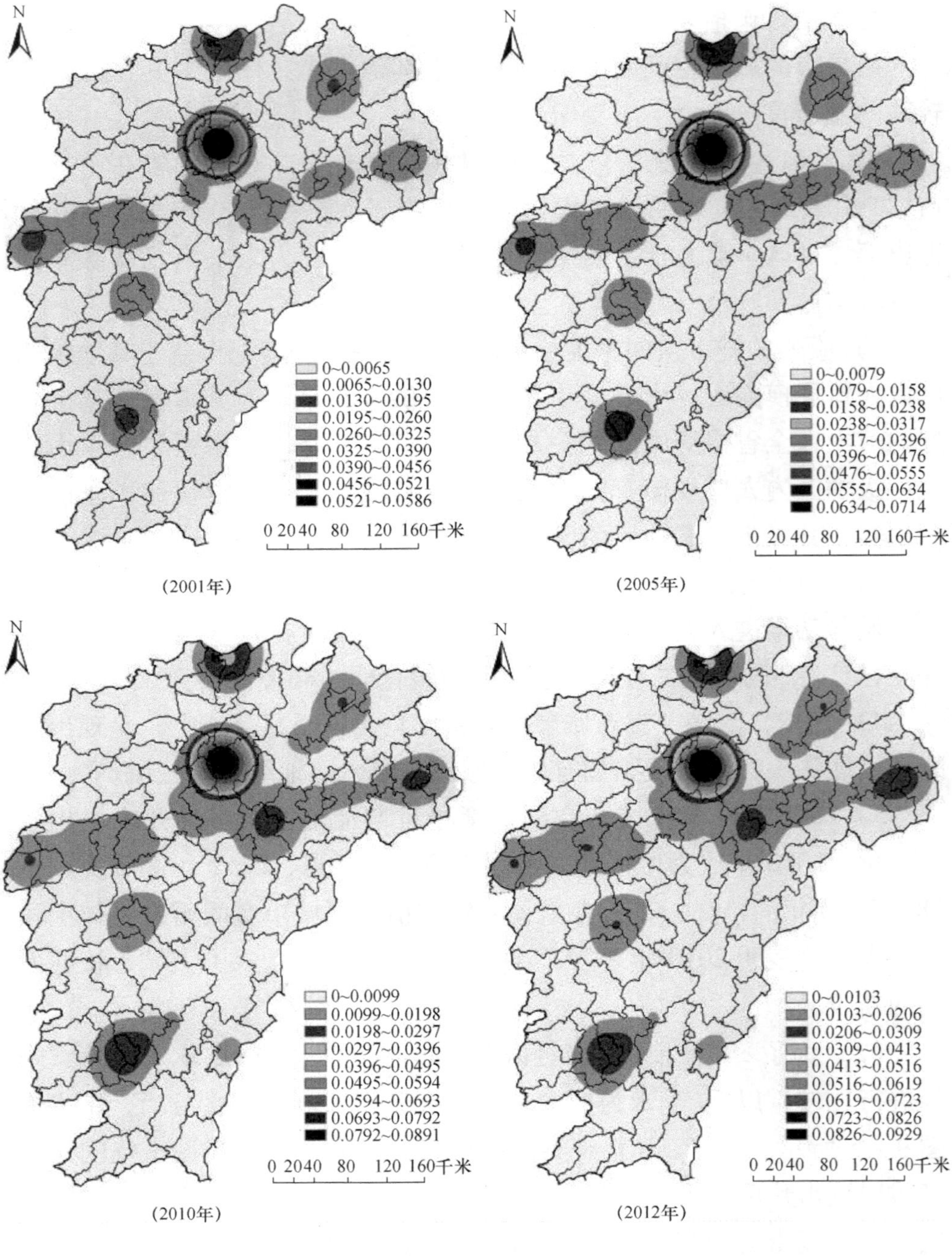

N

0~0.0065
0.0065~0.0130
0.0130~0.0195
0.0195~0.0260
0.0260~0.0325
0.0325~0.0390
0.0390~0.0456
0.0456~0.0521
0.0521~0.0586

0 20 40 80   120 160千米

（2001年）

N

0~0.0079
0.0079~0.0158
0.0158~0.0238
0.0238~0.0317
0.0317~0.0396
0.0396~0.0476
0.0476~0.0555
0.0555~0.0634
0.0634~0.0714

0 20 40 80   120 160千米

（2005年）

N

0~0.0099
0.0099~0.0198
0.0198~0.0297
0.0297~0.0396
0.0396~0.0495
0.0495~0.0594
0.0594~0.0693
0.0693~0.0792
0.0792~0.0891

0 20 40 80   120 160千米

（2010年）

N

0~0.0103
0.0103~0.0206
0.0206~0.0309
0.0309~0.0413
0.0413~0.0516
0.0516~0.0619
0.0619~0.0723
0.0723~0.0826
0.0826~0.0929

0 20 40 80   120 160千米

（2012年）

图 9 - 5　基于 50 千米搜索半径的城市规模空间分布 Kernel 密度演化

1）全省四大最具实力城市片区已经形成。2001 年全省城市空间密度呈现五大"峰值"片区，即南昌片区、九江片区、赣州片区、萍乡片区、景德镇片区。但到 2010 年，景德镇片区和萍乡"峰值"片区趋向"淡化"，相反，抚州、上饶"峰值"片区开始显现，表明传统城市发展基础较好的萍乡与景德镇逐步被后起的抚州、上饶反超。从目前情况来看，江西省四大"峰值"片区已经形成，即南昌—抚州片区、九江片区、赣州片区、上饶片区。

2）全省呈现三大城镇密集连片区：南昌—抚州连片区、抚州—鹰潭—上饶连片区、新余—宜春—萍乡连片区。

3）全省城市空间密度格局呈现五大"孤岛"高值片区：九江孤岛区、赣州孤岛片区、景德镇—鄱阳孤岛片区、吉安孤岛片区、瑞金孤岛片区。值得注意的是，随着昌九一体化进程的推进，南昌与九江之间较落后的城市将会得到较快发展，九江孤岛片区最终将会和南昌—抚州片区连成一体。

4）浙赣城镇集聚带雏形初现。由全省重点城市片区的演变可以看出，随着南昌—抚州片区的不断拓展，逐步与抚州—鹰潭—上饶连片区连成一体，并有望向西拓展与新余—宜春—萍乡连成一片，最终形成浙赣城镇集聚带。浙赣城镇集聚带将成为江西第一条横贯全省的带状城镇集聚片区，随着沪昆高铁的兴建和开通，该地区将起到全省城镇化和经济发展的双重引领作用。

5）全省城镇化的核心—边缘结构初步形成。南昌—抚州连片区已经成为全省城镇化的核心区（见表 9－1）。南昌附近区域一直是江西经济最发达、城镇化水平最高的地区，而抚州近年来城市发展势头迅猛并拥有较大后发潜力，抚州在 2010 年之后已经进入大城市行列，加上昌抚两城空间距离较近，向蒲高铁的开通更是使抚州纳入南昌 1 小时交通圈。南昌和抚州一体化与同城化发展的外部条件已经具备，南昌与抚州的"合璧"将使该片区成为全省城镇化的引领区和示范区。

表9-1　江西省城镇化核心—边缘结构状况一览

省级核心区	省级次核心区	地方核心区	边缘区
南昌—抚州核心区：南昌市、南昌县、新建、安义、丰城、樟树、高安、奉新、永修、进贤、东乡、崇仁、临川区	①九江次核心区：九江市、九江县、瑞昌、湖口、星子、德安—共青城 ②赣州次核心区：赣州市、赣县、南康、上犹、信丰 ③上饶次核心区：上饶市、上饶县、广丰、玉山、铅山	①新余—宜春—萍乡核心区：新余、分宜、宜春、芦溪、上栗、萍乡 ②景德镇—鄱阳核心区：景德镇、浮梁、乐平、鄱阳 ③吉安核心区：吉安市、吉安县、吉水、泰和 ④鹰潭核心区：鹰潭、贵溪、余江 ⑤瑞金核心区：瑞金城镇圈（中心城区、叶坪、沙洲坝、象湖、泽谭）	其他县域

　　九江片区、赣州片区、上饶片区成为全省城镇化的次核心区。九江和赣州分别是江西的省域副中心城市，城市实力仅次于南昌，二者一北一南带动赣北和赣南地区的城镇化进程。上饶片区表现出了强劲的城镇发展势头，已成功反超了景德镇、萍乡等传统重点城市片区。同时上饶片区毗邻浙江并位于浙赣高铁大动脉上，良好的区位优势将进一步释放上饶片区的城镇化潜能，进而实现对赣东地区的带动。

　　新余—宜春—萍乡连片区、景德镇—鄱阳片区、吉安片区、鹰潭片区瑞金片区成为引领地方城镇化进程的核心区。新余—宜春—萍乡连片区将引领赣西地区城镇化进程，景德镇—鄱阳片区引领赣东北城镇化进程，吉安片区则引领吉安地区的城镇化进程，瑞金片区则引领赣东南地区的城镇化进程。

　　全省其他城市连同其所辖区域均称为全省城镇化的边缘地区。边缘地区的中心城市发育水平和城镇化水平均明显落后于核心区，由于在面积上边缘区仍占较大比例，因此在全省城镇化进程中应注重协调核心区与边缘区的关系，统筹推进。

　　2. 重点城市片区培育空间培育策略

　　（1）大力推进昌抚一体化，全力培育以南昌为核心的城市群板块。由以上分析可以得出一个结论，即南昌—抚州片区将成为南昌大都市区的核心部分，也是全省城镇化的核心区。因此应从省级层面展开对昌抚一体化的支持，依托向莆高铁打造双城合璧。同时昌九一体化经过多年的经营已经逐步释放效益，应继续推进。南昌都市圈是全省社会经济发展和城镇化建设的心脏，对南昌核心增长极的打造应继续坚持下去。此外，应全力培育以南昌为核心的南昌城市群板块，以该板块实现与长江中游城市群国家战略的对接。

（2）建设九江都市区、赣州都市区、上饶城镇组团。从省级层面加大对九江都市区和赣州都市区的打造力度。九江都市区的定位应是长江中游地区的重要门户和经济中心之一，长江中下游及京九沿线综合交通枢纽，著名的现代化工贸港口城市和国际知名的休闲度假旅游区。赣州都市区的定位应是我国中部地区的开放高地和赣南等原中央苏区振兴发展的核心增长极、赣江源头地区的生态文明建设示范区和江西省统筹城乡发展示范区。上饶市区域是江西仅次于南昌—抚州片区、九江片区、赣州片区之后的最具潜力的城镇化核心区，该地区实现城镇快速发展的外部条件已经具备，因此应从省级层面给予明确的政策支持，将上饶市、上饶县、广丰县联合打造成一体化的城镇组团。

（3）积极培育丰城、瑞金、鄱阳3个中等城市。从城镇空间密度分析结果来看，丰城、瑞金、鄱阳3个县级城市从众多同级城市中脱颖而出，成为县级城镇化的先锋。丰城具有毗邻南昌的区位优势和强劲的自身实力，瑞金则具备无可取代的红色政治资源和对接闽台的门户功能，鄱阳是全省第一人口大县，具备较大的经济总量，同时也是南昌大都市圈的重要成员和节点城市，因此应从省级层面对以上3个县级城市重点培养，使之在区域发展中起到支撑和示范作用。

（4）借助高铁优势，打造高铁沿线城镇集聚带。高铁作为最便捷的快速客运系统能够产生强大的社会经济要素集聚作用，在空间上可以引导生产力要素沿高铁线路呈节点状连续分布，因此高铁沿线可成为推进新型工业化与城镇化互动发展的重要载体。横穿江西的沪昆高铁已经开通运营，由于该高铁指向经济发达的长三角地区，因此可以加快沪昆（浙赣）沿线中心城市的产业集群基地、专业化区域服务职能建设；强化中心城市的辐射带动作用，推进交通走廊沿线及其两侧 30～50 千米城镇、旅游区的一体化发展。加之浙赣沿线的城镇集聚已具备一定的基础，城镇带雏形初现，因此应继续强力打造沪昆高铁沿线城市带，以拉动全省的经济发展和城镇化进程。

京九城镇发展带的聚集能力仍相对薄弱，京九沿线尚未形成连续分布的城镇密集带，昌九走廊地区、吉安市周边地区、赣州市周边地区的城镇密集区均呈孤岛状分布。因此应尽快推动昌吉赣客运专线的开建。昌吉赣客运专线及其南延至深圳线路的修建将使江西境内的沿京九城镇间实现快速通勤，并使得南昌至深圳、香港地区的快速通道得以打通，只有这样昌九沿线城镇密集带才可能从真正意义上实现隆起。

（三）加大对重点镇的培育力度

1. 着力培育省级示范镇

坚持扶优扶强，加快引导示范镇人口集聚和产业发展，通过政策和资金扶持，着力建设一批省级示范镇。省、市、县分别选中心城市周边的卫星镇、县域副中心镇、旅游小城镇和其他有一定产业基础、人口规模、经济实力和发展潜力的小城镇作为示范镇，由省、市、县（市、区）共同给予重点扶持。其中可列省重点扶持的示范镇有 25 个（见表 9 - 2）。

表 9 - 2　江西省示范镇名单

设区市	江西省示范镇
南昌市	进贤县李渡镇、湾里区梅岭镇、高新区麻丘镇
九江市	共青城甘露镇、庐山区新港镇
景德镇市	乐平市洪岩镇
萍乡市	安源区安源镇
新余市	渝水区罗坊镇

续表

设区市	江西省示范镇
鹰潭市	月湖区童家镇
赣州市	经济开发区潭口镇、赣县江口镇、信丰县大塘埠镇
宜春市	高安市八景镇、明月山管理局温汤镇
上饶市	鄱阳县田畈街镇、鄱阳县油墩街镇、三清山管委会枫林镇、婺源县江湾镇、余干县乌泥镇
吉安市	吉州区长塘镇、泰和县螺溪镇、吉安县永和镇、新干县金川镇
抚州市	临川区云山镇、临川区唱凯镇
享受示范镇政策的少数民族乡镇	贵溪市樟坪畲族乡、铅山县太源畲族乡、铅山县篁碧畲族乡、永丰县龙冈畲族乡、南康市赤土畲族乡、青原区东固畲族乡、乐安县金竹畲族乡、峡江县金坪民族乡

2. 大力发展全国重点镇

2013年8月，住建部等7部委联合印发了《住房城乡建设部等部门关于开展全国重点镇增补调整工作的通知》，决定对2004年公布的全国重点镇进行增补调整。相关媒体认为，总体来看，全国重点镇的数量偏少，一些镇出现了撤并调整，一些镇发展比较滞后，还有一批未列入全国重点镇范围的镇发展迅速，已成为实际工作中的扶持重点。而住建部称，这次调整意在为适应新型城镇化发展要求，进一步实施有重点地发展小城镇的战略。全国重点镇增补调整的一个重要原则便是要从促进城、镇协调发展出发，按照构建大中小城市和小城镇协调发展的城镇化战略格局的要求，使全国重点镇数量、分布与城市布局相协调，形成合理的级配，改变城、镇发展失衡的状况。另外，改革是中国发展城镇化以及小城镇战略的必由之路，而重点镇在一定意义上就是改革的示范田，会有一系列政策进行倾斜。这些改革也不局限于住建领域，包括公共设施提供与覆盖、户籍制度以及土地流转等都可以同时涉及，小城镇人口相对少、面积小、改革阻力和难度也很小。

此次对于重点镇的调整意在增加重点镇数量，预计新名单中，我国重点镇将增加到2500个以上，增补调整的目标是各县（市）至少有1个重点发展镇列为全国重点镇，并使全国重点镇成为今后各地各有关部门扶持小城镇发展的优先支持对象。全国重点镇的增补调整推荐条件是人口达到一定规模、区位优势明显、经济发展潜力大、服务功能较完善、规划管理水平较高、科技创新能力较强。

国家政策导向表明，在新型城镇化的战略下，国家越来越认识到小城镇在城镇体系中的重要地位和作用，因此国家将出台相关政策加大对农业镇、工业镇、矿业镇、旅游度假镇等各式各样的专业特色小城镇的培育。江西省列入全国重点镇的名单如表9-3所示。

表9-3　江西省全国重点镇名单

设区市	全国重点镇
南昌市	南昌县莲塘镇、向塘镇，新建县长堎镇，进贤县民和镇、李渡镇、文港镇
九江市	庐山区姑塘镇，武宁县新宁镇，修水县义宁镇、渣津镇，永修县涂埠镇、柘林镇，德安县蒲亭镇，星子县南康镇，湖口县双钟镇，彭泽县龙城镇，瑞昌市码头镇
景德镇市	浮梁县洪源镇，乐平市涌山镇
萍乡市	安源区安源镇，湘东区下埠镇，莲花县琴亭镇，上栗县上栗镇、桐木镇，芦溪县芦溪镇
新余市	渝水区良山镇，分宜县分宜镇
鹰潭市	龙虎山管委会上清镇，余江县邓埠镇、锦江镇
赣州市	章贡区沙河镇，赣县梅林镇、灌口镇，信丰县嘉定镇、铁石口镇，上犹县东山镇，安远县欣山镇，龙南县龙南镇，全南县城厢镇，宁都县梅江镇，于都县贡江镇，兴国县潋江镇，南康市唐江镇、潭口镇
宜春市	袁州区温汤镇，奉新县冯川镇，万载县康乐镇、株潭镇，宜丰县新昌镇、潭山镇，靖安县双溪镇，樟树市临江镇，高安市八景镇
上饶市	上饶县旭日镇，广丰县永丰镇、洋口镇，玉山县冰溪镇，沿山县河口镇、永平镇，鄱阳县鄱阳镇，婺源县紫阳镇，德兴市泗洲镇
吉安市	吉安县敦厚镇，吉水县文峰镇、八都镇，峡江县水边镇、巴邱镇，新干县金川镇、大洋洲镇，永丰县恩江镇，泰和县澄江镇
抚州市	临川区腾桥镇，南城县建昌镇，崇仁县巴山镇，乐安县鳌溪镇，金溪县秀谷镇，资溪县鹤城镇，东乡县孝岗镇

根据全国重点镇增补的通知以及要求每县至少有一个全国重点镇的精神，本书认为，首批可列入增补的全国重点镇名单为安义县等26

个县市的重点镇（见表9－4）。

表9－4　江西可列入全国重点镇的增补名单

县市	重点镇	县市	重点镇	县市	重点镇
安义县	龙津镇	石城县	琴江镇	万安县	芙蓉镇
九江县	沙河街镇	丰城市	曲江镇	遂川县	泉江镇
都昌县	蔡岭镇	上高县	泗溪镇	安福县	平都镇
瑞金市	壬田镇	铜鼓县	永宁镇	永新县	禾川镇
大余县	新城镇	余干县	玉亭镇	南丰县	琴城镇
崇义县	版石镇	万年县	陈营镇	黎川县	日峰镇
定南县	固村镇	弋阳县	南岩镇	广昌县	旴江镇
会昌县	文武坝镇	横峰县	岑阳镇	宜黄县	凤冈镇
寻乌县	澄江镇	井冈山市	厦坪镇		

（四）推动部分县市行政区划调整

1. 国家或迎来"县改市"或"县改区"新一轮浪潮

1997年，国务院暂停了实施11余年的撤县设市政策。原因是许多地方盲目追求"县改市"，造成县级市市区农村人口比重过大，城郊比例失调，城乡概念模糊等问题，"假性城市化"比较普遍。此后十几年间，只有极少数县实现身份的升级。随着近年来城镇化概念的不断强化，"县改市"以及和市区相毗邻的"县改区"的要求更频繁和强烈。

随着我国城镇化水平稳步提高，预计2020年城镇化率将达到60%左右，2030年将进一步达到66%左右。虽然城镇化率增长迅猛，但目前全国仅有658个设市城市。很多县的人口、产业支撑已经有一定的规模，城市数量和13亿人口还是不匹配，重新设立城市规模标准有其必要性。上报国务院的"国家中长期新型城镇化规划"建议对城市规模进行重新设定，各级别城市的划分标准均有变化，部分发展状况较好的小城镇有望升级为市。同时，对城市规模认定过程中不再拘泥于城市等级限制，真正依靠市场配置，根据城市所具备的承载力、人口集聚能力等方面进行认定。

由此可见，在城镇化加速阶段，我国或将迎来"县改市"、"县改区"的新一轮浪潮。

2. 江西省"县改市"或"县改区"重点城市

支持鄱阳县、南城县、进贤县进行"县改市"。鄱阳县为江西第一人口大县，在赣东北地区具有一定的经济地位。同时，鄱阳县距离南昌市较近，在新一轮的城镇化进程中，可以融入南昌大都市圈和以南昌为中心的城市群，成为助推南昌周边板块隆起的重要力量。南城县是重要的高速公路枢纽，同时随着向蒲高铁的开通以及未来景鹰汕铁路的修建，其优越的交通区位优势将得到释放，南城有望成为对接闽台的重点城市以及区域性的物流中心。进贤县作为南昌市下属县域，一直以来具有较强的经济实力和竞争优势，加之地处沪昆高铁大动脉，因此具备较强的持续快速发展优势，是南昌—抚州大都市片区的重要组成部分。综上所述，3县在江西全省发展格局中具有较重要的地位，应支持以上3县开展撤县设市的准备工作，尽快实现行政升级以推动发展潜力的释放。

支持与南昌市邻近的新建、南昌两县，与赣州市邻近的赣县、南康市，与九江市邻近的九江县进行"县改区"工作，以呼应南昌、九江、赣州三大都市区建设。支持与上饶市邻近的上饶县、与吉安市邻近的吉安县进行"县改区"工作，以便使上饶、吉安两市尽快摆脱中心城区过小的弊端，尽快释放其对周边地区发展的示范带动作用。

四、江西推进新型城镇化政策选择

实施新型城镇化发展战略，必须遵循效益优先，规模、功能、质量相统一的原则。江西人口稠密、土地资源紧张、城镇规模偏小、布局相对分散。因此,江西推进新型城镇化应遵循集约型的城市化发展战略,实行区域差异化发展,优化城市化空间布局,形成网络化的空间格局,走多元机制协调型的新型城镇化发展道路。

(一)创新投融资渠道

新型城镇化投融资是一项非常重要的工程,直接关系到新型城镇化的质量和成败。发达国家在城镇化投融资方面有较好的经验可以借鉴。美国的城市基础设施建设主要通过市场竞争的方式由民间资本投入完成。德、法两国的城市基础建设投融资模式具有两个基本的特征:一是法制化管理;二是高度重视前期规划。日本城市化建设不但有中央政府和地方政府的参与,还有官方代理机构和私营企业的参与。由此可知,发达国家均采用了多样化的投融资模式。借鉴发达国家模式,江西省新型城镇化投融资模式亦可考虑多样化渠道。

1. 政府直接投入

非经营性城市基础设施建设项目完全由政府财政预算投入。对于经营性城市基础设施建设项目,政府鼓励企业通过市场融资,并按照一定的比例对企业提供财政补助。

2. 银行贷款融资

发挥现有政策性银行的重要作用,制定政策性金融专项支持方案,探索建立城镇基础设施、住宅政策性金融机构,为基础设施、公共服务和保障性安居工程提供政策性金融服务。创新金融服务和产品,多渠道推动股权融资,提高直接融资比重。

3. 特许经营权转让融资

对于供水、供气、污水处理、垃圾处理等城市基础设施建设项目,在项目通过规划立项后,地方政府通过招投标的方式,在公平竞争的企业之间选择一家企业,采取政府主导,特许企业进行该项目的经营。特许经营权将使地方政府在城市基础设施建设项目投融资中占据有利的地位。

4. 发行地方政府债券

完善政府债务全口径统计、信息披露、信用评级和风险预警体系，健全监管协调机制，规范管理各级政府债务。

5. 其他融资渠道

广泛采取世界银行贷款、项目融资、BOT（Build Operate Transfer）等国际融资方式筹集资金。吸引社会资本组建城市综合运营商、中小型银行等，鼓励民间资本通过特许经营权等方式参与城市基础设施和公共服务设施建设投资和运营。

（二）调整行政区划

江西省将积极创造条件，按照《国务院关于行政区划管理的规定》要求，适当调整一些城市的行政区划，进一步合理配置城市资源，拓展城市发展空间。对市、县同城的要力争撤县（市）设区；仅设一个建制区的城市，可根据城市发展需要，通过撤县（市）设区，增加建制区数量；将城市规划区内的乡镇逐步改为街道办事处，行政村逐步改为居民委员会，实行城市管理体制；根据县域经济发展需要，逐步将经济发展较快、区位优势明显、达到设镇标准的乡改为建制镇。支持城市新区、产业集聚区与所在行政区管辖范围严密套合。

（三）改革人口管理制度

江西省进一步放宽城镇落户条件，在设区市市辖区有合法稳定职业满3年（设区市可根据当地实际适当放宽职业年限要求）和具有合法稳定住所（含租赁），同时按照国家规定缴纳社会保险达到一定年限的人员，本人及其共同居住生活的配偶、未婚子女、父母，可在当地申请登记常住户口；在县级市市区、县人民政府驻地镇和其他建制镇有合法稳定职业和合法稳定住所（含租赁）的人员，可在当地申请登记常住户口。对落户城镇的农民是否放弃宅基地使用权和土地承包经营权，必须完全尊重农民本人意愿，不得强制收回或变相强制收回。凡在江西省就业或创业的高校毕业生，可在就业地登记常住户口；尚未就业或创业的，根据本人意愿，可迁回原籍。在全省范围内逐步取消二元制户籍管理制度，逐步实现城乡统一的户口登记制度，建立健全流动人口居住证制度，以居住证为载体，建立健全与居住年限相挂钩的基本公共服务提供机制。建立人口信息管理制度，全面准确摸清人口规模、人员结构、地区分布等情况。建设和完善以公民身份证号码为唯一标识、以户口登记为基础的省级人口信息库，逐步实现跨部门、跨地区信息整合和共享。

（四）推动产业集聚和升级

江西省以促进社会资源和生产要素的优化配置为重点，进一步科学确定各城市的功能定位，形成特色鲜明、分工协作、错位发展、相互协调的区域产业格局。坚持以科技为先导、市场为引领，立足现有基础和条件，突出江西优势和特色，大力培育壮大新能源、新材料、新能源汽车、民用航空、生物医药等战略性新兴产业，形成一批战略性新兴产业基地，使之成为引领江西未来发展的主导力量。充分利用高新技术和先进适用技术，加快对有色、钢铁、汽车、石化、建材、陶瓷、纺织等传统优势产业升级改造，推动信息化与工业化的深度融合，建设铜、钨和稀土精深加工等若干国家级产业基地，打造一批超过千亿元的优势产业。进一步加强城镇群、城镇带发展和产业梯度发展的衔接互动，形成龙头带动、结构合理、体系完善的现代产业发展格局。按照布局集中、产业集聚、土地集约、生态环保的原则，完善城市功能分区，合理配置产业用地，工业园区项目用地纳入城镇建设用地总体规划中。大力发展园区经济，整合、创新国家级和省级开发区，实现工业园区建设与城市新区建设相结合、人口板块与经济板块相协调。通过产业集聚和升级，提升城镇化质量。

（五）统筹城乡协调发展

江西省将加快引导城市资金、技术、信息等要素向农村流动，统筹城乡基础设施和社会事业发展，推进城乡公共服务均等化。鼓励城市企业投资建设现代农业，鼓励城市劳动密集型和资源加工型产业向县城和小城镇转移，鼓励城市商贸、物流、金融、咨询等服务业向农村延伸；提高农村公路等级水平，重点抓好农村客运网络化体系建设；实施农村信息化工程，加快广播电视网、通信网等基础信息网络的建设和运用；优化配置城乡教育资源，缩小城乡、校际差距；巩固和发展县、乡、村三级农村卫生服务网络，进一步巩固和完善新型农村合作医疗制度；统筹城乡市场体系建设，创新现代流通方式，改造提升城镇批发市场和农贸市场，完善万村千乡农家店网点布局和商品配送体系；鼓励大型商贸企业到农村设立网点，提升农村商贸流通设施水平；积极推进城市公交、供水、燃气、供热、污水和垃圾处理向周边村镇延伸，提高城乡基础设施共享水平。

（六）深化土地使用制度改革

江西省将推进城镇发展集中布局，倡导城镇紧凑型布局结构，坚持集约节约型新型城镇化发展道路。完善土地征收制度，建立公平合理的征地补偿标准形成机制，探索以社会保障和就业安置、征地补偿安置费用为主，农业安置、留地安置和已经批准的建设用地土地使用权作价入股等安置方式为辅的征地补偿安置模式。建立城镇用地规模结构调控机制，严格控制新增城镇建设用地规模，执行城市用地分类和规划建设用地标准，探索实行城镇建设用地规模适度增加、集约用地程度高、发展潜力大、吸纳人口多的卫星城、中小城市和县城建设用地供给。探索农村集体土地流转机制，加快推进农村集体土地所有权、宅基地使用权和集体建设用地使用权确权登记发证工作。探索城乡建设用地空间配置新机制，加强农村土地综合整治，积极推进城乡建设用地增减挂钩试点，促进城乡建设用地空间布局调整。

（七）强化生态环境保护制度

江西省将完善推动城镇化低碳循环发展的体制机制，实行最严格的生态环境保护制度，形成节约资源和保护环境的空间格局、产业结构、生产方式和生活方式。将资源消耗、环境损害、生态效益纳入城镇化发展评价体系，建立生态文明考核评价机制；建立健全自然资源产权制度和用途管制制度，健全能源、水、土地节约集约使用制度；落实主体功能区制度，科学划定生产、生活、生态空间开发管理界限，落实用途管制；完善资源有偿使用制度和生态补偿制度，切实加大补偿投入力度，扩大生态补偿范围，提高生态补偿标准；探索节能量、碳排放、排污权、水权等资源环境产权交易机制。

江西新型城镇化路径选择和政策建议

全面贯彻中共十八大关于"坚持走中国特色新型城镇化道路，推动工业化和城镇化良性互动、城镇化和农业现代化相互协调，促进工业化、信息化、城镇化、农业现代化同步发展"，"加快改革户籍制度，有序推进农业转移人口市民化。努力实现城镇基本公共服务常住人口全覆盖"精神，全面落实中共十八届三中全会《中共中央关于全面深化改革若干重大问题的决定》中提出的"完善城镇化健康发展体制机制。坚持走中国特色新型城镇化道路，推进以人为核心的城镇化，推动大中小城市和小城镇协调发展、产业和城镇融合发展，促进城镇化和新农村建设协调推进。优化城市空间结构和管理格局，增强城市综合承载能力"。结合江西省第十三次党代会提出的"坚定不移实施加速城镇化发展战略"的总体要求，进一步加速全省城镇化进程，提升城镇化发展质量和水平。

一、江西推进新型城镇化建设目标

紧紧围绕建设富裕、和谐、秀美江西的奋斗目标，以体制机制创新为动力，以加快产业和人口向中心城市集聚为重点，以提高中心城市辐射带动能力为核心，以统筹大中小城市和小城镇、城市与农村协调发展为手段，进一步推进城镇化加速发展。到 2020 年，全省城镇化率达到 60% 左右，城镇化水平年均提高约 1.6 个百分点，接近或达到全国平均水平。南昌市城区常住人口达到 300 万人以上；赣州市、九江市城区常住人口达到 100 万人以上，进入特大城市行列；上饶市、吉安市、新余市、萍乡市、景德镇市、抚州市、宜春市、鹰潭市 8 个设区市城区常住人口超过 50 万人，进入大城市行列；南康市、瑞金市、乐平市、丰城市、高安市、樟树市、共青城市、龙南县、南城县、鄱阳县、兴国县、于都县、信丰县、上高县、进贤县 15 个城市城区常住人口达到 20 万 ~ 50 万人的中等城市规模，全省县城平均城市人口达到 12 万人以上；示范镇和重点镇人口吸纳能力显著增强，城市和小城镇发展质量明显提升，初步构建起结构合理、布局协调、功能互补、集约高效的城镇体系。实现城镇功能更加完善，城镇质量明显提高，公共服务基本均等，人居环境显著改善，城镇化对经济的拉动作用进一步增强的新型城镇化目标。

二、江西推进新型城镇化总体思路

全面贯彻中共十八大、十八届三中全会精神，以邓小平理论和"三个代表"重要思想为指导，深入贯彻落实科学发展观，以实现伟大复兴"中国梦"为引领，坚持集约节约原则、均衡均等原则、城乡统筹原则、可持续发展原则，稳步推进江西省新型城镇化，保障和改善民生，促进和谐城镇化；积极提升城镇化发展的质量，实现"量"的增长与"质"的提高相统一。坚持工业化、信息化、城镇化、农业现代化同步发展，以工业化和信息化为主要动力，全面提升城镇化发展水平，使新型城镇化发展战略成为促进江西新一轮社会经济发展的重要支撑和强劲动力。

（一）推进创新型江西建设，以创新型经济带动新型城镇化

强卫在学习贯彻省委十三届七次全体（扩大）会议精神专题研讨班讲话中指出，"必须进一步解放思想，以新一轮思想大解放推动江西新一轮大发展"。创新型经济是经济转型升级的核心内涵所在，是新型工业化的活力源泉所在，更是新型城镇化发展的重要驱动力。要以高素质人才为支撑，促进投资拉动向创新驱动、资源依赖向科技依托、江西制造向江西创造转变，大力发展创新型经济，以产业结构的调整带动高质量的城镇化。提高城市集约发展水平，建设特色产业基地，着力培育大企业大集团，推动城市经济从制造业为主向服务业为主转变，城市建设从规模扩张为主向提升质量为主转变，城市功能从生产型为主向科技型、文化型、适宜人居转变。

（二）注重分类指导，协调全省区域城镇化

江西赣北、赣中、赣南经济基础不同，所处的发展阶段也有差异，发展模式的多元化既是江西的重要特点，也为其区域发展升级拓展了广阔的空间。依据"龙头昂起，两翼齐飞，苏区振兴，绿色崛起"发展战略，结合江西实际，实现分类指导。

首先，赣北特别是鄱阳湖生态经济区板块要充分利用沪昆高铁、昌九城际、合福高铁的建设，积极提升特大城市和大城市功能，有潜力的中小城市要积极做大做强。充分发挥服务业的带动作用，引导南昌核心增长极加快经济转型、产业升级和体制创新，提升区域竞争力和引领江西区域发展能力。其次，赣中在更高层次上承接产业转移，增强产业集聚效应，促进中心城市集聚发展，着力培育大城市，以抚州、吉安为核心积极融入南昌板块。最后，赣南借助苏区振兴各项政策，大力推进行政区划调整，着力构建赣州都市区和瑞金、龙南区域

中心城市，充分利用地缘优势，主动对接珠三角和海西经济区，加快承接产业转移，推动区域城镇化健康发展。

（三）加大城乡统筹力度，优化城乡空间布局

完善城乡协调发展机制和城乡社会保障体系，着力提高城乡居民收入水平，努力实现全省城市与农村在社会、经济、文化、生态、空间等要素上的交融与协同，统筹城乡土地资源、城乡基础设施、城乡劳动力就业、城乡社会保障事业、城乡旅游、城乡文化体育等方面，积极促进城乡一体建设。通过推进新型城镇化进程，扩大城镇市场、产业、文化等要素向周边地区和广大农村扩散、辐射的范围。破除户籍身份等体制障碍，提高城镇吸纳农村剩余劳动力的能力，将新型城镇化作为拉动城乡统筹的重要动力。

（四）全面提升城镇化质量，完善城市功能

江西省城镇人口已过半，现阶段应更加重视城镇化质量的提升，通过建立科学的城镇化质量评价指标体系来指导城镇化健康发展。城镇化发展应从规模拓展为主逐渐向功能完善转变，注重城市功能的提升，走功能型城镇化道路，提高城镇服务能力。优化提升城市整体功能，增强辐射带动力，促进南昌、九江、赣州等特大城市的培育及其在区域甚至国家经济、社会生活中集聚和辐射功能的发挥。加快城市基础设施及其配套设施建设，完善城市功能的支持体系，构建良好人居环境。关注民生，不断完善社会保障，按照常住人口配置城市公共资源，让包括农民工在内的城市新移民享有均等化的公共服务。加强节能减排和生态环保工作，提升城市生态服务功能，强调城市在经济、社会、文化、环境等各个方面的协调发展，提高人们的生活满意度。

（五）以高铁建设为契机，优化提升城镇空间布局

紧紧抓住国家发展战略，注重区域性交通条件的完善和发展基础

条件的挖掘，全面优化提升全省城镇化空间格局。淡化行政区划意识，强化市场与区域观念，促进城市与区域之间、城市之间、城乡之间的合作和交流，对城市空间进行重新整合，促进城市群和区域联动发展。着力培育和发展以南昌市为核心的南昌大都市区，加快发展赣州都市区、九江都市区，构建"一群、两带、三区"为主骨架的省域城镇空间结构体系，促进大中小城市和小城镇协调发展。通过节点、城市带、城市群、都市圈等多种形式的空间组织模式，使江西全省的城镇空间布局更加合理。

（六）加快制度创新，为新型城镇化提供制度保障

坚持把深化改革开放作为促进科学发展的根本动力，用改革的办法破解难题，以创新的举措应对挑战，加快构建更加开放有序、更富活力、更有效率的体制机制。完善土地、住房、社保及户籍改革等制度，保障新型城镇化发展的速度和质量，降低阻隔城乡人员往来的体制性障碍。积极促进就业，充分发挥扩大内需、拉动就业的积极效应，加大就业再就业援助力度，开发更多的公益性就业岗位。

三、江西推进新型城镇化实施路径及政策建议

（一）优化城镇空间结构，提升新型城镇化承载能力

1. 大中小城市的协调发展

城镇化所面对的问题之一即是该优先发展大城市，还是重点发展中等城市，或是注重培育小城镇。从城市地理学角度来看，大中小城市均是城市体系的重要组成部分，本身就是一个完整的系统。江西目前处于工业化中期阶段，其城镇化进程正处于加速期，因此大中小城

市的规模扩张整体上都是比较明显的。

从省际大区域和国家层面来看，江西应积极培育特大城市，特大城市具有较强的集聚带动作用，有利于释放较强的社会影响力，能够提升整个江西在国家层面竞争中的地位。从 2000 ~ 2012 年的城市发展情况来看，中等城市在江西的城镇化进程中具有较大的贡献率，大城市在最近几年间则表现出强劲的势头，同时得益于城市等级和规模的优势，二者在地方上往往具有较大的社会影响力和人口吸引力，因此应加大大城市与中等城市的培育力度，增加城市数量，释放人口吸引力和示范效应。小城市虽然个体规模不大但数量多，并且小城市往往是广大乡村地区的经济中心，加上近年来县域经济发展使小城市建设的活力开始显现，因此小城市的发展不能忽略。

综上所述，江西省的新型城镇化道路应坚持大中小城市协调发展的策略，但其重点首先应放在着力培育特大城市，以吸引和集聚外部资源，带动江西区域经济快速发展。

2. 重点城市片区培育的空间路径

本书通过 Kernel 城市空间密度分析方法得到的结论如下：一是全省四大最具实力城市片区已经形成，即南昌—抚州片区、九江片区、赣州片区、上饶片区；二是全省呈现三大城镇密集连片区，即南昌—抚州连片区、抚州—鹰潭—上饶连片区、新余—宜春—萍乡连片区；三是全省城市空间密度格局呈现五大"孤岛"高值片区，即九江、赣州、景德镇—鄱阳、吉安、瑞金，随着昌九一体化进程的推进，九江—南昌—抚州将连成一体；四是沪昆城镇集聚带雏形显现，南昌与抚州—鹰潭—上饶和新余—宜春—萍乡逐步连接成片，形成江西第一条横贯全省的城镇集聚带；五是全省城镇化的核心—边缘结构初步形成，省级核心区为南昌—抚州片区，省级次核心区为九江、赣州、上饶，地方核心区为新宜萍、景鄱、吉安、鹰潭、瑞金，其他县域形成边缘区。

综上所述，重点城市片区培育首先是着力打造昌九、昌抚一体化。

其次是促进新余、鹰潭、吉安加快融入大南昌进程，在打造南昌核心增长极的同时，形成大南昌都市区的格局。再次是推进赣州都市区建设以及瑞金、龙南次中心城市建设，打造赣南城市群。最后是借助高铁优势，打造高铁沿线城镇集聚带。

3. 加大对重点镇的培育力度

坚持扶优扶强，加快引导示范镇人口集聚和产业发展，通过政策和资金扶持，着力建设第一批省级示范镇 25 个。在建设好 82 个全国重点镇的同时，根据 2013 年 8 月住建部等 7 部委联合印发的《住房城乡建设部等部门关于开展全国重点镇增补调整工作的通知》，按照各县（市）至少有 1 个重点发展镇列为全国重点镇的要求，初步遴选 26 个镇列为全国重点镇后备名单。通过示范镇和重点镇的示范带动作用，推动全省小城镇建设，拓展新型城镇化发展空间，促进全省科学发展、进位赶超、绿色崛起。

4. 推动部分县市行政区划调整

积极创造条件，按照《国务院关于行政区划管理的规定》要求，适当调整一些城市的行政区划，进一步合理配置城市资源，拓展城市发展空间。对市、县同城的要力争撤县（市）设区；仅设一个建制区的城市，可根据城市发展需要，通过撤县（市）设区，增加建制区数量；将城市规划区内的乡镇逐步改为街道办事处，行政村逐步改为居民委员会，实行城市管理体制；根据县域经济发展需要，逐步将经济发展较快、区位优势明显、达到设镇标准的乡改为建制镇。支持城市新区、产业集聚区与所在行政区管辖范围严密套合。

建议支持鄱阳县、南城县、龙南县、兴国、于都、信丰、上高、进贤等城区规模较大的"县改市"工作。支持与南昌市邻近的新建、南昌两县，与赣州市邻近的赣县、南康市，与九江市邻近的九江县进行"县改区"工作，以呼应南昌、九江、赣州三大都市区建设。支持与上饶市邻近的上饶县、与吉安市邻近的吉安县进行"县改区"工作，以便使上饶、吉安两市尽快摆脱中心城区过小的弊端，尽快释放其对周边地区发展的示范带动作用。

（二）强化城镇内涵建设，提高新型城镇化质量

1. 推动产业集聚和升级

以促进社会资源和生产要素的优化配置为重点，进一步科学确定各城市的功能定位，形成特色鲜明、分工协作、错位发展、相互协调的区域产业格局。坚持以科技为先导、市场为引领，立足现有基础和条件，突出江西优势和特色，大力培育壮大新能源、新材料、新能源汽车、民用航空、生物医药等战略性新兴产业，形成一批战略性新兴产业基地，使之成为引领江西未来发展的主导力量。充分利用高新技术和先进适用技术，加快对有色、钢铁、汽车、石化、建材、陶瓷、纺织等传统优势产业升级改造，推动信息化与工业化的深度融合，建设铜、钨和稀土精深加工等若干国家级产业基地，打造一批超过千亿元的优势产业。进一步加强城镇群、城镇带发展和产业梯度发展的衔接互动，形成龙头带动、结构合理、体系完善的现代产业发展格局。按照布局集中、产业集聚、土地集约、生态环保的原则，完善城市功能分区，合理配置产业用地，工业园区项目用地纳入城镇建设用地总体规划中。大力发展园区经济，整合、创新国家级和省级开发区，实现工业园区建设与城市新区建设相结合、人口板块与经济板块相协调。通过产业集聚和升级，提升城镇化质量。

2. 统筹城乡协调发展

加快引导城市资金、技术、信息等要素向农村流动，统筹城乡基础设施和社会事业发展，推进城乡公共服务均等化。鼓励城市企业投资建设现代农业，鼓励城市劳动密集型和资源加工型产业向县城和小城镇转移，鼓励城市商贸、物流、金融、咨询等服务业向农村延伸；提高农村公路等级水平，重点抓好农村客运网络化体系建设；实施农村信息化工程，加快广播电视网、通信网等基础信息网络的建设和运用；优化配置城乡教育资源，缩小城乡、校际差距；巩固和发展县、

乡、村三级农村卫生服务网络，进一步巩固和完善新型农村合作医疗制度；统筹城乡市场体系建设，创新现代流通方式，改造提升城镇批发市场和农贸市场，完善万村千乡农家店网点布局和商品配送体系；鼓励大型商贸企业到农村设立网点，提升农村商贸流通设施水平；积极推进城市公交、供水、燃气、供热、污水和垃圾处理向周边村镇延伸，提高城乡基础设施共享水平。

3. 深化土地使用制度改革

推进城镇发展集中布局，倡导城镇紧凑型布局结构，坚持集约节约型新型城镇化发展道路。完善土地征收制度，建立公平合理的征地补偿标准形成机制，探索以社会保障和就业安置、征地补偿安置费用为主，农业安置、留地安置和已经批准的建设用地土地使用权作价入股等安置方式为辅的征地补偿安置模式。探索农村集体土地流转机制，加快推进农村集体土地所有权、宅基地使用权和集体建设用地使用权确权登记发证工作。探索城乡建设用地空间配置新机制，加强农村土地综合整治，积极推进城乡建设用地增减挂钩试点，促进城乡建设用地空间布局调整。

4. 创新城镇建设投融资渠道

新型城镇化投融资是一项非常重要的工程，直接关系到新型城镇化的质量和成败。借鉴发达国家模式，江西新型城镇化投融资模式亦可考虑多样化渠道。①政府直接投入。非经营性城市基础设施建设项目完全由政府财政预算投入；对于经营性城市基础设施建设项目，政府鼓励企业通过市场融资，并按照一定的比例对企业提供财政补助。②银行贷款融资。在地方政府的财政资金不能满足城市基础设施建设项目的投资需求的情况下，地方政府可以通过银行贷款进行融资。③特许经营权转让融资。对于供水、供气、污水处理、垃圾处理等城市基础设施建设项目，在项目通过规划立项后，地方政府通过招投标的方式，在公平竞争的企业之间选择一家企业，采取政府主导方式，特许企业进行该项目的经营。特许经营权将使地方政府在城市基础设施建设项目投融资中占据有利的地位。④发行地方政府债券。通过地方银行发行地方政府债券是城市基础设施建设中投融资的一个重要手段。⑤其他融资渠道。广泛采取世界银行贷款、项目融资、BOT（Build Operate Transfer）等国际融资方式筹集资金。

（三）强化制度建设，有序推进农业转移人口市民化

1. 因地制宜开展农业转移人口市民化

立足于江西基本省情，推进江西农业转移人口市民化，应坚持两个政策并行的原则：一方面，要加快户籍制度改革，放宽落户条件，让有意愿有能力的农业转移人口在城镇落户定居，成为市民；另一方面，要持续推进公共服务均等化，让不能落户、不想落户的常住农业转移人口能享有基本公共服务。其发展模式可以简单概括为：一条主线、两条路径、三种类型，分类有序推进。

一条主线：以保障农业转移人口市民权益为主线，坚持放宽落户条件和推进公共服务均等化并行，实现农业转移人口享有与城市户籍居民均等的权益。

两条路径：一是坚持因地制宜、分步推进，把有稳定劳动关系并在城镇居住一定年限的农业转移人口及其家属逐步转为城镇居民，重点引导农业转移人口及其家庭向中小城市和小城镇落户定居。二是按照"体系完善，制度对接，水平适度，覆盖广泛，重点突出"的基本要求，大力推动基本公共服务均等化，将农业转移人口纳入城镇公共服务体系。

三种类型：根据三类农业转移人口的意愿，分类指导农业转移人口市民化，并以不同政策重点支持各类农业转移人口市民化。第一类是基本融入城市的农业转移人口，以举家外出农业转移人口为主，在城市有固定住所和工作。政策重点是放宽落户条件，优先解决城市落户问题，促进其融入城市。第二类是常年在城市打工，但有一定流动性的农业转移人口，以新生代农业转移人口为主，在城里有相对稳定

的职业和收入。政策重点是改善公共服务，使其逐步与城镇居民享有同等待遇。第三类是中年以上的第一代农业转移人口，未来 10 年将逐步退出城市劳动力市场，应鼓励其返乡创业和再就业，引导其在家乡城市（城镇）落户定居，就近就地实现市民化。

2. 拓展农业转移人口市民化渠道

城镇化是社会向现代化转型的必然选择，农业转移人口市民化是城镇化过程中的核心内容。江西省城镇化的基础和条件存在独特性，江西省城镇化进程中产生了多元化的推进模式，主要包括建立开发区、建设新区和新城、城市扩展、旧城改造、建设中央商务区、乡镇产业化和村庄产业化。

建立开发区、建设新区和新城、城市扩展城镇化推进模式。在空间主要表现为外延式扩展，在动力机制上主要以政府为主导。这种政府主导下的外延式扩展必定会产生征用农地的现象，失去农地这一赖以生存的生产资料的农民变成了农业转移人口，面临市民化问题。针对这类农业转移人口应当采取的政策主要包括：一是深化户籍管理制度改革，降低落户门槛，放宽人口流动的各种限制，进一步畅通农业转移人口进城落户的通道。二是建立利益冲突协调机制，提高农村征地补偿以增加农民在土地增值收益中的占比，逐步实现农村集体土地同权同价参与城镇开发。三是为城市化人口提供廉价的住房，政府向开发商提供低价土地建保障房解决农业失地人口住房问题。四是广开土地流转渠道，为农民转为产业工人或从事其他产业拓展空间。五是加大投入财政力度，进行与户籍相关配套制度的改革，建立农业转移人口与城镇人口相同的社会保障制度、社会福利制度等。包括完善农业转移人口的就业制度、完善社会保障制度和社会福利制度等方面。六是建立健全农业转移人口受教育制度，重视农民工的职业培训工作，增强其在就业市场的竞争能力，提高其融入城市的能力。七是增强转移人口的归属感，从制度上淡化农民工与城镇居民身份的差别，消除社会歧视及更深层次的区域制度性歧视，加速农业转移人口融入城市的社会进程，实现社会接纳、身份认同和文化交融。

乡镇产业化和村庄产业化城镇化推进模式。在空间上主要表现为就地发展，用地多为农村集体土地，在动力机制上以市场引导为主，同时伴以一定的政府行政力量。针对这类农业转移人口应当采取的政策主要包括：一是以科学性与可持续性为原则，依靠小城镇建设规划保障农民就地市民化。二是提高公共服务水平，推进城乡基础设施和社会管理一体化。三是培育壮大具有区域特色的乡镇产业或者村庄产业以增强其农业转移人口的消化能力。四是深化税收体制改革，对乡镇产业或者村庄企业减税，实行真正的民富优先。五是着力实现城乡基本社会保障有序衔接。六是探索建立农民工返乡创业基地和园区，营造良好的创业和就业环境。七是重视城镇文明建设，促进农民生活方式现代化。

江西新型城镇化融入全国战略对策研究

城市是区域的中心，区域是城市的腹地。在区域发展过程中，城市起到引领和带动作用，而城市的发展也离不开区域的支撑。随着2010年12月《全国主体功能区规划》的正式发布，我国的国家战略进入了关键调整期。其调整趋势主要体现在时间、空间和领域三个维度上。从时间上看，我国的国家战略由改革开放之前的均衡发展阶段、改革开放后至20世纪末的非均衡发展阶段向21世纪初期的协调发展阶段转换。从空间上看，国家战略的空间导向更加明显，国土空间开发趋向集中化，国土空间管理趋向精细化，通过不同空间政策来调控和引导生产力空间布局的策略趋向强化。从领域上看，在对传统的经济、政治、文化三个领域持续重视的基础上，开始把生态文明建设放在突出地位，更加重视社会领域发展的顶层设计，已基本形成集经济—政治—文化—社会—生态文明于一体的整体布局。

江西是全国唯一同时毗邻长三角、珠三角和海西经济区的省份，但在国家政策格局中被明确定位为中部省份。江西周边多为较发达省份，而江西自身发展水平却明显低于周边地区，成为周边沿海经济核心区的共同腹地，形成了中国东南区域发展格局中典型的洼地景观。江西的空间发展环境具有一定的复杂性和特殊性，因此对江西空间发展的认识程度将在很大程度上影响着江西全局发展的顶层设计。在认真贯彻中共十八大报告和深入剖析江西实际的基础上，江西省委在中共十三届七次会议上明确提出了"发展升级、小康提速、绿色崛起、实干兴赣"发展方针，从发展目标、发展任务、发展路径和保障措施等方面阐述了江西发展方略。其中，发展升级包括产业升级、开放升级、创新升级和区域升级，是确保全面实现小康社会的根本保证。基于此，结合国家区域发展战略，研究和探讨不同空间政策对江西生产力空间布局的影响，促使江西通过新型城镇化深度融入全国战略，推动江西区域发展升级，意义重大。

一、江西城镇化现象分析

地缘环境反映了一个区域其空间发展状况的特殊性，对地缘环境的深刻认识是进行区域空间发展战略设计的前提和基础。从全国的城镇化发展格局来看，江西的城镇化发展存在比较明显的落后现象。

（一）京汕低谷现象

在我国的国家经济地理格局中，已形成了两条纵贯国土轮廓的大型经济发达地带，即东部沿海地带和沿京广铁路经济带。在二者之间存在着一条不发达地带，北起北京，向南延伸至汕头，即学术界所称的京汕低谷，江西省成为京汕低谷中的唯一完整省份。

京汕低谷的形成与国家区域发展战略密不可分。一是京广铁路的建成，华北、华中地区的生产力要素直接通过京广线与岭南进行交流，沿线各区域间的社会经济联系趋向紧密，京广经济带逐渐隆起。尽管京九铁路的建设给了京汕沿线以极大的期望，但与京广铁路相比，京九铁路沿线缺少特大城市，沿线区域发展难以受到有效带动，导致京九铁路开通 15 年，京汕低谷仍然存在。二是国家主要开发轴线与江西失之交臂。国家"弓箭型"的生产力大通道建设战略，是以沿海、京广为纵，以长江为横，长江南部沿江缺少特大城市的现实，使中国地理横轴采用了长江以北的"沪汉蓉"走向。因此，江西仅处于沪昆和京九两条次轴线的交会点上，导致了京汕低谷现象的长期存在。

（二）"洼地景观"现象

江西经济发展虽然取得了较大的发展成就，于 2011 年跨入了"GDP 万亿俱乐部"。但相较于周边省份，乃至于中部省份，仍然处于较低的水平。从表 1 可知，江西的国内生产总值仅比山西省稍高，人均 GDP 仅比安徽多 8 元，人均城镇居民可支配收入排名最末。从省会城市规模来看，南昌市市区面积在中部垫底，市区人口仅比合肥多 2 万余人。但合肥市通过行政区划调整，其市区面积和市区人口均将超过南昌市。因此，在目前情况下，南昌市的规模偏小。在我国的中东部地区形成了典型的"洼地景观"。

表1　江西与中部、周边省份经济数据比较

省份	GDP（亿元）	人均GDP（元）	人均城镇可支配收入（元）	省会城市市区人口（万人）	省会城市市区面积（平方千米）	备注
江西省	12948.9	28800	19860.4	220.7	202	
广东省	57067.9	54095	30226.7	671.3	673	周边
福建省	19701.8	52763	28055.2	190.0	220	周边
浙江省	34606.3	63266	34550.3	440.3	393	周边
安徽省	17212.1	28792	21024.2	218.3	296	周边、中部
湖北省	22250.2	38572	20839.6	515.2	751	周边、中部
湖南省	22154.2	33480	21318.8	296.8	306	周边、中部
河南省	29810.1	31723	20442.6	529.8	319	中部
山西省	12112.8	33628	20411.7	283.7	249	中部

资料来源：《江西省统计年鉴》（2013），省会城市数据来自《中国统计年鉴》（2012）。

（三）马太效应现象

在中国东中部两条纵贯南北的铁路干线中，京广线连接郑州、武汉、长沙三个省会城市，并且这三个城市人口经济规模均较大。京九铁路沿线仅南昌一个省会城市，而南昌城市规模本身偏小，还难以形成带动作用。这就形成了马太效应，京广线城市联系紧密，人流量大，信息交流频繁，促使京广沿线城市得到较好的发展机会。同时这种人流、物流、信息流的扩大，又支撑了国家建设更高等级的交通基础设施如京广高铁，实现了交通基础设施与区域经济发展的良性互动。而京九线与京广线相比，情况恰恰相反，导致江西沿京九沿线经济发展不足，难以支撑更高等级交通基础设施建设，这也是昌吉赣深高铁批建较晚并且等级较低的原因。马太效应，使江西的发展受到了边缘化的挑战。

二、江西城镇化发展存在的问题

自古以来，江西就有"吴头楚尾"的空间格局，甚至有吴、楚、越同时瓜分江西腹地的现象。时至今日，国家经济地理格局发生了巨大变化，江西周边尤其是南部、东南、东部出现了多个强有力的国家经济核心区，导致江西省内各子区域对外主导联系方向出现离散化，省内各子区域沦为相应周边经济核心区的腹地。对接长珠闽、建设长江中游城市群等战略，导致江西区域发展战略的对接方向众多，也造成了江西区域发展战略一直比较模糊，直接制约了江西区域发展。

（一）江西的区域战略对接方向不够明确

在非均质空间和近于理智的人类活动条件下，城市和区域城市体系的空间结构受到主要经济联系方向的牵引。以中部为例,《促进中部地区崛起规划》已由国务院批复实施多年,但因6省本身并不归属于同一个完整的经济系统,难以形成以某个省份或某个城市为中心的利益板块,由于各自区位条件的不同,中部6省早已"各奔前程"。

安徽通过提出泛长三角等概念,明确了东向发展战略,采取分层次、分时序融入长三角。湖南则在泛珠三角的概念下全力南下,与珠三角的社会经济联系异常密切,特别是随着武广高铁的开通,湖南更是得益于毗邻珠三角的空间邻近效应,受益巨大。山西则借助北部地区的地理优势,提出了联手京津冀的向东融入战略。河南、湖北则通过省内城市群,提出了相应的发展战略,构成了中部南北两极,即以郑州为核心的中原经济区和以武汉为核心的武汉都市圈,并且均已上升为国家战略。

江西因自身缺核心增长极,难以引领和带动区域发展,便走向了向周边寻求对接的区域发展战略,面临着对接长珠闽和长江中游城市群等众多选项,造成空间发展意图不够清晰,空间发展方向摇摆不定,空间地缘优势没有得到充分发挥。在这种情况下,集中力量重点打造城市核心增长极政策不够坚决,没有形成能与周边竞争并引领江西发展的核心。

(二) 在省际博弈中城市群板块缺失

随着城市经济的快速发展以及城市化进程的不断推进,城市群作为极具活力的面状经济体无疑成为大区域发展至关重要的增长极和动力源,也是重新塑造全国生产力空间格局的关键力量,成为国土空间开发集中化的关键着力点。近年来,国内越来越多省份实施城市群发展战略,不同城市群之间的竞争趋向激烈,城市群的发展状况成为省际博弈的关键。

在中部崛起的大背景下,湖南、湖北、河南、安徽相继实施了清晰的城市群发展战略,在国内产生了较大的影响力。长株潭城市群和武汉城市圈早在 2007 年已上升为国家战略，成为两型社会建设重要的试验区。河南的中原城市群以较高的城市密度和较大的规模总量进入全国前八大城市群行列，在城市群基础上规划的中原经济区建设已上升为国家战略。安徽以皖江城市带为依托，全力东进，成为受长三角北翼地区辐射带动的重要城市群板块。相较之下，江西省虽然于 2006 年提出了环鄱阳湖城市群，由于城市分布不够紧凑，经济总量少，城市群大部分区域发育程度过低，并没有形成较强的集聚带动作用和较大的影响力。因此，从实质意义上来看，江西在省际博弈中城市群板块一直处于缺失状态。

（三）昌九双核在空间上的作用没有得到应有的发挥

核心增长极是区域发展的龙头，是区域生产力要素的集聚和扩散中心，在区域的发展中起到难以替代的引领和示范作用。20 世纪 90 年代，昌九走廊成为全省经济最发达地区和全省发展的龙头。从空间发展的角度来看，昌九走廊建设虽然取得了巨大成绩，但在江西区域发展过程中，并没有得到坚守。随着国家经济地理格局的重塑，江西对外联系主导方向发生了改变，提出了从浙赣、京九、向莆 3 个方向对接长珠闽的外向型战略，将承接沿海产业转移作为区域发展的主战略，导致昌九走廊的建设一度停滞，昌九双核对省内区域发展的引领作用没有得到应有的发挥。

正是因为忽视了昌九双核的作用，长期以来，江西一直存在着核心增长极缺失现象。突出表现即省会南昌市综合实力不强，在中部省会城市中，南昌不管从城市人口，还是从建成区面积，都落后于其他城市，难以引领带动全省的发展。这种局面不仅影响了省内层面的发展，更影响了江西在国家空间开发中的地位，使江西在国家空间开发格局中处于边缘化的不利局面。

（四）赣中南区域发展长期落后

赣中南包括吉安、抚州和赣州 3 市，面积 8.35 平方千米，约占全省面积的50%。长期以来，赣中南地区因为自然和区位等因素，交通等基础设施投入不足，经济发展长期滞后，城市化水平普遍偏低。赣中南地区只有赣州、吉安、抚州3个地级市，井冈山、南康、瑞金3个县级市，并且城市规模偏小。作为生产力各要素发生集聚与扩散的交汇点，中心城市能力的不足，导致赣中南区域发展中的"小马拉大车"现象尤为突出，在区域发展过程中难以起到集聚与示范带动作用。

三、江西新型城镇化融入全国战略对策

江西要实现突破，走出一条发展升级的新路子，就需要抓住用好鄱阳湖生态经济区、赣南等原中央苏区振兴发展等政策机遇，在中部崛起、长江中游城市群建设等国家区域发展战略中找准定位，深度融入全国、走向世界①。因此，在对省情全面认识的基础上，江西省的空间发展应充分考虑与全国战略的对接，充分贯彻"龙头昂起、两翼齐飞、苏区振兴、绿色崛起"战略②，以实现空间发展效益最大化。

（一）强力推进昌九一体化进程

在国家区域发展版图中，昌九的地位日益突出。一方面，昌九是国家众多铁路要道的交会点。京九、武九、池九、合九等铁路均会于九江，沪昆、浙赣、京九、向莆等铁路会于南昌，昌九沿线是现代交通基础设施的重要重合区域。另一方面，将长江中游城市群努力打造成中国经济增长"第四极"，已成为赣鄂皖湘四省共识，也得到了国家层面的肯定。加上鄱阳湖生态经济区的叠合效应，昌九一体化的实现，将有力地促进江西区域发展的"龙头昂起"。

---

① 强卫在江西省第十二届人民代表大会第二次会议上的讲话，2013年4月23日。
② 《江西2012年政府工作报告》，2012年2月1日。

要实现昌九一体化，其核心就是"做强南昌、做大九江"。核心增长极的缺失是造成江西在全国空间开发中地位不突出的重要原因之一，因此强力打造南昌核心增长极应成为江西空间发展长期坚持的重要战略之一。南昌核心增长极的打造可以南昌主城区建设、南昌1小时经济圈建设为着力点，同时大力推进南昌—抚州同城化和南昌—九江同城化。核心增长极的打造在空间上呈现两个清晰的发展圈层，即第一圈层以南昌市城市中心区为核心，着力拉大现代化大都市框架，增强南昌市核心竞争力。第二圈层是打破行政界线，充分融合区域发展要素，以临川区、丰城、樟树、高安、奉新、靖安、修水、余干8个城市为节点构成一个外部圈层。两个圈层合力发展，形成一个高经济密度、高城镇密度、高通勤密度的"三高"经济区域，形成江西全省发展的"心脏"和核心引擎。九江的发展则应充分发挥沿江独特优势，以岸线利用和港口建设为重点，着力推进沿江产业带建设，形成以九江市区为核心，沿江综合发展带为支撑的区域发展格局。

（二）以南昌城市群对接长江中游城市群

尽管江西于2006年提出构建环鄱阳湖城市群的战略构想，但到目前为止，外界对江西的城市群方案一直缺乏认同，环鄱阳湖城市群在国家层面并没有产生明显的影响力。环鄱阳湖城市群方案受到争议主要有三个原因：一是城市群空间范围过大，城市群东部大片区域发育水平低，城市群难以发挥其集聚效应与带动作用；二是城市群空间位置偏居于全省东北部，城市群内部不少区域远离全省经济重心和几何中心；三是鄱阳湖水域阻隔，城市群内部联系不畅。

经过充分的研究论证，我们认为可实行构建南昌城市群方案。以南昌为中心城市，以九江、新余和抚州为重要支撑点，以九江、新余和抚州之间的"人"字形交通大通道为骨架，包含新建、南昌县、安义、进贤、永修、奉新、丰城、樟树、高安、东乡、鹰潭、瑞昌、余干、余江、九江县、靖安、湖口、星子、德安、共青城及万年等节点城市在内的 25 个城市构成南昌城市群。

该城市群的特点包括：一是南昌市位于城市群空间上的中央位置，居中性较好，有利于较好地向周边区域发挥极化和扩散作用。二是与省委省政府发展战略契合，该城市群包括"龙头昂起"的昌九，包括昌抚一体化的昌抚，"两翼齐飞"的东翼可由南昌至鹰潭向东延伸，西翼可由南昌至新余向西延伸。三是以南昌、九江、新余、抚州四个城市群内实力最强的城市构成的"人"字形交通走廊作为城市群一级发展轴，形成全省实力最强的交通经济集聚带，既有利于带动城市群的发展，同时又可以使昌九工业走廊得以向南、西、东三个方向上延伸，有助于昌九"龙头"作用的发挥。

南昌城市群还有一个关键着力点，即与武汉、长沙一起形成长江中游城市群，南昌城市群可作为核心区域参与其中。随着中部崛起南北两极格局的形成，长江中游城市群（长江中游经济区）很有可能上升为国家战略。由于湖北、湖南、安徽均有自己打造的城市群，江西须拿出自己的城市群来与国家战略相呼应，并得到外界认同。鉴于环鄱阳湖城市群方案长期缺乏外界认同，因此应以南昌城市群作为核心板块对接长江中游城市群战略。这样，江西在空间上对接长江中游城市群的区域具有明显的层次性：南昌核心增长极区域作为内核，南昌城市群作为核心对接板块，赣北地区作为对接主体。

（三）以板块对接激活省内各子区域发展优势

通过江西各城市区域联系和区位条件的分析，江西可分板块交叉对接。赣州、吉安等主要对接珠三角，赣州同时对接厦漳泉。上饶、鹰潭、抚州对接长三角，抚州同时对接海西经济区。九江沿江板块可加强与武汉和南京的对接。萍乡、宜春加强与长株潭的对接。

以南昌市、新余、临川区为主体的中央板块是江西发展的核心腹地，是全省经济重心所在。该区域也是南昌城市群的主体区，一方面加快发展练好"内功"；另一方面加强与长珠闽台发达经济核心区的合作，以增强"外援"，将该区域打造成全省发展的"心脏板块"。同时，积极推进和开展长江中游城市群合作，争取列入国家战略。

对于全省的区域格局采取"先放再收"的策略。"放"是指鼓励赣东、赣南、赣西、赣北等区域分别对接长三角、珠三角、海西、长株潭、沿江经济带。"收"是指强力打造南昌核心增长极和以南昌、新余、抚州为核心的"心脏板块"，提升南昌城市吸引力，逐步将向外对接的区域收拢至南昌的腹地范围。

（四）争创京汕沿线地区扶贫产业带规划

通过空间扶贫保证 2020 年全面建成小康社会已成为下一阶段国家战略重点推进的重要导向。在扶贫策略方面，国家已更注重将扶贫目标融入转变发展方式的总体战略和政策设计之中。因此，江西的区域发展要获取国家新一轮的战略支持，转变思路可从以下两个角度进行：一是在空间上要联合周边省份，先进行内部协调对接，进而联合向国家争取国家战略的具体支持，以提升国家的重视程度；二是以"脱贫"和全面小康为切入点，将扶贫融入区域具体的经济发展之中，向国家争取对具体产业的重点支持。

京汕低谷从北京到汕头，主要包括安徽、江西和广东的东北部，江西可联合广东的汕头、梅州与安徽相关地市共同对接并制定《京汕沿线地区扶贫产业带规划》，以争取国家战略的具体支持。该方案的可行性包括：一是京汕低谷沿线多为贫困地区，北部的阜阳区域、中部的江西区域、南部的梅州与潮州区域均为欠发达县域连片分布，是安徽、江西、广东 3 省较落后地区，具有抱团发展的意愿。二是阜阳—鹰潭—汕头快速铁路具有国家层面的战略意义，该铁路自阜阳向南与京九铁路呈平行状延至广东，贯穿中部省份与沿海省份的欠发达地区，同时与京九铁路相互呼应，在一定程度上弥补了京九铁路辐射能力不强、带动能力有限的不利状况，成为扭转京汕低谷长期贫困局面的重要力量。三是京汕沿线地区经济发展各具特色，可在联合的基础上错位发展。

（五）积极培育赣中南区域性中心城市

随着振兴原中央苏区上升为国家战略，江西省对赣州、吉安、抚州的培育力度将明显增大。尽管如此，由于赣南原中央苏区空间范围较大，赣州、吉安、抚州等中心城市在短期内实现带动区域大部分地区发展的难度很大。因此，增加中心城市的数量是解决"小马拉大车"问题的较好途径。

将瑞金、龙南列为苏区区域性中心城市已列入国务院关于苏区振兴若干意见板块，这里不再细述。南城尽管面积小，城市规模不足，但其发展潜力大，主要体现在南城将有两条铁路（国家干线向蒲铁路和鹰梅铁路）和两条高速公路（国家干线福银高速和济广高速）交会，区位优势得天独厚。交通效应和人口效应的有效叠加，将促使南城快速崛起。

提升南昌市在中部城市
群战略地位的对策建议

城镇化是现代化的一个重要标志，中心城市是加快经济发展、推进城镇化进程的"龙头"。综观近年来全国各地的发展态势，人们发现，地区间的竞争，在很大程度上已演变为城市实力尤其是中心城市实力的竞争。做强做大区域中心城市，快速提升城市化的水平和质量，既是解决区域发展问题的必由之路，也是加快区域发展的重大战略举措。

提升南昌在中部城市群战略地位，关键在于提升南昌市在长江中游城市群的地位，努力参与构建中国区域经济"第四极"。

一、提升南昌市战略地位问题诊断

（一）南昌市在全国的地位边缘化

在全国城镇体系空间开发中，南昌市仅位于沪昆城镇发展轴上，在南北方向仅作为重要联系通道的节点城市。而周边的长沙、武汉都处于两条城镇发展轴的交会处，合肥则于 2010 年作为正式成员被纳入长三角地区。这说明江西在国家城镇空间体系开发中被明显地边缘化了。究其原因，一方面是因为南北方向上江西所处的京九地带夹在较发达的京广经济带和发达的东部沿海经济带之间，这使得江西恰好处于北京—汕头经济低谷区，在国家经济地理格局中处于边缘化的位置。另一方面，南昌核心增长极的缺失，加剧了江西在国家空间开发格局中被边缘化的不利局面。

（二）南昌市在中部发展轴线中的优势并不明显

京广城市发展轴的轴线发展指数为 13.33，该轴线上分布有武汉、长沙、郑州、衡阳、株洲等中心城市，是中部地区经济最密集、最具发展活力的城市密集带，它一方面支撑了区域内部尤其是南北方向要素的广泛流动，另一方面对于中部地区加强与"京津唐"及"珠三角"地区的衔接和匹配也起到重要的促进作用；长江城市发展轴的发展指数为 9.64，以中心城市及其腹地组成城市产业密集发展带，成为沟通中西部地区与沿海地区联动发展的主轴；陇海、京九及浙赣 3 条城市发展轴线的发展水平则较低，发展指数仅处于 2~4。究其原因，陇海城市发展轴仅贯穿河南省北部，距离短，沿途经过的城市数量少。京九、浙赣城市发展轴线虽然距离较长，但由于沿线地区经济发展水平较弱，加上在某些地段受自然条件的制约明显，导致各方面发展要素难以自由流通，区域联动受阻，城市难以依托交通快速发展。因此，南昌市在中部发展轴线中的优势并不明显。

（三）高速铁路布局可能带来的不利影响

未来，高速铁路将是改变中国空间格局的最重大的事件，其意义可能超过现有的高速公路。预计到 2020 年，中国 200 千米以上时速的高速铁路建设里程将超过 1.8 万千米，占世界高速铁路总里程的一半以上，中国将真正进入高铁时代。高铁在总体提升南昌市对外交通便捷性的同时，也可造成其相对地位的下降（国家最重要的高铁轴线包括沿海、京广、沪汉蓉、京哈，虽然南昌市地处沪昆和向莆交会点上，但属于高铁次干道）。

（四）昌北机场的区位限制了航空功能发挥

南昌昌北机场处于南昌市东北部，区位条件较差。第一，昌北机场东边为鄱阳湖水域，西边为经济欠发达的赣西北山地，人口和经济支撑不足。第二，根据民航旅客抽样调查数据，距离机场 50 千米和 100 千米范围内的旅客对航空服务便捷度分别感觉良好和一般，更远的则感觉不便；中国民航总局也将距离机场 1.5 小时交通旅行所覆盖的范围作为航空运输服务的有效服务范围。因此，昌北机场的区位决定了其 1.5 小时有效腹地范围仅包括南昌一市。第三，九江机场距离昌北机场不到 1 小时，导致南昌机场和九江机场功能重叠，抢夺客源。第四，处于南昌南面的抚州、新余、鹰潭 3 市离机场距离超过 1.5 小时。在没有其他选择的情况下，抚州、新余、鹰潭 3 市也只能以昌北机场作为首选，但其所付出的高额时间和经济成本会降低客源的作用频率。因此，昌北机场的区位限制了其航空功能的进一步发挥，形成"马太效应"，既不利于机场的发展，也不利于区域经济发展的需求。

二、提升南昌市战略地位机遇分析

（一）南昌市地处城市化快速增长热点区

"京豫浙"三角区已形成集中连片城市化高水平地区，"哈大城市走廊"、"中三角"、成渝经济区、新疆城市群、福建广东沿海城市带等为我国高水平城市化热点区。南昌市在这些热点区域当中处于落后地位，城市人口、经济、用地等规模均相对不足。但以昌九走廊为核心的鄱阳湖生态经济区已成为全国城市化水平增长热点地区。

（二）打造南昌市核心增长极政策的确定

根据省第十三次党代会和支持南昌发展打造核心增长极动员大会精神，按照江西省人民政府《关于全力支持南昌发展打造核心增长极的若干意见》（赣府发［2012］23号）要求，为把南昌打造成为带动全省发展的核心增长极，相关规划和政策配套均得到逐步落实。南昌市将按照建设现代区域经济中心城市和现代文明花园英雄城市"两篇文章"的战略目标，定位"全国重要的先进制造基地"、"全国重要的综合交通枢纽"、"全国重要的商贸物流中心"、"全国重要的宜居都市"，充分发挥省会城市要素集聚、经济带动、城市辐射、改革示范作用，着力打造带动全省发展的核心增长极。

（三）江西实现"龙头昂起"的区域战略布局

2012年江西省"两会"确立构建"龙头昂起、两翼齐飞、苏区振兴、绿色崛起"区域发展格局。将采取更加有力的措施，加快打造由南昌核心增长极、九江沿江产业带、昌九工业走廊构成的核心增长区，昂起鄱阳湖生态经济区建设的"龙头"，向南延伸连接吉泰工业走廊，并与赣南中央苏区振兴相衔接，两翼沿沪昆线展开，构建"龙头昂起、两翼齐飞、苏区振兴、绿色崛起"的区域发展格局。南昌市则处于这个区域战略布局的"天元"位置，具有无可替代的枢纽优势。

三、提升南昌市在中部城市群战略地位的对策建议

（一）重构城市群：着力完成华丽的转身

尽管江西于2006年提出构建环鄱阳湖城市群的战略构想，但到目

前为止，外界对江西的城市群方案一直缺乏认同，环鄱阳湖城市群在国家层面并没有产生明显的影响力。环鄱阳湖城市群方案受到争议主要有三个原因：一是城市群空间范围过大，城市群东部大片区域发育水平低，城市群难以发挥其集聚效应与带动作用；二是城市群空间位置偏居于全省东北部，城市群内部不少区域远离全省经济重心和几何中心；三是鄱阳湖水域阻隔，城市群内部联系不畅。

经过充分的研究论证，我们认为可构建南昌城市群方案。以南昌为中心城市，以九江、新余和抚州为重要支撑点，以九江、新余和抚州之间的"人"字形交通大通道为骨架，包含新建、南昌县、安义、进贤、永修、奉新、丰城市、樟树、高安、东乡、鹰潭、瑞昌、余干、余江、九江县、靖安、湖口、星子、德安、共青城及万年等节点城市在内的 25 个城市构成南昌城市群。

该城市群的特点包括：一是南昌市位于城市群空间上的中央位置，居中性较好，有利于较好地向周边区域发挥极化和扩散作用。二是与省委省政府发展战略契合，该城市群包括"龙头昂起"的昌九，包括昌抚一体化的昌抚，"两翼齐飞"的东翼可由南昌至鹰潭向东延伸，西翼可由南昌至新余向西延伸。三是以南昌、九江、新余、抚州四个城市群内实力最强的城市构成的"人"字形交通走廊作为城市群一级发展轴，形成全省实力最强的交通经济集聚带，既有利于带动城市群的发展，同时又可以使昌九工业走廊得以向南、西、东三个方向上延伸，有助于昌九"龙头"作用的发挥。

南昌城市群还有一个关键着力点，即与武汉、长沙一起形成长江中游城市群，南昌城市群可作为核心区域参与其中。随着中部崛起南北两极格局的形成，长江中游城市群（长江中游经济区）很有可能上升为国家战略。由于湖北、湖南、安徽均有自己打造的城市群，江西须拿出自己的城市群来与国家战略相呼应，并得到外界认同。鉴于环鄱阳湖城市群方案长期缺乏外界认同，因此应以南昌城市群作为核心板块对接长江中游城市群战略。这样，江西在空间上对接长江中游城市群的区域具有明显的层次性：南昌核心增长极区域作为内核，南昌城市群作为核心对接板块，赣北地区作为对接主体。

（二）高铁网络化：未来南昌的重中之重

打通江西至京津、珠三角、长三角、闽台、武汉城市圈等发达地区的快速交通廊道，推动江西省铁路网络系统升级和完善，将有效拓展南昌市腹地范围，促进南昌市成为引领全省发展的核心增长极。

以武九高铁、九江—安庆—合肥高铁建设打通沿江通道与进京通道。江西的高铁网络最突出的弊端在于进京通道不畅。未来江西省会南昌直达北京的高铁线路有两条：一是南昌经武汉入京港高铁通道进京；二是南昌经九江至铜陵，然后转至京福高铁进京。理论上看，九江至合肥段如建高铁可实现江西进京"截弯取直"，但在国家高铁网络设计以及高铁资金紧缺的背景下，九江至合肥修建高铁的难度在加大。因此，可推动九江至安庆250千米/小时铁路建设，将沿江高铁向西延伸至九江，同时修建武九高铁，打通沿江快速通道。同时，推动合肥至安庆修建250千米/小时城际铁路，这样可使南昌经九江、安庆、合肥直达北京。

加快建设昌吉赣，大力推动赣深铁路建设，打通直达珠三角快速通道。由于江西省行政轮廓南北狭长，省会南昌偏居赣北，这对南昌与赣南地区的社会经济联系造成了很大不便。昌吉赣客专的建设可以极大地缩短南昌、九江等赣北城市至吉安、赣州等沿线城市的通勤时间，将南昌的腹地范围拓展至赣南，也有利于推动赣州至深圳客运专线的早日修建。昌吉赣铁路已得到国家批复，江西要联合广东加快赣深铁路的预研和推进力度，形成江西直达珠三角的快速通道。

推动阜阳—鹰潭—汕头快速铁路建设，开辟江西进京达海新通道。从江西自身发展效益来看，景德镇—鹰潭—南城—瑞金—汕头快速铁路的修建，可以使江西省出现第二条纵贯南北的发展开发轴线，这对于全省城市空间格局优化与生产力布局具有重要意义。同时，景德镇至汕头快速铁路可促使九景衢、向蒲、赣龙等时速 200 千米/小时的快速铁路实现相互联网，较大地改善沿线城市的对外可达性。此外，鹰汕快速铁路廊道向北可以接通六安、阜阳，向南可以连通汕头，这为江西开辟了一条新的进京出海通道，在一定程度上弥补了京九铁路辐射能力不强、带动能力有限的不利状况，成为扭转京汕低谷长期贫困局面的重要力量。

加快推进九景衢铁路建设，加速赣北对接杭州湾地区。九景衢铁路的修建为赣北尤其是鄱阳湖生态经济区北翼地区对接浙江杭州湾发达地区提供便利，其产生的作用主要体现在三个方面：一是依托九景衢铁路，赣北区域可以更有效地承接浙江发达地区的产业转移，赣北地区可加速对接杭州湾地区。二是九江庐山、瓷都景德镇、美丽乡村婺源等高知名度景区均分布在该铁路沿线，这为赣北旅游产业吸引沿海发达地区客源提供了通勤保障。三是九景衢高铁设计时速为 200 ~ 250 千米/小时，能与武九高铁、浙赣电气化线路相衔接，开辟了浙江沿海至华中地区的新通道，对于完善路网布局，促进大区域间的交流有较大作用。

推动衡茶吉铁路东延至南城。衡茶吉铁路沟通了京广、京九两条南北大动脉，同时提升了湖南南部、江西南部革命老区与外界的沟通联系。由于衡茶吉铁路按照国家 I 级标准修建，旅客列车速度目标值为 160 千米/小时，同时预留提升至 200 千米/小时的空间。推动衡茶吉铁路东延至南城，实现与阜鹰汕快速铁路、昌福快速铁路、浙赣铁路实现联网。吉安、赣州至长三角南翼地区更加快捷，同时吉安至福州的铁路通道被打通，有利于实现其融入海西，对接闽台。

（三）重建航空港：南昌发展的惊险一跃

江西航空发展的着力点应该放在提升南昌国际机场的腹地范围，从而更好地为区域经济发展服务方面。江西航空能否实现质的飞跃，实现促进南昌核心增长极发展，从而成为带动全省经济发展的增长极，需要有重要尝试或突破。

江西航空要实现重大突破，其重要着力点可放在昌北机场南迁。即将南昌昌北国际机场南迁至向塘机场（具体选址可再论证）。南昌昌北国际机场南迁的理由和意义：

一是有成功的先例，浙江将原来地处杭州北部的笕桥机场东迁至东部，建成萧山机场，使其成为杭州和绍兴两市的共用机场，大大拓展了机场的腹地范围，为推进萧山机场成为国内主干机场发挥了重要作用。

二是国家对迁建机场批复可行性较大。据《中国民用航空发展第十二个五年规划》，中国在"十二五"期间迁建的机场包括秦皇岛、锦州、台州、梧州、泸州、宜宾、延安、安康、天水、且末等。研究建设大连、青岛、厦门、成都新机场。

三是具有较好的现有基础设施条件。南昌向塘机场位于南昌城南29千米处，1952年12月建成，原为军用机场，1956年国务院批准为军民合用，机场跑道为混凝土结构，1981年3月至1982年3月，曾进行大修加固，现跑道长2200米，宽60米，厚24厘米，可供10架安–24同类机型和1架波音737飞机停放使用。机场设有南、北远近导航台、指挥塔台、超短波定向台、二次雷达、着陆雷达等无线电导航设备以及夜航灯光等，可日夜指挥飞机起降飞行。

四是可大大拓展南昌国际机场的腹地范围。向塘机场的使用，可以很好地将南昌市以及丰城、樟树、高安等江西经济发展良好的3个县级市一起纳入腹地范围，同时，大大缩短了机场到达抚州、新余等地级市的距离，有助于昌抚一体化。对覆盖宜春、吉安、鹰潭3个地级市也有距离上的优势。有效拓展南昌国际机场腹地范围，大大提升机场客货流，从而提升南昌国际机场在全国的地位，同时使机场的产业聚集效应、辐射带动效应、临空经济区的催化效应等得到更大程度的发挥，带动江西区域经济发展。

五是南昌国际机场南迁后，可有效避开与九江机场的腹地争夺，亦可提升九江机场的效率。南昌昌北机场东侧为鄱阳湖水域，不利于南昌市的空间拓展。机场南迁后，有助于南昌市重心南移（省委省政府将生米划入红谷滩新区，已使南昌市重心南移），推动南昌市空间拓展，促进核心增长极的打造。

六是向塘历来是江西交通枢纽之地，是浙赣线和京九线交会之地，具有良好的区位条件。向塘机场离南昌西客高铁站距离近于昌北机场。因此，选择向塘机场将有效拓展机场服务范围，从而带动机场航线数量和密度的增加，实现航空服务与区域发展的良性发展。

在没有实现机场南迁的情况下，要发挥江西航空与区域经济的良性互动，建议实现两个转变。

一是航空设施建设由满足经济发展向引领经济发展转变。这方面主要体现在政府可能通过补贴或转移支付等手段，支持昌北机场增加航线、加密航班来吸引客流，提高机场的流量，从而更好地服务于区域经济发展，推动航空服务与经济发展的良性循环。

二是航空运输服务由面向经济建设向服务民生、实现均等化方向转变。以加密机场专线或公交班线，建设新余、抚州、鹰潭到达昌北机场的快速交通，在提升昌北机场腹地功能的同时，为更广大区域的民众提供便捷的航空服务。

参考文献

［1］ Banks R B. Growth and Diffusion Phenomena: Mathematical Frameworks and Applications［M］. Berlin Heidelberg: Springer Verlag, 1994.

［2］ Christine J. Environmental Performance Evaluation and Indicators［J］. Journal of Cleaner Production, 2000 (8): 79 – 88.

［3］ Karmeshu. Demographic Models of Urbanization. Environment and Planning B［J］. Planning and Design, 1988, 15 (1): 47 – 54.

［4］ Li Xiaojian, Peterson J, Liu Gangjun, et al. Assessing Regional Sustainability: The Case of Land Use and Land Cover Change in the Middle Yi luo Catchment of the Yellow River Basin［J］. China Applied Geography, 2001 (21): 87 – 106.

［5］ May R M. Simple Mathematical Models with Very Complicated Dynamics［J］. Nature, 1976 (261): 459 – 467.

［6］ Nijkamp P, Reggiani A. Impacts of Multiple – Period Lags in Dynamic Logit Model［J］. Geographical Analysis, 1992, 24 (2): 159 – 173.

［7］ Nijkamp P, Reggiani A. The Economics of Complex Spatial Systems［M］. Amsterdam: Elsevier, 1998.

［8］ Northam, R M. Urban Geography 2nd edn［M］. New York: John Wiley & Sons, 1979.

［9］ Perroux, F. Economic Space: Theory and Application［J］. Journal of Economics, 1950 (64): 45 – 57.

［10］Rao D N. Karmeshu, Jain V P. Dynamics of Urbanization: The Empirical Validation of the Replacement Hypothesis Environment and Planning B ［J］. Planning and Design, 1989, 16 (3): 289 – 295.

［11］Shafer C S, Lee B K, Turner S. A Tale of Three Greenway Trails: User Perceptions Related to Quality of Life ［J］. Landscape Urban Planning, 2000 (49): 163 – 178.

［12］United Nations. World Ubanization Prospects: The 2003 Revision ［M］. New York: United Nations, 2004.

［13］白先春, 凌亢, 郭存芝等. 城市发展质量的综合评价——江苏 13 个省辖市为例［J］. 中国人口·资源与环境, 2004 (4): 91 – 95.

［14］曹鲁峰. 以农业转移人口市民化为核心 稳步推进新型城镇化的思考 ［J］. 时代金融, 2013 (17): 100 – 101.

［15］陈波翀等. 自然资源对中国城市化水平的影响研究［J］. 自然资源学报, 2005 (5): 394 – 399.

［16］陈春林, 陈红, 韩阳. 改革开放以来吉林省城市集聚区的空间演化［J］. 中国人口·资源与环境, 2011 (S1): 121 – 124.

［17］陈红霞, 李国平, 张丹. 京津冀区域空间格局及其优化整合分析［J］. 城市发展研究, 2011, 18 (11): 74 – 79.

［18］陈鸿彬. 提高农村城镇化质量的若干思考［J］. 地域研究与开发, 2004 (4): 38 – 41.

［19］陈明, 王凯. 我国城镇化速度和趋势分析——基于面板数据的跨国比较研究［J］. 城市规划, 2013 (5): 17 – 21 + 60.

［20］陈明星, 叶超, 周义. 城市化速度曲线及其政策启示——对诺瑟姆曲线的讨论与发展［J］. 地理研究, 2011 (8): 1499 – 1507.

［21］陈素平, 张乐勤, 许信旺. 基于 Logistic 模型的中国城镇化演进阶段特征及其趋势探析［J］. 干旱区地理, 2015 (2): 384 – 390.

［22］陈彦光, 罗静. 城市化水平与城市化速度的关系探讨——中

国城市化速度和城市化水平饱和值的初步推断[J].地理研究，2006（6）：1063－1072.

［23］邓祥征，钟海玥，白雪梅等.中国西部城镇化可持续发展路径的探讨[J].中国人口·资源与环境，2013（23）：24－30.

［24］方创琳.中国城市群形成发育的新格局及新趋向[J].地理科学，2011，31（9）：1025－1034.

［25］方创琳等.改革开放30年来中国的城市化与城市发展[J].经济地理，2011（1）：19－25.

［26］方创琳等.中国城市化发展质量的综合测度与提升路径[J].地理研究，2011（11）：1931－1946.

［27］冯雪娜.新型城镇化进程中我国城市生态承载力研究[D].郑州大学博士论文，2015.

［28］辜胜阻，易善策，李华等.中国特色城镇化道路研究[J].中国人口·资源与环境，2009（1）：47－52.

［29］顾朝林，庞海峰.中国城市集聚区的演化过程[J].城市问题，2007（9）：2－6.

［30］顾朝林.中国城市化格局、过程、机理[M].北京：科学出版社，2008.

［31］顾朝林.中国城镇体系——历史·现状·展望[M].北京：商务印书馆，1992.

［32］郭荣朝，宋双华，夏保林等.周口市域城镇空间结构优化研究[J].地理科学，2013（优先出版）.

［33］国家城调总队福建省城调队课题组.建立中国城市化质量评价体系及应用研究[J].统计研究，2005（7）：15－19.

［34］国家统计局城市社会经济调查总队.中国城市发展报告（2004）[M].北京：中国统计出版社，2005.

［35］韩士元.城市经济发展质量探析[J].天津社会科学，2005（5）：83－85.

［36］韩士元．刍议城市现代化的内涵和评价标准［J］．理论与现代化，2004（4）：15－18．

［37］韩增林，刘天宝．中国地级以上城市城镇化发展质量特征及空间差异［J］．地理研究，2009，28（6）：1508－1515．

［38］何平等．中国城镇化质量研究［J］．统计研究，2013（6）：11－18．

［39］胡序威．略论中国的现代化与城市化［J］．现代城市研究，2007（7）：7－10．

［40］黄汉权．必须重视城市化速度与城市承载能力的协调发展［J］．中国经贸导刊，2010（5）：33．

［41］孔凡文，许世卫．我国城镇化发展速度分析及预测［J］．沈阳建筑大学学报（社会科学版），2006（2）：133－135．

［42］黎智洪．农业转移人口市民化：制度困局与策略选择［J］．人民论坛，2013（20）：49－51．

［43］李本和．促进中部崛起与区域经济协调发展［M］．北京：人民出版社，2009．

［44］李彬，韩增林，张坤领．辽宁省城市化质量与速度协调状况分析［J］．城市问题，2015（5）：34－40．

［45］李峰．城乡协调下的我国城镇化模式研究——以天津市城镇化路径探索为例［J］．中共天津市委党校学报，2015（3）：1－6．

［46］李磊，张贵祥．京津冀城市群内城市发展质量［J］．经济地理，2015（35）：61－64＋8．

［47］李璐．经济波动与最优城镇化水平和速度研究［J］．中国人口·资源与环境，2016（3）：145－152．

［48］李明秋，郎学彬．城市化质量的内涵及其评价指标体系的构建［J］．中国软科学，2010（10）：182－186．

［49］李强，陈宇琳，刘精明．中国城镇化“推进模式”研究［J］．中国社会科学，2012（7）：82－100＋204－205．

[50] 李强．影响中国城乡流动人口的推力与拉力因素分析[J]．中国社会科学，2003（1）：125－136＋207.

[51] 辽宁省人民政府发展研究中心课题组，卢松，高炜．推进辽宁省农业转移人口市民化的政策设想［J］．辽宁经济，2013（4）：4－6.

[52] 辽宁省人民政府发展研究中心课题组，卢松，高炜．推进辽宁省农业转移人口市民化的政策设想[J]．辽宁经济，2013（4）：4－6.

[53] 蔺雪芹，王岱，任旺兵等．中国城镇化对经济发展的作用机制[J]．地理研究，2013（4）：691－700.

[54] 刘传江，郑凌云．城镇化与城乡可持续发展[M]．北京：科学出版社，2004.

[55] 刘艳军，李诚固，董会和等．东北地区产业结构演变的城市化响应：过程、机制与趋势[J]．经济地理，2007，27（3）：433－437.

[56] 刘耀彬，陈志，杨益民．湖北省城市体系空间结构发展研究[J]．华中科技大学学报（城市科学版），2003，20（3）：53－59.

[57] 陆大道，姚士谋，李国平等．基于我国国情的城镇化过程综合分析[J]．经济地理，2007，27（6）：883－887.

[58] 陆大道，姚士谋．中国城镇化进程的科学思辨[J]．人文地理，2007（9604）：1－5＋26.

[59] 陆大道等．2000中国区域发展报告——城镇化进行及空间扩张[M]．北京：商务印书馆，2007.

[60] 吕桦，钟业喜，蒋梅鑫．长江江西段区域经济发展战略研究[J]．江西师范大学学报（自然科学版），2000，8（3）：264－269.

[61] 罗志刚．对城市化速度及相关研究的讨论[J]．城市规划学刊，2007（6）：60－66.

[62] 马晓冬，马荣华，徐建刚．基于ESDA－GIS的城镇群体空间结构[J]．地理学报，2004，159（6）：1048－1057.

[63] 毛汉英．山东省可持续发展指标体系初步研究[J]．地理研

究，1996，15（4）：16－23.

　　[64] 穆兰，方兰.水生态文明视阈下提升区域城镇化质量的机制与对策研究[J].生态经济，2016（4）：18－23.

　　[65] 倪苹.城镇化质量评价指标体系的构建与实证分析[D].浙江工商大学博士论文，2013.

　　[66] 牛风瑞，潘家华.中国城市发展报告（NO.1）[M].北京：社会科学文献出版社，2007.

　　[67] 牛文元等.中国城市发展报告[M].北京：西苑出版社，2003.

　　[68] 彭雪辉，王德，顾文选.城市化率指标的本质与合理目标进度问题[J].城市发展研究，2005（3）：35－37.

　　[69] 齐红倩，席旭文，高群媛.中国城镇化发展水平测度及其经济增长效应的时变特征[J].经济学家，2015（11）：26－34.

　　[70] 乔家君，李小建.河南省城镇密集区的空间地域结构[J].地理研究，2006，25（2）：213－221.

　　[71] 秦尊文.武汉城市圈各城市间经济联系测度及其核心圈建设[J].系统工程，2005，23（12）：91－94.

　　[72] 尚正永，张小林.长江三角洲城市体系空间结构及其分形特征[J].经济地理，2009，29（6）：913－917.

　　[73] 沈玲媛，邓宏兵.武汉城市圈和长株潭城市群城市发展质量比较研究[J].地域研究与开发，2008，27（6）：7－10.

　　[74] 史雅娟，朱永彬，冯德显等.中原城市群多中心网络式空间发展模式研究[J].地理科学，2012，32（12）：1430－1437.

　　[75] 孙在宏，王亚华，袁源.基于Kernel密度解释的江苏省城市规模结构演化研究[J].人文地理，2012（5）：89－93.

　　[76] 王成新，姚士谋，王学山.我国城市化进程中质与量关系的辩证分析[J].地理与地理信息科学，2003（9）：46－54.

　　[77] 王德利，方创琳，杨青山，李飞.基于城市化质量的中国城

市化发展速度判定分析[J]. 地理科学，2010 (5)：643 – 650.

[78] 王发曾，郭志富，刘晓丽等. 基于城市群整合发展的中原地区城市体系结构优化[J]. 地理研究，2007，26 (4)：637 – 650.

[79] 王建军，吴志强. 城镇化发展阶段划分[J]. 地理学报，2009 (6402)：177 – 188.

[80] 王培三. 我国城镇化发展速度问题探讨[J]. 商业时代，2011 (52615)：12 – 14.

[81] 王晓文，王强，伍世代等. 海峡西岸经济区城镇体系空间结构特征研究[J]. 地理科学，2011，31 (3)：316 – 321.

[82] 魏后凯. 加快户籍制度改革的思路和措施[J]. 中国发展观察，2013 (3)：15 – 17.

[83] 郗希，乔元波，武康平，李超. 可持续发展视角下的城镇化与都市化抉择——基于国际生态足迹面板数据实证研究[J]. 中国人口·资源与环境，2015 (25)：47 – 56.

[84] 向谦楠，陈义华. 轨道交通可达性与区域经济发展的相关研究[J]. 铁道运输与经济，2010，32 (11)：69 – 72.

[85] 徐辉，彭萍. 基于引力模型的江西省经济区划与协调发展研究[J]. 地理科学，2008，28 (2)：169 – 172.

[86] 许学强，胡华颖，张军. 我国城镇分布及演化的几个特征[J]. 经济地理，1983 (3)：205 – 212.

[87] 严清华，吴传清. 汉三角区域增长极与中部崛起[J]. 学习与实践，2005 (10)：20 – 23.

[88] 杨艳琳，翟超颖. 中国城镇化质量与就业质量的度量及其相关性分析[J]. 东北大学学报 (社会科学版)，2016 (1)：42 – 48.

[89] 叶浩，濮励杰，张鹏等. 中国城市体系的空间分布格局及其演变[J]. 地域研究与开发，2013，32 (2)：41 – 45.

[90] 叶菁，刘卫. 湖北省新型城镇化质量时空特征分析[J]. 统计与决策，2015 (5)：96 – 99.

［91］叶裕民．中国城市化发展质量研究［J］.中国软科学，2001（5）：27－31.

［92］叶裕民．中国城市化质量研究［J］.中国软科学，2001（7）：48－52.

［93］袁晓玲等．对城市化质量的综合评价分析——以陕西省为例［J］.城市发展研究，2008（2）：54－58.

［94］曾文鸿．户籍制度改革与农村转移人口市民化［J］.湖南行政学院学报，2013（3）：5－9.

［95］张超，杨秉赓．计量地理学基础［M］.北京：高等教育出版社，1991.

［96］张春梅，张小林，吴启焰等．城镇化质量与城镇化规模的协调性研究——以江苏省为例［J］.地理研究，2013，33（1）：16－22.

［97］张春梅等．发达地区城镇化质量的测度及其提升对策——以江苏省为例［J］.经济地理，2012（7）：50－55.

［98］章剑卫．"刘易斯拐点"背景下的农业转移人口市民化研究［J］.统计科学与实践，2013（7）：6－8.

［99］赵雪雁．西北地区城市化发展质量评价［J］.干旱区资源与环境，2004，18（5）：69－73.

［100］中国社会科学院《城镇化质量评估与提升路径研究》创新项目组．中国城镇化质量综合评价报告［J］.经济参考研究，2013（31）：3－32.

［101］中国市长协会《中国城市发展报告》编辑委员会．中国城市发展报告（2001~2002）［M］.北京：西苑出版社，2003.

［102］钟业喜，尚正永．鄱阳湖生态经济区城镇空间结构分形研究［J］.江西师范大学学报（自然科学版），2012，36（4）：436－440.

［103］周天勇．托达罗模型的缺陷及其相反的政策含义——中国剩余劳动力转移和就业容量扩张的思路［J］.经济研究，2001（3）：75－82.

［104］周一星．中部崛起要"各奔前程"［J］.新选择，2006（3）：86.

［105］周一星．主要经济联系方向论［J］.城市规划，1998（2）：22－25.

［106］朱传耿，孙姗姗，李志江．中国人口城市化的影响要素与空间格局［J］．地理研究，2008，27（1）：13－22.

［107］朱小小．安徽省城镇化质量评价与提升路径研究［D］.安徽大学博士论文，2015.

［108］朱信凯．农民市民化的国际经验及对我国农民工问题的启示［J］.中国软科学，2005（1）：28－34.

［109］朱英明，姚士谋，李玉见．我国城市现代化指标体系有关问题研究［J］.人文地理，2000，15（4）：16－19.

［110］诸大建．中国城市化：转变模式还是放慢速度？［N］.解放日报，2006－08－08.

［111］卓贤．质量重于速度：对中国城镇化现状与潜力的分析［J］.经济学家，2015（8）：52－61.

［112］邹军．努力实现高质量的城镇化［N］.人民日报，2012－04－05.